War has a vary long history, it also has a future.

戰爭畢竟擁有長久的歷史，未來也將存續下去。

Richard Overy

WHY WAR?

人類為何戰爭？

愛因斯坦與佛洛伊德留給21世紀的難題

Richard Overy

李察・奧弗里——著 黃妤萱——譯

目次

臺灣版序

當冷戰在三十五年前結束時，許多人都相信戰爭不再是一種解決政治歧見與國家安全衝突的方法。這項觀點很快就被證明大錯特錯。就在本書即將出版之際，兩場重大戰爭已然爆發。第一場是二〇二二年俄羅斯針對烏克蘭的侵略，第二場則是以色列和哈瑪斯圍繞加薩地區展開的全面衝突。兩場戰爭都是源自於國境安全問題，既是本書最後一章的主題，也是過往數千年來導致人類選擇戰爭的主因之一。

這兩場戰爭都有明顯的國家安全考量，儘管這並非唯一的動機。俄羅斯領導人擔心，烏克蘭如果加入歐盟或北約，就會危及俄羅斯的安全，導致俄羅斯與西方的邊界直接接壤。以色列領導者也重視邊境是否安全，因為對該國而言過去七十年的首要任務就是邊境安全。對邊界的不安全感時常成為衝突的導火線，例如巴基斯坦與印度對克什米爾地區的爭議，或是中華人民共和國對喜馬拉雅山區邊界與南海諸島嶼的領土宣稱。

中國也宣稱擁有臺灣的主權。觀察家預測中國終有一天會訴諸武力奪取臺灣的控制權，一如它們對待香港，進而引發與美國之間更全面也更險惡的戰爭。目前此事尚未成真，但已足以說明戰爭與對戰爭的恐懼，依舊是當今世界的重大政治難題。認為國際組織與國際法能夠限制戰爭的想法同樣不切實際，因為無論是在俄烏戰爭還是以巴衝突，國際法都遭到漠視。正如我們在烏克蘭與加薩所見，一旦國家或類國家實體選擇用戰爭來回應當前危機，國際社群便缺乏有效解方來約束戰爭，也無法有效阻止這些戰爭違反國際法或戰爭法。即便當前尚未發生，但如果中國真的決定攻打臺灣，恐怕也沒有辦法以和平手段遏止中國入侵，而得訴諸於更大規模的戰爭。

事實上，我們可以從兩次世界大戰的歷史中見到，國際社會對於侵略行為的反應非但無法限制戰爭，反而時常導致戰爭規模的擴大。如今有許多人都在討論第三次世界大戰會否爆發，無論是否誇大，至少我們無法否認發生在烏克蘭與加薩的衝突都正在升級。西方決定對烏克蘭提供軍事與經濟援助後，這場衝突就變得更加國際化，各國對戰事的立場也跟著兩極化。而以色列對於國家安全的執著，則讓衝突外擴至黎巴嫩與伊朗，同樣將這場衝突的範圍帶向國際。當前國際的不安情勢，刺激了長期以來享有和平的歐洲各國，紛紛以過去數十年來未曾見過的幅度增加軍事支出。當年曾經隨著歐洲共產主義倒塌而消失的自由民主陣營對抗威權獨裁陣營的分野，如今也隨著動盪局勢再度重現。如今，橫跨歐亞大陸及中東地區的許多國家，都基於各自的政治或宗教理由而對西方自由世界懷抱敵意。

隨著這兩場危機持續升級，更險惡結果出現的機率也隨之提升。不斷故作威脅要使用核武進行報復的俄羅斯，有可能真的會產生誤判，進而引發核戰危機。如今已不是冷戰時期相互保證毀滅的年代了，國際上已有多達九個國家持有核武，且幾乎都位於潛在的衝突地區，都讓核武嚇阻變得更加複雜難測。人類之所以在一九四五年後在核武使用上有所節制，純粹是因為考慮到核武互轟可能帶來的可怕後果。如今，二十一世紀的核武安全卻僅能仰賴主要擁核大國恪守所謂的「理性」，但人類過去兩百多年的歷史早已證明理性有多麼不牢靠。無論乍聽之下有多麼不合理，個人對權力、地位與政治成就的狂妄野心，依舊能解釋戰爭何以持續發生。只要核武存在的一天，核戰便無法完全免於受到前述野心的影響。各國之所以積極追求持有核武，正是為了預備用在極端威脅出現的情境——無論這一威脅是真是假。這種對於風險與威脅的計算，在人類歷史上隨處可見，想必也可追溯至史前時代，而這正是本書接下來幾章會介紹到的主題。

本書對過往戰爭的解釋，也能用於解釋接下來一個世紀裡的其他潛在衝突。最大的問題就在於地球人口持續增長，而人們所需的許多資源卻相對有限。未來人們要如何確保這些資源的供應，早已是個懸而未決的難題。好比人類對石油的追求，便多次成為戰爭衝突的導火線，從第二次世界大戰到第二次波灣戰爭皆是如此。如果以為這類矛盾能以國際協議或自由貿易來解決，未免過於樂觀。我們已能在俄烏戰爭中看到西方與俄羅斯對於能源掌控權的爭奪。而當今日益萎縮的石油資源，顯然會導致積極追求石油儲備的國家更加關注中東地區的石油安全。

另一項迫切危機則是氣候變遷，這一危機也可能引發衝突。人類過往歷史顯示，生態環境危機始終是導致戰爭的原因之一。中國歷史上曾經有數百年的時間，只要降雨不足或氣溫下降，其漫長北疆就會成為與草原游牧民衝突的前線。同樣的生態壓力，也出現在歐洲殖民前的北美原住民身上。氣候一旦發生突如其來的劇變，便有可能促使大規模人口遷徙，導致當前世界上最動盪的地區爆發內戰或國對國戰爭。我們可以在本書裡看見，生態正是引發人類發動戰爭的四大因素之一，不僅擁有悠久歷史，未來也會持續存在。只要對人類歷史進行全面考察，就會發現人類社會發動戰爭的動機與緣由其實沒有太大改變。從狩獵採集者為了占有獵場而與鄰居開戰，到納粹德國在第二次世界大戰中尋求所謂的「生存空間」，幾乎可說是一脈相連。誠然，今日的演化生物學已不再認為人類先天就帶有戰爭的基因，但戰爭顯然發揮了某種演化上的功能。理解戰爭的久遠歷史或許無法促成和平，但至少有助於解釋數千年來人類為何戰爭，就連二十一世紀也不例外。

李察・奧弗里

二〇二五年七月

前言與致謝

本書有幾個越俎代庖之處。首先，我是研究一九三〇至一九四〇年代戰爭的歷史學家，而這只是人類漫長暴力史最晚近的一段時期，其餘數萬年的歷史明顯不屬於我的專業範疇。其次，過去要解釋人類早期以降的戰爭史，大多是從人類學、民族學、生態學、心理學、人類生物學和考古學等學科視角出發，反觀歷史學者在回答「人類為何戰爭？」這一大哉問時向來缺席，而這有部分要歸咎於歷史學者通常缺乏其他著作中顯見的科學訓練。歷史學幾乎總是被排除在解釋戰爭的相關學科研究文獻之外，這一現象確實奇怪，因為解釋過去的戰爭應該也屬於歷史研究的範疇才對。

那麼我為何執意撰寫本書呢？我想是出自於過去數十年對第二次世界大戰的研究——這是全球史上規模最大、傷亡也最慘重的衝突。我的研究發現，即便多數被捲入戰爭的人都希望和平，但當時那些自認文明的先進國家依舊選擇發動戰爭。為什麼人類在追求現代性的路途上，會走到如此可悲的境地？更重要的是，為什麼並不是只有二十世紀中葉的「文明」國家會選擇戰爭，而是在人類歷史紀錄裡層出不窮，甚至能一路追溯至史前時代？我對這些問題充滿好奇，進而開始從現代戰爭一路往回探索。而撰寫這本書的另一個理由，是因為探討人類過往為何會不斷出現戰爭這件事，本身就是一項歷史探究。有關「人類為何戰爭」的論述也自有一段歷史，從達爾文、佛洛伊德到近代的心理學家平克（Steven Pinker）或考古學家基利（Lawrence Keeley）。為了說明當前對這一議題的討論已發展至何種地步，我想有必要先釐清過去一百年來這些思想的背景與脈絡，而這正是歷史學家的專長。

我希望這本書能夠面向大眾讀者，特別是那些想瞭解現代學術界是如何回應「人類為何戰爭？」這個問題的人。所以除非必要，否則我也儘量避免過多技術細節或專業術語。本書是一本入門指南，試圖介紹過去與當今戰爭中備受爭議的假設與論點。對於戰爭起源這一題，即便在學術界也是個充滿爭議的戰場，是以探討這些爭論就好比穿越地雷區，必須審慎前行。要不選邊站很難，而我也不會假裝自己完全中立，尤其是在理應表達立場的時候。我非常感謝幾位厲害的專家以批判眼光閱讀我寫下的部分內容，特別是羅培茲（Anthony Lopez）、穆勒—威爾（Staffan Müller-Wille）和洛斯科（Paul Roscoe）。我也感謝莎拉（Sarah Barker）、史黛西（Stacey Hynde）和帕爾克（Philip Parker）給我很實用的建議。我始終感謝兩位編輯給予我明智的指教，他們是倫敦的溫德（Simon Winder）和紐約的福爾曼（Steve Forman），我也要感謝經紀人卡拉瓊斯（Cara

Jones）的幫忙。我還想向諾頓出版（W. W. Norton）的工作同仁致謝：瑞夫金（Don Rifkin）、豪爾（Jason Heuer）、艾被特（Lauren Abbate）、伊麗莎白（Elizabeth Riley）和柯爾卡（Steve Colca），謝謝你們將手稿轉化成書，並向公眾行銷推廣。本書中若有任何錯誤、疏漏或誤解之處，那完全是我一人的責任。

李察・奧弗里（Richard Overy）

二〇二三年寫於義大利布雷西亞與英國埃克塞特

人類為何戰爭？

WHY WAR?

愛因斯坦與佛洛伊德留給21世紀的難題

序章　人類為何戰爭？

二十世紀知識界的兩大巨人，物理學家愛因斯坦與心理學家佛洛伊德，都曾試圖破解「人類為何戰爭」這個攸關人類過去與未來的大哉問，甚至於一九三二年為此魚雁往返。一九三一年末，愛因斯坦受國際聯盟的國際知識合作研究所之邀，選擇通信對象討論一項由他選定的主題。當時愛因斯坦早已積極與反戰組織合作，於是決定邀請佛洛伊德作為通信對象，討論「有沒有方法能讓人類免於戰爭威脅？」他認定佛洛伊德對於「人類意志與情感中的黑暗面」有更深刻的理解。[1]兩人的交流成果被編纂成一本短篇小冊，並推出了德文、法文、荷蘭文及英文版，書名就叫做《人類為何戰爭？》佛洛伊德的答案讓愛因斯坦大失所望：他堅信暴力是全動物界（包括人類在內）的特徵，因此沒有方法可以有效抑制人類遂行戰鬥與毀滅的衝動。佛洛伊德將這股衝動稱為「死亡驅力」（death drive），認為這是一種存在於每個生物體心中的破壞欲望。[2]

從那時候開始，時不時就有人著書探討佛洛伊德的病態結論，希望找出導致歷史上人類不斷發動戰爭的生物、心理、文化及環境機制。以《人類為何戰爭？》為名的書籍就至少有五本，探討戰爭成因者更是為數眾多。[3] 然而，經過近一百年來的科學和歷史爭論，這個問題的答案仍是撲朔迷離，不僅爭議不斷，更沒有令人滿意的完美答案。考慮到人類在歷史長河中對組織化且「相互結盟」戰爭的偏好，人類不發動戰爭或許才是更令人感到稀奇的事。事實證明，人類就是不斷戰爭的物種。正如英國發展心理學家鮑比（John Bowlby）在一九三九年針對戰鬥和殺戮衝動的研究所示：「沒有動物比成年人類更具侵略性或更加無情。」[4] 當然，人類並非不間斷地四處發起戰爭，否則智人可能早已滅絕。戰爭是人類演化的一部分，是以色列學者加特（Azar Gat）所謂「人類生存工具包」裡的工具之一，但僅僅是其中之一。[5] 我們時常以為人類只有戰爭與和平這兩種選項，但綜觀人類歷史，兩者其實都從屬於一套更複雜的生存策略。解釋戰爭為何發生，就是在解釋和平為何瓦解。唯一不變的是，當需求、恐懼、野心、偏見乃至於超自然力量促使戰爭爆發時，人類總是會集體訴諸暴力來毀滅彼此，從最古早的暴力至二十一世紀的戰爭和內戰皆是如此。

本書旨在檢視相關學科自佛洛伊德和愛因斯坦討論未果之後，是如何解釋戰爭，以及種種解釋是否合理。許多見解都很獨到，但眾學門的方法大致可分為兩類。第一類解釋是生物學、心理學、人類學和生態學，這類學科視戰爭是演化適應、文化或生態壓力導致的結果。從這些觀點出發，人類是受到自然或文化力量的影響，才會在演化過程中屢屢發生戰爭。[6] 這類解釋也是本書前半部的主題。這類觀點不只應用於分析現代戰爭，更涵蓋過往幾千年的戰事。第二類解釋則是歷史學、社會學及政治科學家（還有部分人類學家與考古學家），他們更傾向於從人類認知的角度來探討戰爭。第二種解釋認為，導致戰爭持續發生的其實是人類自己創造的文化，以及人類對特定目標的有意識追求（儘管目標為何因時空不同而有極大差異）。這種觀點以「積極動機」的角度來解釋戰爭，可以簡單歸納為四大類別：資源、信仰、權力和安全，這也是本書後半部的主題。第二種解釋顯然更符合現代戰爭的情境，因為各國皆已發展出遂行強權戰爭的能力。即便如此，信仰、權力、安全和資源競爭等解釋依舊適用於尚未形成國家的群體與歷史上的早期衝突。畢竟，戰爭有可能是這四種動機的綜合結果。最後還要補充的是，前述解釋方法並非互不相容，卻有助於我們在探索歷史上的線索時，將不同的思路分門別類。

首先，我得清楚說明「戰爭」（war）和「戰事」（warfare）的定義。*大部分文獻經常會把這兩個詞彙交替使用。戰爭是特定事件，儘管其開始與結束未必分明。戰事則是把戰爭視為人類學的特徵之一，側重於各個社會與文化如何規畫、組織與進行戰爭。然而，人們對戰爭和戰事的差異依舊爭論不休，在過去五十年來仍未有定論。一方認為戰爭是歷史上相對晚近的產物，只有在近

* 譯註：中文裡的「戰爭」一詞應足以涵蓋war和warfare兩者的意義，為方便閱讀，以下譯文多會統一使用「戰爭」一詞來指涉warfare，除非作者另有強調兩者差異。

代國家形成且具備動員大量兵力、支付戰爭開銷及組織補給的能力時才出現。另一方則主張，所有史前時代或國家出現之前各族群互相殘殺的行徑都屬於一種戰事，不管多短暫或多零星皆然。這或許有助於解釋為何會出現「只有文明國家才會發動戰爭」這樣矛盾的主張。佛洛伊德就曾於《人類為何戰爭？》小冊出版前出版《文明與缺憾》（*Civilization and Its Discontents*）這本書，認為人類越是文明，就越有可能墮入萬劫不復的暴力深淵（這一觀點與隨後的衝突不無相關）。

歷史證據確實顯示，隨著國家變得更穩固，更官僚，社會分工更明顯（部分原因正是為了提高戰爭成效），戰爭規模也就越大，導致更加慘重的死傷。對於這項不爭的事實，過去一百年來的人類學家與考古學家紛紛提出更「圓融」的敘事框架。他們認為原始人（無論是遠古時期或當今仍然存在於偏遠地區的群體）除了舉行儀式之外，其實極少訴諸致命的暴力手段，更常採取非致命對抗。[7]一九四〇年，人類學家馬林諾夫斯基（Bronisław Malinowski）撰文讚揚原始人的「原始和平主義」，並譴責現代社會無意義的虛無主義暴力。[8]當今許多人類學家在著書立論時，雖然並未忽視國家出現前暴力衝突的證據，但仍然傾向將其視為地方鬥爭或群內殺戮，又或者是為了一時利益而劫掠他人。在他們看來，這些行為既不算猖獗，也不特別致命。人類已演化成善於合作的物種了，戰事實屬異常，打斷數千年來相對承平的景象。[9]

然而，隨著大量新考古證據與民族誌研究出現，這種對戰爭的樂觀看法已經越來越站不住腳。事實是，早在大型定居社區或首批國家尚未出現時，各群體之間便已會互相殘殺。研究遠古歷史的學者也產出越來越多文獻，承認各種分布廣泛且歷史悠久的證據確實能證明當時曾發生可謂「戰事」的衝突——不同人類群體組成聯盟互相殺害，就連在智人主宰地球前的遙遠更新世也出現過少數案例。[10] 當然，這類主張也有可能矯枉過正。美國人類學家奧特班（Keith Otterbein）是堅持主張早期人類即有戰爭行為的先驅之一，他就提到西班牙布哥斯（Burgos）附近的一處洞穴，曾經出土距今八十萬年的史前人類化石，而其中有十一具遺骸出現遭人食用的痕跡。奧特班因此稱之為「已知最早的戰爭證據」。[11] 這顯然屬於一廂情願的推測，無從證明也無法反駁。但較近代的遺跡裡卻有壓倒性證據顯示，人類確實早在國家存在之前，就擁有能挑起近似戰爭的暴力。出土於歐洲新石器時代的骸骨裡，便發現有箭頭卡在脊椎骨，頭骨被砸碎、斬首或分屍等明顯屬於戰爭暴力的跡象。[12] 考古學家派翠西亞（Patricia Lambert）認為，從北美地區數十年來的挖掘工作和骨骼分析可得證，這片大陸的各大地區無疑都存在戰爭暴力。最知名者就屬南達科他州的烏鴉溪遺址，那裡有一處西元十四世紀中期的集體墓地，可辨識的遺骸總共四百一十五具，高達八成九頭皮被剝；而在一百零一份頭骨樣本之中更有四成一曾被石斧所傷。[13] 同樣的，七千年前歐洲的線紋陶文化晚期，萊茵河谷的塔爾海姆和維也納附近的亞斯帕恩／施萊茨遺址（Asparn/Schletz）也有過屠殺痕跡：六十六具屍體遭斧頭殺害後丟入壕溝。[14] 人類疑似於演化極早期便有製造武器的行為，洞穴壁畫也有描繪出火柴人持械戰鬥的圖像，加上骨骼和頭骨受打擊或穿刺的考古學證據，都使得「原始和平主義」之說難以成立。

本書將對「戰事」一詞採取更廣泛定義：泛指目標明確且致命的群體間暴力，無論是劫掠、埋伏、小規模衝突、儀式性暴力，或是歷史上更常見的大規模會戰，全都屬於戰事。因此，本書所討論的內容將涉及兩三萬年前國家出現之前的案例（尤其是前幾章）。談及生物學與心理學的演化理論時，甚至會溯及更遠古的時代。一旦結合考古證據與現代狩獵採集聚落的民族誌研究，包括澳洲原住民、紐幾內亞的狩獵部落，以及美國與加拿大遠北地區的部落居民，許多人類學家也只能接受，致命暴力在這類社會中遠比多數人過去主張的更加常見。[15] 有學者堅持認定原始國家政體之所以動用暴力，只是為了俘獲祭祀用的俘虜，但我們如今已找到馬雅與阿茲特克帝國的反例（俘虜祭品恐怕也難稱得上和平）。當時紀錄顯示，阿茲特克軍隊曾屠盡庫特拉茲特蘭城（Cuetlaztlan）的全數人口，受害者包括「老幼婦孺，不分男女」。[16] 馬雅文化也是戰事不斷，而且尊戰士為菁英。一份馬雅文獻顯示，從西元五一二年至八〇八年間，就在二十八處地點發生了一百零七起戰事。[17] 如今我們已經知道戰爭有多麼普遍，但這顯然並不表示戰爭的形式或動機是一成不變。各文化都自有一套施暴手法，有些還堪稱獨到。早期戰事確實不同於當代大國爭戰，規模可能相對較小，但導火線和戰爭目標仍有可能十分相似。然而，無論是早期聚落人類學家金南（Nam Kim）所謂的「原初戰事」，還是現代民族國家中的制度化戰事，皆是所謂的「戰爭行為」。[18] 無庸置疑，人類漫長的演化過程中始終存在群體間的致命暴力，而這正是本書想解釋的現象。

我想提醒讀者閱讀這本探究戰爭起源的著作時，留意以下幾點。首先，本書沒有要解釋個體的攻擊行為，因為神經學家、精神科學家和心理學家已撰寫大量專業文獻探究此一問題。人類對大腦和中樞神經系統功能已有長足理解，能從科學角度來解釋層出不窮的個體攻擊行為。[19] 自一九三〇年代起，大部分相關研究皆集中在現代成人和兒童的違法行為，只不過這些個體行為並不容易與戰爭中的暴力進行比較。當涉及集體或聯盟式暴力時（如一群雄性黑猩猩伏擊殺害落單的黑猩猩），攻擊侵略就很重要，早期人類的暴力行為很可能便是模仿此一模式。當一群人準備殺害另一群人時，勢必少不了攻擊行為，這在面對面戰鬥等早期形態的戰事中尤其明顯。反觀現代軍隊中的許多人本身並無侵略或攻擊性，唯有性命攸關的近身戰鬥才會迫使他們親自動手傷人。正因為如此，理解集體攻擊行為比個體攻擊行為更有助於我們理解戰爭的演進。當部落社群襲擊「敵人」時，他們通常是為了集體目標而採取集體行動，往往伴隨高度攻擊性。

其次，本書也沒有要探討過去數千年來人類是否變得比較不暴力。美國心理學家平克於二〇一一年出版了開創性研究《人性中的善良天使》（*The Better Angels of Our Nature*），引發各界針對暴力與戰爭是否有所減少的廣泛討論。[20] 自一九四五年以來，超級大國之間便沒有直接發生戰爭（即便有許多慘烈的代理人戰爭），因此也有人開始主張：國與國之間的戰爭已經過時。然而，這樣的觀點忽略了核戰的可能性（哪怕可能性看似不高），以及現代國際關係中的「現實主義」依舊視戰爭為一種政治選項（否則全球老早就裁滅核武和常規軍備了）。[21] 無論如何，這些討論都與「人類為何戰爭？」這一大哉問並無顯著關聯。因為無論暴力是否在統計上有所減少，過去一個世紀以來各地仍發生過各種死傷慘重的大規模戰爭，包括兩次世界大戰、俄國內戰、韓戰、越戰、伊朗與伊拉克戰爭等。就算國與國之間的戰爭有所減少，內戰、叛亂、恐怖主義行動、代理人戰爭，甚至是「混合戰爭」（非正規和正規戰事並行）等其他形式的現代衝突依舊存在。事實是，二十世紀裡幾乎每一年都爆發過戰爭或內戰。如今的二十一世紀也迎來了第一次國與國之間的大戰，也就是俄烏戰爭。如果外星人觀察過去幾千年來的人類歷史，可能會認為戰事依舊激烈，更不用說人類如今已握有足以毀滅大半人口的武器，所以戰爭絕對稱不上過時。簡言之，「人類為何戰爭」與人類暴力的規模和激烈程度其實是兩個不同的問題，不應該混淆。

最後，本書並不是一本單純的戰史之書。畢竟我並不打算深入討論古今戰爭的發動方式，或者是戰爭的後果。無庸置疑，社會文化背景、戰爭打法、武器技術及戰爭後果都有助於解釋歷史上戰爭為何不斷發生，但每場戰爭都有其特定時空背景下的歷史解釋。因此我接下來無意詳述人類歷史上大大小小的戰爭，若後續提到戰爭也僅是作為解釋說明的案例。我撰寫這本書，是希望藉由我們漫長的暴力史，回顧各學科如何解釋人類發動戰爭的原因。這也是自從愛因斯坦寫信給佛洛伊德，請他解釋「人與人之間最典型、最殘酷、最揮霍浪費的衝突形式」為何不斷發生以來，兩位思想家留給我們的難題。[22]

第一部

第一章　生物學

大自然藉著修剪來保持人類果園的健康，戰爭就是她的修枝剪刀。

——基斯爵士（Arthur Keith），一九三一年[1]

生物學並未判處人類天生好戰……說戰爭或任何暴行已寫入人類基因者，在科學上實屬謬誤。

——《塞維亞反暴力聲明》（Seville Statement on Violence），一九八六年[2]

人稱「演化論之父」的英國生物學家達爾文（Charles Darwin）在十九世紀時指出：「所有物種都在為了生存而競爭。」自那時起，生物學與戰爭的關係就成為解釋人類為何戰爭的爭議話題。二十世紀中葉曾有人認為，從生物學角度而言戰爭是有益的，因為戰爭使人類社群能汰弱留強，解剖學家基斯爵士便擁護這種新達爾文主義觀點——當時他假定這是所謂的「自然法則」。到了一九八六年，二十位來自人文社科領域的知名科學家組成國際團體，於西班牙塞維亞市舉行會議，試圖推翻這種以生物角度解釋戰爭起源的科學論調，因為他們認為這是一種有害的扭曲說法。三年後，聯合國教科文組織終於正式採納這份《塞維亞反暴力聲明》，此聲明從此成為聯合國的官方立場，並於二〇〇二年再次重申。然而，這項倡議並未就此替相關爭論畫下句點。當今科學家雖然不再支持基斯爵士當年的粗糙比喻，但生物學仍是戰爭起源相關討論中的核心。

生物學（或者該說演化生物學）堪稱是第一門嘗試探討人類為何戰爭的科學，儘管這並非達爾文的本意。達爾文是在自然歷史的脈絡底下提出所有物種都為生存而競爭的觀點，旨在從演化角度解釋動植物如何適應環境壓力，或者應對來自同種或不同種之間的競爭。[3]重點是，此處的「競爭」僅是隱喻，絕非戰爭的同義詞。達爾文在一八七一年出版《人類的由來》（*The Descent of Man*），書中雖然談到遠古人類的衝突，但戰爭與衝突其實不是他最關心的議題。他主要是想解釋人類如何演化，尤其是經由「性擇」（sexual selection）。達爾文熟知社會科學家史賓賽（Herbert Spencer）於一八五一年首次提出的「適者生存」概念，而他在自己這本書中僅寫下少少幾句來評論某些遠古部落是如何在其他部落滅絕時存活下來：適應力是其中一種解釋，但絕非唯一解釋。達爾文寫道：「滅絕主要是因部落競爭造成……當相鄰部落有一方人數減少且力量衰弱時，雙方的競爭很快便會結束在戰爭、屠殺、食人、奴役或兼併之中。」從生物學角度來看，人口減少與生育力下降都會削弱生存前景，但達爾文的結論卻指出，「其他部落的入侵與征服」才是讓部落在短時間內徹底消亡的原因。[4]

達爾文並未特別討論戰爭在人類演化過程中扮演何種角色，但「適者生存，不適者淘汰」的概念卻遭到後續好幾代的「達爾文主義者」放大與扭曲，衍生出遠遠超出達爾文本意的論點（例如主張戰爭有助於人類演化）。過去西方世界也有許多人以「適者生存」的觀念，強調西方種族比起被西方以現代戰爭和帝國主義征服的蠻族更為優越。基斯爵士就認為戰爭是一種自然現象，旨在確保生物學上最強的群體能夠生存繁衍。德國人尤其熱烈支持這種觀點，把種族競爭視為演化事實。德國生物學家普羅茲（Alfred Ploetz）便將「生機種族」（Vitalrasse）一詞定義為生來便具有集體適應力的種族，具備更強大的力量、智慧和體能。無法適應的種族會遭自然淘汰，而戰爭正是保住生機種族命脈的手段。[5]德國將軍伯恩哈迪（Friedrich von Bernhardi）曾於其暢銷書《德國與下一場戰爭》（*Germany and the Next War*，英文版於第一次世界大戰爆發前兩年推出）概括此觀點，在書中宣稱「戰爭是生物學上最重要的條件，是人類生命裡的調節要素」，因此在這套「自然經濟法則」的影響下，強者會憑天生優勢勝出，弱者則會遭到淘汰。[6]「生機種族」的概念後來也深刻影響到德意志第三帝國的種族政策。那些被指控為基因「不適者」會遭到強行絕育或屠殺，免得他們汙染種族或在希特勒所謂「永恆鬥爭的世界」裡削弱種族之力。[7]

第一次世界大戰助長了「生存競爭」的概念，因為這項概念非常適合用來解釋現代衝突為何發生——全人類都有一種根植於演化路徑上的好鬥本能。一九一八年戰爭結束之時，英國外科醫生康貝爾（Henry Campbell）曾於《戰爭的生物學面向》（*The Biological Aspects of Warfare*）一書將人類定義為「終極屠夫」，殘暴即本能。[8] 基斯爵士於一九一四年前研究過人類化石遺骸，並用研究成果宣稱高等物種會消滅低等物種，如此人類才能在「迂迴曲折」的演化道路上持續前進，直至今日。換言之，自遠古至今，競爭與敵對向來是人類本性。一九三七年，馬欽（Alfred Machin）以達爾文主義為題出版新書，邀請到基斯爵士為其作序。基斯大力稱讚馬欽，說他明白「天擇的重要性，無論是在當今世界，還是當初人類仍是叢林裡低等居民的時代。」到了第二次世界大戰結束後，基斯爵士依舊認為現代戰爭「只不過是古代部落戰爭的強化版，配備了科學與文明」。[9] 對基斯而言，戰爭是合乎邏輯的篩選工具：「大自然的安排」就是藉必要的暴力手段來產出更高等的人類。[10] 儘管當今科學界對「好鬥是天性，戰爭具有演化作用」的觀點早已抱持強烈敵意，但至少在一九五〇至一九六〇年代，不時仍會有人將人類視為最高級演化的殺手，也就是藉由狩獵、戰鬥和殺戮在演化之樹向上爬升。此種「殺人猿」理論由美國業餘演化論者阿德雷（Robert Ardrey）發揚光大，並獲得澳洲考古學家達特（Raymond Dart）的贊同：他認為自己發現了具有明顯暴力證據的南方古猿化石。結果這項觀點後來遭到推翻，因為法醫鑑定證實這些化石損傷其實是死後才出現。

事實上，早在《塞維亞反暴力聲明》出現之前，就已經有人開始反對「戰爭為人類生物天性」的觀點。達爾文本人的著作原本就沒有強調祖先的衝突，反而視人類互相合作的社會性為演化關鍵。他否定人類本性好鬥的觀點，盼望現代人類能摒棄戰爭。事實上，如果你真的把達爾文的著作讀進去，反而更容易得出「和平生物學」而非戰爭天擇論的觀點。[11] 隨著基因科學在二十世紀的發展，如今也少有證據能支持人類天生就喜好衝突的論點。那些主張戰爭作為適者生存手段的人，則於第一次世界大戰後備受嘲弄，因為這場大戰的結果正好相反：數百萬原本健康的年輕人喪生，留下沒有上戰場的體弱者。戰後的演化生物學因此聚焦於非人類的自然世界及預測物種變異。「戰爭是人類演化的天擇手段」依然只是一種信仰，而非確定的科學結論。

到了第二次世界大戰後，基斯等人的粗糙達爾文主義（戰爭是由演化競爭造成的生物自然現象）便遭到主流揚棄，也罕有人再關注有關人性的生物學解釋。一九五一年，聯合國教科文組織的《種族暨種族差異本質之聲明》（Nature of Race and Race Differences）駁斥了各人種間的先天差異能以生物學解釋的說法，指出環境與文化人類學才是瞭解人類發展的正當途徑。[12] 但還有個問題未解，那就是我們該如何解釋人類集體的攻擊行為？有關此問題的研究可追溯到第二次世界大

戰之前。曾有學者認為，瞭解高等靈長類的集體攻擊行為，就能有助於認識早期人類的攻擊行為，基斯爵士便是擁護此概念的先驅之一。澳洲動物學家夏普（Neville Sharp）曾經從科學角度觀察西非的高等猿類，基斯便曾援引他有關黑猩猩和大猩猩的詳細研究。夏普聲稱，不僅黑猩猩會表現出暴力（甚至是虐待）行為，大猩猩也會在保衛領土免受人類入侵時變得異常凶狠。吼猴和長臂猿的研究則讓基斯相信，靈長類動物的領土意識和暴力行為是「戰爭的原初階段」。[13]

一九三〇年代初期的研究也得出類似結論，當時年輕的解剖學家朱克曼（Solly Zuckerman）研究了倫敦動物園的阿拉伯狒狒。他觀察到有八隻雄狒狒與三十隻雌狒狒因打架身亡，而所有雌狒狒之死都是雄性競爭所致。鮑比與杜賓（Edward Durbin）兩名英國心理學家援引朱克曼的研究，主張猿類在自然界的行為可與人類行為類比，證明人類戰爭源自於「我們獸性中最危險的一面」。就像現代人類，狒狒也會為畫定所有權、陌生人入侵或發怒而打架。鮑比與杜賓認為，暴力的親緣演化學（或共同根源）說明了靈長類和人類共有的行為模式，而這種「攻擊轉化」的暴力行為也能用於解釋現代國家之間的戰爭。[14] 兩人撰寫論文的同時，奧地利動物學家羅倫茲（Konrad Lorenz）則在研究灰雁的本能反應，發想出一門專用於理解動物行為的新生物學分支，也就是後來所謂的「動物行為學」。羅倫茲並沒有想要解釋戰爭，卻也將動物研究的主題拓展到了攻擊本能。就像鮑比與杜賓，羅倫茲也忍不住認為人類的攻擊性可能與他研究的老鼠和鴿子有著共同暴力根源。一九六三年，他首次發表廣受歡迎的研究《論侵略》（*On Aggression*），主張戰爭這類「愚蠢且不討喜」的人類活動無法僅從理性或文化傳統的角度來解釋，還要考量到更長期的演化史，那是「親緣演化而成的本能行為」。[15]

動物行為學提供我們一套新生物學方法來理解人類戰爭，儘管該學門與演化生物學一樣，原本旨在理解動物而非人類。羅倫茲的《論侵略》時常被視為藉動物行為學理解人類暴力的開山之作，但他的分析幾乎只專門解釋動物的攻擊行為，希望找出是何種機制在遏止無節制的同類相殘。他對人類戰爭的少少幾句評論，與達爾文的著作一樣都只是輕描淡寫，並無實質證據。羅倫茲假設，對早期人類社群而言，「對抗鄰近敵對部落的壓力，是決定人類下一步演化適應的重大關鍵。」他推測人類和黑猩猩相似，都會出於本能，「不假思索地」捍衛親屬，因此對任何發達的人類部落而言，這種反應肯定具有「極高生存價值」，而且仍可見於現代世界。[16]羅倫茲只有對戰爭這種非理性之舉表示遺憾，並未提出什麼觀點來助我們理解戰爭的起源。他同意戰爭根本上不利於人類生存，但依舊堅定支持希特勒的優生學政策以消滅德國的「低等」人口，如此才能保住優良人種的生物血脈。即便到了一九四五年之後，他對此仍然深信不疑。[17]

從一九三〇年代開始，各界便開始探討動物與人類攻擊行為之間的關聯，希望找出人類行為與動物（尤其是高等靈長類）同源的可能性。然而，我們確實很難證明自然界的動物行為與人類行為具有直接關聯。泰格（Lionel Tiger）和法克斯（Robin Fox）（兩人的姓氏恰好分別有虎與狐）兩位動物行為學先驅主張，人類大腦依然留有難以解讀的「代碼和訊息」等原始痕跡，且依然會影響到現代人類。[18]但這樣的推斷缺乏有力證據。而在實務上，理解攻擊行為只是動物行為學家與動物學家研究的其中一環，他們研究的焦點多半仍放在理解動物行為、每種動物所處的生態區位，以及這兩者之間的關聯。

要到一九五〇年代，對野生動物（而非實驗室動物）的系統性科學研究才開始普及。學界在談及動物攻擊行為時，經常援引會自相殘殺的特定物種，認為這類物種或許能類比人類的社會與戰爭。榕果小蜂就是其中一種，雄蜂會為了爭搶雌蜂而決鬥至死。蜜罐蟻也是，牠們會激烈打鬥，勝者以敗者為奴。羅倫茲的同事廷伯根（Niko Tinbergen）也是動物行為學的先驅，他選擇以刺魚為例：公刺魚會為了爭奪母魚而擊退競爭對手，這是一種旨在保障生存的功能性適應，而廷伯根認為人類在演化歷史上也發展出同樣的適應性。[19]從這些例子可以看見，自然界存在的同類相殘其實比以往人們認知的還要常見——但除了證明這點之外，要用這些例子來與人類世界進行類比，似乎顯得太過單薄。

為了強化觀點的可信度，部分生物學家開始以群居動物為例，試圖證明特定社會行為（如群體攻擊、群體利他行為與群體哺育）是如何演化而來。這門研究後來被稱為「社會生物學」，學者會研究特定演化成功的特徵，究竟是如何經由群體選擇遺傳下來。這類研究依舊與動物行為學密切相關，畢竟大多數社會生物學家主要研究的對象還是非人類生物。其中一位社會生物學權威是哈佛大學的昆蟲學家威爾森（Edward Wilson），他專門研究螞蟻等昆蟲的社會行為，而他同樣也忍不住以同一面演化濾鏡來檢視人類的社會行為。一九七五年，威爾森出版高度爭議的著作《社會生物學：新共識》（*Sociobiology: The New Consensus*），哪怕當時人並未對這門新學科達成共識。幾乎整本書都專注在理解社會行為的演化過程，且大致上是以群居型昆蟲為例。最後一章的主題為人類，威爾森推測人類也繼承了為適應演化而來的特質，包括攻擊行為。這項想法引起社會科學家與人類學家的強烈反彈，他們認為這種說法無異於生物決定論，而這有違他們過往的主張：即人類的社會行為是由文化與環境主導。[20]三年後，威爾森再出版《論人性》（*On Human Nature*），將社會生物學的論點類比到各式各樣的人類特質（再次包括攻擊行為），還刻意挑釁性地主張侵略是人類天性，只是其具體作為仍受環境與社會學習的制約。[21]

威爾森引發的辯論，大致可以分為永無定論的「後天教養」與「先天本性」之爭，背後其實具有強烈的政治意涵。同行生物學家及許多非生物學家都拒絕採信這套「生物決定論」，因為這套論述有合理化種族歧視及優生學政策之嫌（納粹第三帝國曾經採行過而惡名昭彰）。為了反對威爾森的論述，一群左派學者成立了「社會生物學研究組」。威爾森一時之間成了美國進步思想的公敵，還在一九七八年的學術會議上遭到反種族主義委員會成員的攻擊，最著名的事蹟就是有人往他頭上澆下一桶冰水。[22]然而，威爾森仍憑《論人性》一書獲頒普立茲獎，顯示他的論述就算犯了眾怒，仍舊被許多人認為具有社會生物學方面的成就。威爾森不是第一個以社會生物學視角來理解演化的人，當年達爾文著作的一項核心要素就已經是如此。後來的行為基因學也已證明，攻擊行為等部分特質確實在很大程度受到遺傳影響，間接還給威爾森一個公道。社會生物學家很快就改稱自己是「行為生態學家」，以免與威爾森同樣成為眾矢之的。無論名稱為何，這群學者依舊呼籲應該關注個體在群體裡的行為，而非個人單獨的攻擊行為。[23]畢竟，不管是哪一種戰爭定義，戰爭都是一種集體行為，不是單打獨鬥，昆蟲和人類皆然。社會生物學家認為，人類得在漫長的演化過程中設法適應能提高生存機率的行為，而戰爭就是其中之一。

就跟早期的動物行為學家一樣，社會生物學家也發現難以解釋人類聯合起來侵略他人的戰爭行為。歷史無法如實驗般重現，因此也只能推測戰爭是演化過程的殘餘。到了一九七〇年代，生物學界開始改變研究路線。試圖解釋人類攻擊行為的動物行為學家，開始重新以靈長類為研究對象，因為靈長類與早期人類一樣生活在鬆散的群體中，並以採集為生，其中又以大猩猩、黑猩猩、紅毛猩猩與倭黑猩猩等高等靈長類最能與人類進行比較。牠們與早期人類有著相同的哺乳動物起源，與人類基因的相似度高達九成八。不過，動物學家原本多半以為這些高等靈長類幾乎沒有攻擊性，而且生活在界線模糊的鬆散群體。但到了一九六〇至一九九〇年代，英國動物行為學家珍古德（Jane Goodall）與研究團隊來到中非洲森林，首次開始長期觀察黑猩猩，結果便推翻了前述兩種假設。珍古德發現，黑猩猩群體其實界線分明（雖然並非一成不變），在特定情況下也極度凶暴。她的結論起初還遭到許多科學家反駁，因為他們不相信黑猩猩擁有各種與人類相似的情緒、手勢與性別身分，甚至有學者還堅持要珍古德以「牠」來稱呼黑猩猩個體，不得使用「他」或「她」。[24]但在坦尚尼亞貢貝國家公園多年的觀察也證實，黑猩猩確實是群居動物，生活在由年長雄性主導的家庭群體之中。牠們的領地界線分明，還會共同抵禦外侮。雄黑猩猩有時會成群結隊（偶爾也有雌猩猩加入）闖入競爭對手的領地，欲埋伏鄰近群體中落單的成員，再用棍棒石頭猛打對方一頓或瘋狂撕咬，最後丟下奄奄一息的受害者。珍古德觀察到，當黑猩猩群體分裂時，弱者會遭強者欺壓，直至被徹底消滅，領土則由勝者接管，直到勝者又敗在更強大鄰居手下為止——典型的天擇敘事。[25]

若要證明黑猩猩的行為或可類比早期以採集為生的原始人類，珍古德的研究成果向來是最重要的資料來源。然而，珍古德並不是第一個提出這項主張的學者。東非與西非也有其他黑猩猩群居生活的觀察紀錄，地點包含烏干達的布東戈（Budongo）和奇巴萊（Kibale）、坦尚尼亞的馬哈勒（Mahale）、象牙海岸的塔伊（Taï），只不過這幾處黑猩猩群體的暴力行為卻比貢貝國家公園更少見。一九八〇年代末，曾在貢貝與珍古德共事過的英國動物學家朗漢（Richard Wrangham）來到奇巴萊森林，開始觀察一組黑猩猩的行為。與貢貝觀察到的情形相似，這群黑猩猩後來也遭到強鄰消滅。死亡的黑猩猩共有五隻，但過程大多未被直接觀察到。在最初幾十年的田野調查中，被同類殺死的黑猩猩總數不超過十隻，因此證據相對薄弱，無法推導出任何有關高等靈長類暴力的理論。[26]然而，朗漢依舊以此支持黑猩猩可與早期人類相比的論述，他相信野外黑猩猩的行為一定與早期的採獵人類具有共同之處，好比偶爾集體互相殘殺的行為。黑猩猩是群居動物，但群體成員並非一成不變，青春期的雌性多半會加入其他群體，大群體也可能分裂成小群體。牠們表現出強烈的社會傾向，在群體內會克制暴力。黑猩猩重視地盤，儘管沒有邊界標記，但邊界兩側的群體都心照不宣。兩群勢均力敵的雄黑猩猩若是狹路相逢，雙方便會相互嘶吼競爭、指手畫腳、捶打樹幹，或猛攻一輪後再撤退，但不會真的打到你死我活。黑猩猩只有在地盤遭進犯或是組隊進攻鄰近地盤時才會真正搏命攻擊，前提是牠們要有數量優勢（通常是由五六隻組成襲擊小組來圍攻落單者）。受害者往往會承受致命一擊，進攻者則是毫髮無傷或損失微小。[27]

人類學家在觀察現代以採集為生的人類部落時，多半也能發現前述特徵。這些人棲身於邊界不固定的領土，與小型的親屬群體同住，群體成員通常也會因為與他族往來而有流動。這些群體表現出合作行為與社會連結，也能遏止暴力。群體之間若發生暴力衝突，雙方可能會出現互相叫罵等儀式性對峙，但實際傷害不大。但就像黑猩猩，突襲是最常見的進犯手法，而凡是入侵領地的陌生人都會遭到集體抵抗。要好的一群男性會結伴發動突襲，進攻鄰近的打獵小隊或採集者營地，雙方通常實力不均，進攻者承擔的風險較小。雙方也可能會殺紅眼，非拼出你死我活不可。[28]好比安達曼群島部族之間就很常出現暴力衝突，相鄰部落也會突襲或埋伏敵人，試圖在不損己的條件下殺敵，再撤回自己的領土。直到現代，在北美洲極圈內的部落都還不時會殲滅鄰近村莊，屠殺男女老幼，而考古證據顯示這種做法可追溯到幾千年前。[29]人類學家沙農（Napoleon Chagnon）前往亞馬遜河流域上游研究亞諾瑪米人（Yanomami）的成果也經常被學界援引為例，因為當地村落經常與鄰居爭鬥，可能是由兩名戰士用斧頭或棍棒進行儀式性決鬥，也可能是由一小群男性挑選敵方落單的一兩個人殺害，或者是綁架落單的女性，再迅速撤回己方領地。雖然亞諾瑪米人屬於農業民族，而非以採集為生，但研究顯示他們的行為乍看之下還是很類似於發動突襲的黑猩猩。[30]

顯然不是所有從自然界觀察到的黑猩猩行為，都可以直接類比到人類行為上。好比我們對黑猩猩過往或演化出的行為知之甚少，只能假設牠們的行為是適應環境壓力所致，至於具體是何種壓力則純屬臆測。兩百萬年來，各種不同的採獵人口彼此之間的差異又有多大？對此我們也知之甚少，只能肯定他們與當今的採集狩獵部落有所不同。集體攻擊行為若真是黑猩猩和人類適應環境的結果（就像交際合作的傾向），那麼這種行為應該具有某種親緣演化的根源，可以回溯到黑猩猩和早期人類六百萬年前左右的「最後共同祖先」。近期有學者研究哺乳動物同類相殺行為的親緣根源，檢視了一零二四種哺乳動物的紀錄，結果發現殺戮行為更常見於領土意識較強的群居動物，其中又以靈長類最為普遍，可見人類也許繼承了其共同祖先的暴力傾向。隨著定居型聚落、酋邦及國家逐漸形成，暴力衝突也越顯致命，這表示親緣演化遺傳可能會順應社會和政治組織的變化而改變。即便如此，暴力行為似乎已可見於人類最早的祖先，其暴力程度與人類所屬的靈長類相符，是其他哺乳類動物的六倍。[31]甚至還有人推測，社會傾向和暴力行為或許都能追溯到黑猩猩和人類更久遠以前的靈長類祖先，特別是生活於大約一千八百萬年前的非洲古猿，為這條特殊血統提供了親緣演化根源。[32]

這些主張並非全然沒有問題。首先，即便有珍古德等人的觀察紀錄，黑猩猩在野外採取致命暴力行為仍實屬罕見，也不是所有黑猩猩都會有攻擊行為（有些群體比其他群體更為好鬥）。其次，同樣與人類親緣關係相近的倭黑猩猩，就沒有像黑猩猩一樣暴力，牠們對群體內外幾乎都不會表現出暴力行為，而且與人類相比，雄性倭黑猩猩倒比雌性處於更為從屬的地位。儘管靈長類有限的暴力行為可能是共同古老根源所致，但人類大約在兩百萬年前就以截然不同於其他靈長類的方式迅速演化，尤其是發展出更大更複雜的大腦，因而發展出獨特的認知能力，像是語言、掌握早期的技術及豐富文化。[33]早期前人屬的大腦容量約為四百立方公分，早期人族的大腦容量約為六百立方公分，智人的大腦容量則有一千三百七十立方公分。大腦皮質可能已演化至讓人類有能力使用「掠食性攻擊」來對抗非人類掠食者或與其他人類競爭，藉以找出生存之道。大腦較大的物種或能排擠適應能力較差的人族，把他們驅趕到生存不易的環境。[34]至於生理上的演化是否影響到人類集體施暴的能耐？能影響至何種程度？這些問題仍有待商榷，但人類的暴力行為模式不太可能完全複製黑猩猩等靈長類。人類與其靈長類近親的演化過程畢竟不完全相同，而且正是兩者之間的差異讓人難以百分之百肯定主張黑猩猩和人類行為（及攻擊模式）之間一脈相承。黑猩猩經過數百萬年的演化後，目前仍只能用棍棒和石頭來覓食，偶爾打死鄰居。但在同樣一段時間內，人類卻從棍棒和石頭發展到核武，差異可見一班。

為了更深入探討人類的群體內暴力是否會影響人類演化，許多學者開始回頭研究古典達爾文主義的論述。當代演化科學掌握了達爾文寫作之時所沒有的人類演化及基因知識，因此有現今學者推論，人類在面臨重大生態或環境壓力時，會為了生存而調整適應。其中一種可能的適應方式就是聯合起來動用暴力，無論是用來自衛或對付其他人類。人類演化適應了暴力衝突後，並沒有

因此走向滅絕，反而還讓成功存活下來的人類群體更有望保護親屬與拓展基因庫。

誠如達爾文所說，關鍵在於適應能力。但這項法則應用在人類身上卻不單純，因為目前科學界知道的許多人屬物種已經滅絕，因此適應能力顯然是相對而言。人類演化生存研究的重點，在於智人是如何適應氣候、資源競爭及生態變遷等壓力而能存續至今。對此我們也只能猜測，就更不用說曾經生活過數十萬年的遠古祖先了。群體內暴力真的是適應壓力的手段嗎？顯然對於脆弱的小型採集聚落而言，暴力應該不是一種適應環境的好方法，因為人口損失可能會讓小規模群體陷入生存危機。人類最令人費解之處，就在於我們確實會對同類趕盡殺絕，這點與演化理論相悖——我們向來假定所有物種應該只會採取有利於繁衍的行為，人類也不例外。人類群體內暴力與演化生存之間若真有關聯，那我們就必須證明適應衝突的能力確實有利於人類成功繁衍下去。

我們不妨從「親緣選擇理論」(inclusive fitness，又譯為總體利益理論)的角度切入，這項概念是由年輕生物學家漢彌爾頓(William Hamilton)於一九六四年首創，發表於他當年兩篇以社會行為基因演化為題的論文。漢彌爾頓或許比威爾森更有資格稱為社會生物學的創始人(威爾森自己也承認)，他推導出的結論廣受當今探討人類演化者引用，儘管漢彌爾頓研究的並不是現代人類，而是螞蟻、蜜蜂與毛毛蟲。[35] 簡單來說，「親緣選擇」意指所有基因相連的親屬(遠親也算)共同促進親屬群體的基因繁衍，而若要充分提升自己與近親的基因適應力，個體選擇的重要行大過於群體選擇，儘管個別生物也能於群體內合作。若我們把這套理論應用在人類演化，便能解釋個人是如何努力保障生存及繁衍，說明實現目標所需的互惠行為。拿古代人類社群來說，組成親屬群體的個體會互惠合作，以在特定環境下繁衍。社會合作有助於親屬群體抵禦威脅，參與合作的個體也能因此得利，令親緣選擇成為專為生存而設的演化機制。[36]個體之所以會接受群居，是因為這樣便能取得共享資源、免受掠食者及競爭對手侵擾的好處（尤其是對雌性而言），也更有機會長期撫養幼崽，進而提升自己的適應能力。在天擇機制下，能充分提升親緣選擇機會的基因特質會傳遞到更廣泛的親屬網路。自人類出現以來，為了在種種威脅和環境壓力之下提高生存機會，群居幾乎肯定是採集人類的特徵，但這種機制又為何必定會導致各親屬群體間更激烈的競爭和衝突？這個問題還有待更詳細的解釋。

群居的結果之一，就是在親屬網絡內外畫分了界線。早期人類很可能有一點像黑猩猩，以「他們非『我族』類」的態度來對待他人。有些生物學家甚至指出，人類群體會經由名為「假種化」（pseudo-speciation）的過程而把他人當作不同物種，於是便有了競爭與衝突的理由。[37]更有可能的情形是，當食物資源稀缺且導致爭搶時，就會促進所謂的「競爭互斥」，也就是某親屬群體消滅或削弱同一生態區位中鄰近的採集群體。[38]一旦存在爭搶資源或伴侶的情形，暴力衝突便有可能對群內個體或其所屬的群體而言都有適應上的益處。好比在一夫多妻制的社會裡，衝突還能提升得到額外配偶及剷除競爭對手的機會。藉由更廣泛傳播群體的基因來提升己方的親緣選擇機會，另一方面也減少競爭群體的親緣選擇機會，這樣便能增加繁衍下去的機會。[39]從演化論可知，衝突應該只有在利明顯大於弊時才會發生。在權力平衡有利於己方的情況下，規模更大或效率更高的群體會選擇攻擊外人，以取得伴侶或資源，藉此加強適應能力。演化而來的暴力傾向並不排除各種採獵群體也能群居合作甚或交換配偶，當今的部落社會也是如此。因此在適應生存方面，人類似乎很懂得靈活反應，人類向來會在漫長的演化過程裡，根據眼前挑戰的性質而調整對策。暴力與合作並不衝突，兩者都屬於人族歷經數十萬年發展出的演化體系，都是為了生存和繁衍。[40]

然而，當個人不參加戰爭衝突的生存機率大於參戰時，人類肯定會動用什麼方法來說服大家集體參與暴力（幾乎都是雄性）。方法之一就是處罰拒絕加入的「搭便車者」，這些人可能會被逐出群體或付出更慘重的代價，不得享有團體掙來的資源。此外也有學者主張，由於群居情境下自保往往有賴於群體保護，因此男性便演化出了利他行為，有時心甘情願為親屬犯險，有時惠及遠親甚或是同一群體內的非親屬。[41]「本位利他」就是一個時常用來描述「只幫親族不幫外人」行為的詞彙。一旦族群親緣選擇優勢超過個人成本，衝突就有可能發生。群體若是占上風並取得更多資源或伴侶，那麼有功勞的個人也會得利，尤其是能夠保住近親。達爾文也認為，一個群體裡若有更多「富含同情心、勇敢又忠誠的成員」（也就是本位利他主義者），就更有可能通過天擇的考驗，勝過缺乏利他主義者的群體。[42]當然，利他主義是把雙面刃，利他的個體雖然有可能得享豐富收穫，或是能捍衛親屬群體，但他們也面臨死亡、受傷或被俘虜的風險。現代部落民族誌研究證實，部落之間的暴力衝突多半屬於低風險襲擊，只殺死目標群體裡的少數人及俘虜婦女，但己方傷亡極少。澳洲原住民就不時會為爭奪婦女而發生致命衝突，他們會於黎明出手突襲、埋伏，或於夜間打鬥，這樣比較有機會減少攻擊方的損失。本位利他主義者採取的集體暴力手段，無論是為防禦或攻擊，應該都是在漫長時光裡演化成了保障生存和繁衍成功的手段。

在早期採獵時代，參與暴力衝突者大概都是最身強體健的男性，他們也能從敵群手中為自己多搶來幾個伴侶，或成為自家群體內女性眼中最有魅力的對象，因此這些人也就增加了自己的繁衍潛能。驍勇善戰的戰士得以繁衍更多子嗣的同時，也得享親緣選擇的機會。有學者推測，男性演化出好戰和勇敢的特質是適應群體間衝突的結果，這也可能有利於群體繁衍，因為男性能藉此取得更多伴侶，為女性供應地盤與食物等更多資源。[43]負責發動突襲的戰士多為年輕男性，不只睪固酮分泌正值顛峰，血氣方剛且急著尋覓配偶，他們能做的就是證明自己的戰鬥能耐，保障個人的親緣選擇優勢。[44]如此一來，衝突就成為男性的適應價值，證實了攻擊行為確實是有利生殖的策略，有其生物學優勢。

女性的適應代價相對高昂，因為當時女性往往是施暴或俘虜的目標，其男性配偶或親屬可能遭殺害，於是就少了保護者與取得資源的管道。為適應種種選擇壓力，女性很可能發展出了逃離或臣服的生存策略。[45]但同時也有其他考古證據顯示，女性也會為保護自己與親屬而參與戰鬥，甚至會謀畫戰術來絆住進攻者。伊利諾州中部歷史七百年的諾里斯農場公墓裡，就有四十三具死因為暴力及創傷的骸骨，其中男女數量相等，其中九男六女的顱骨有損傷後治癒的跡象。除了本遺址之外，從美國其他地方出土的女性骸骨亦可見她們曾受襲擊者傷害，這也間接證明女性會於必要時參與戰鬥。[46]十九世紀早期，英國逃犯巴克利（William Buckley）曾講述自己與澳洲原住民的生活經驗，提到部落中經常發生大小規模的衝突，而女性也會為了保護親屬而甘冒生命危險參戰。他回想起一場戰役：「女性掀開毯子起身，各個挑起短棍，飛奔前去救援自己的丈夫或兄弟……男女都拚命戰鬥，見人就殺，渾身是血。」[47]

事實上，早期人類群體中的女性有可能也促成人類演化出好戰的個性，因為她們認為更驍勇善戰者會更有能耐保護她們。以凶悍為名的部族更善於保護家園，善於戰鬥的男子也更能保住配偶的性命。英國利物浦曾以男女各六十人為研究對象（其中六成為大學生）進行過一場小型實驗，希望能驗證「女性更傾向於選擇勇敢的利他主義者為伴侶，而非不願冒險的男性」這一項假說。調查結果證實，女性確實偏好挑選勇敢的利他主義者作為長期伴侶，尤其重視勇敢特質更甚於利他主義。男學生給勇敢特質的評分同樣高於利他主義和風險規避，而不願冒險的男性則得分極低。這一結果並不太令人意外，因為人們多半會想表現出勇敢的特質，比較少有女性會甘願與懦弱之人長久相伴，也罕有男性想被視作總是逃避風險的人。[48]假設這些選擇呈現出的是深植於祖先本能的情感，而非後天文化形塑的反應，那麼正如實驗研究者所說，我們可以合理推斷大家庭裡的女性更傾向於選擇能夠保護她們並提供物質保障的男性，而成功挺過戰鬥的男性則間接促成了一夫多妻制文化的誕生，繁衍更多後代。戰功是否真讓男性成為更有魅力的伴侶？當代也能找到一些證據。據說有位亞諾瑪米戰士酋長便與八妻育有四十五子，在他統治的村落裡有四分之三的人口都是他的後代。[49]還有學者調查了六十一名亞諾瑪米男性長者，這些人全數曾為戰士，結果發現其中四人合計共有一百九十一名孫子女。[50]但也有反例：十九世紀的傳奇非洲國王沙卡祖魯（Shaka Zulu）就曾下令殺害懷有士兵子嗣的婦女，好讓男人專心從軍。

衝突是否真的是保障親緣選擇能力而演化出來的手段呢？儘管這項推測符合現有演化理論和科學邏輯，卻仍缺乏取自人類悠久歷史的確鑿證據。也有學者批評「結構簡單的原始人類社群一定存在競爭暴力，以爭奪配偶或資源」這一傳統概念，認為在歷史悠久的採獵時期裡，衝突大多是發生於群體內部而非群體之間，因為人類通常會採取妥協或遷徙來解決衝突。這些批評主要還是參考當代的民族誌案例得出此一論點，希望能借用當今現象來解釋歷史，但這同樣僅止於推測。[51]這類批評始終不受當代主流觀點採納，後者認為早期人類會同時追求各種生存和親緣選擇的策略，逐漸能採取更靈活多變的反應，包括訴諸競爭暴力來保障成功生存。正如動物行為學所示，這一現象也能在其他眾多物種身上找到相近的證據。

演化學上的論述肯定也得考量戰爭在歷史上的發展。畢竟我們已經從過去五千多年的歷史看到，士兵確實會與非親屬並肩作戰，而犧牲自我者的數量之龐大，從生物學角度來看似乎並無意義。相較於原始人類存在數百萬年的歷史而言，大多數演化生物學家都肯定近代歷史上的衝突涉及文化演變，而文化也維繫著物種為親緣選擇能力而付出的承諾。發展文化的能力似乎也傳承自人類的久遠歷史，這項特質也是保障生存繁衍的手段。物種延續一向有賴於所謂的「基因演化與文化適應」。[52]這種生物與文化同步演化的概念明顯更適用於解讀近代歷史現象，因為生物追求適應與生存背後的動機，也符合文化支持戰爭、使戰爭成為常態的生存策略。[53]那些在演化理論有助於強化適應力的特質，也能用於解釋酋邦和國家的生存策略，因為他們會爭奪資源和權力，甚至搶奪可作為性戰利品的女性。世界各地的聚落之所以會逐漸合併為部落社會或原始國家政權，顯然正是源自於競爭加劇，往往還涉及暴力，於是人們才需要更有組織也更實質的武力應對手段。也就是說，從生物學和文化角度來看，社會組織的變化都是為了在必要時能發動戰爭，而戰爭在大半人類歷史上都關係到特定社群或政體的存續與覆滅。

我們只要稍微調整一下，就能將本位利他主義應用在現代民族國家之間的衝突。好比民族主義能夠凝聚參戰的民族，戰士也會為了群體存亡而自我犧牲。第二次世界大戰接近尾聲時，投降其實更符合德國與日本的理性選擇，但兩國政府竟然繼續散播恐懼，聲稱男性閹割及女性遭敵人侵犯將導致物種滅絕，鼓吹民族拼死奮戰。兩國也推崇極端的種族純潔與種族歸屬感，在更大層級上映照出早期人類的「親緣選擇」模板。納粹德國的案例說明了當地人是如何自願擁抱生物學的適者生存鐵律——鼓勵德國婦女提高生育力、從被征服地區奪取兒童來填補德意志人種空缺，還依生物標準來分類誰是共同體的一分子。回顧第二次世界大戰的歷史，參戰的軍人普遍更受到自己所屬小團體的影響（相較於更廣大抽象的意識形態而言）。他們之所以效忠所屬的小團體，原因之一是他們相信自己從軍與犧牲是為了保護親人，從戰場士兵普遍攜帶家人照片的現象可見一斑。儘管在實際上，他們各種自我犧牲英雄壯舉時常是為了幫助最親近的戰友，因為一群沒有血緣關係的男性也可能成為代理親屬群體。

——

二〇一七年，一個名為「戰爭、環境、社會不平等暨和平研究」的團體回到塞維亞舉行會議，同時回顧《塞維亞反暴力聲明》。該團體的成立宗旨在於「找出有效促進和平的解方」，而且他們堅持反對暴力為基因遺傳的觀點。自從《塞維亞反暴力聲明》問世已過去三十多年，人類對演化論的研究也大有進展，挑戰了「生存本能使暴力衝突深植於人類過往」的假設。[54]隨著對演化適應的基因遺傳過程有越來越多的理解，我們也開始修正「戰爭存在於人類基因之中」的觀念與早期「好鬥是人類本能」的傳統想法。即便如此，我們似乎仍舊會得出以下結論：回顧人類存在的大半時期，人類追求的親緣選擇或總體利益不僅關乎社交合作，還包括在必要情況下訴諸衝突。一直以來都有學者主張，社會、文化與環境等後天因素才是導致人類戰爭的原因，而不是先天性的生物因素，但這套二分法幫助有限。在遙遠過去，生物生存有賴成功繁衍，而繁衍成敗又攸關演化適應，包括攻擊傾向等演化結果都是為了保障群體或提高其生存能力。然而，並非所有適應演化出的特質都能保障生存，畢竟重大氣候變遷或食物資源減少等不確定因素也會有所影響。大多數人屬物種都已滅絕，由此可見其演化適應也曾陷入死胡同。就連智人也是經歷過人口數量極低的瀕危時期，只是後來成功演化出足夠堅韌的特質，得以挺過競爭而存續下來，哪怕是以殺害大量競爭者為代價。

時至今日，多數從社會科學觀點來研究暴力衝突的學者依舊不信任生物學方面的解釋，認為其過於武斷。一位人類學家在參考有關人類攻擊行為的熱門生物學書籍時，就批評該書是「生物學胡謅」。[55]社會學家布魯斯（Steve Bruce）還曾於一九九九年寫道：「人類生物學對構建人類社會毫無用處。」但這項論點顯然也過於極端。[56]就在前一年，社會生物學之父威爾森公開回應來自社會科學界的廣泛批評，聲稱社會科學應當由研究人類行為的生物學方法取代。[57]他的立場確實偏激，但我們也無法完全否認演化生物學的貢獻，畢竟這門學科提供了一套改良過的達爾文「生存競爭」論述，有助我們從暴力衝突特徵、社會性和文化建構的角度來解釋人類演化的結果。

第二章　心理學

國際聯盟是否願意投注數百萬資金，或者從旁支持學術界從心理學角度研究戰爭衝動的本質？各國有多少心理學術機構願意不分晝夜地探討個人或社會層面的衝突之謎？……全世界沒有一個國家願意拿出哪怕一毛錢來調查戰爭的心理現象與動機。

——葛洛佛（Edward Glover）博士，一九三一年[1]

葛洛佛是誰？他是英國精神分析研究所佛洛伊德學派的領頭羊。一九三〇年代，有越來越多西方心理學家認為，戰爭起因要從人心找起，而葛洛佛便是其中一員。這些心理學家認為，若能找出人類造成戰爭的本能，就有望打造一套新的和平心理學——即便這代表大部分成年人口都得接受心理分析。愛因斯坦之所以邀請佛洛伊德來回答戰爭起源之謎，正是因為他冀望能利用心理學這一相對新興的學門來解答戰爭為何持續不斷的現象。哪怕佛洛伊德堅稱「死亡驅力」的結論顯得悲觀，但自那時至今，人們仍持續尋找暴力衝突與心理運作之間的關聯。

從各方面來看，愛因斯坦諮詢佛洛伊德顯然是選錯了人。精神分析學家關注的通常是精神科患者的醫療實踐和臨床結果，而非整體社會或國家。一九二〇年代的人普遍認為，精神分析聚焦於少數病人的內在狀態，而不是外在世界更宏大的問題，包括戰爭原因的診斷。不過，當時心理學界已見識過第一次世界大戰的恐怖，因此也開始認為他們應該對戰爭起源發表專業意見。一九一四年八月戰爭爆發後不久，美國心理學家菲利普斯（Daniel Phillips）便駁斥那些流於表面的戰爭解釋。他認為有必要從人類根深柢固的好鬥本能來尋找「更深層的原因」，他還寫道：「整段人類歷史……都證明了戰爭之火總是隱隱燃燒。」[2] 一九一五年，佛洛伊德寫下〈戰爭與死亡時代的省思〉（Thoughts for the Times on War and Death），傳達與菲利普斯相同的觀點：他也認為人類內心深處肯定藏有暴力的「原始衝動」。[3] 佛洛伊德的靈感也是源自第一次世界大戰的爆發，並於〈超越快樂原則〉（Beyond the Pleasure Principle）一文中首次詳述這套見解。在這篇文章中，佛洛伊德指出凡是有機物都在追求回歸無機狀態，同時將快樂原則與他所稱的「死亡驅力」對比，認為兩者的分歧解釋了人類的愛與恨，而這些情緒正是始於與父母的關係，所謂「伊底帕斯情結」（嬰兒對母親既有愛也有挫敗，對父親既有愛也有敵意）。從這種心理張力而生的攻擊衝動通常會被內疚感給壓抑，但偶爾會被激發，正如當時爆發的諸多衝突。儘管如此，佛洛伊德仍不願輕易將這一見解應用於分析人類群體，因為他明白目前仍缺乏個人層面之外的臨床證據。佛洛伊德於一九三九年過世之前，還曾提到或許可以將「人類的古老遺產……前幾代人經驗中留下的特定記憶痕跡」用於解釋群體行為，甚至是國家與「死亡驅力」鬥爭的過程。但他生前終究沒能歸納出一套有關戰爭成因的心理學理論，這也解釋了他對愛因斯坦的回應為何偏向悲觀。[4]

佛洛伊德的後繼者接下了以精神分析來解讀更宏大戰爭議題的任務。尤其在一九三〇年代的英國，有關攻擊侵略的理論逐漸成為主流，取代了以「快樂原則」為題的學術研究。時人普遍視戰爭為集體瘋狂行為，所以心理學似乎正是適合用來解釋戰爭的學問。而對這門才剛起步的科學來說，回應戰爭起源的問題也成了一項迫切的責任。一九三〇年代國際危機逐漸升溫之際，心理分析學者也想方設法以佛洛伊德理論來說明人類的攻擊行為，同時試圖跳脫個人層面，解釋戰爭中發生的集體攻擊現象。後世學者可能會批評說，結果就是「鬆散且思慮不周」，但佛洛伊德的後繼者看見了拓展心理學的機會，希望能藉此擠進由社會和政治科學主導的領域。這些後繼者普遍不採信佛洛伊德的「死亡驅力」理論，因為這套理論很容易被誤解，特別是因為這個字在英文中很常被譯為「死亡本能」(death instinct)，彷彿有其生物學根源（卻沒有證據可以證明）。心理學家費尼切爾（Otto Fenichel）於一九三五年出版《戰爭與和平》一書，點出「死亡驅力」欲解釋的對象根本不是戰爭，而是試圖理解人類分裂的自我——這個自我就夾在無意識的毀滅驅力和愛的積極能力之間。[5]心理分析學家反倒專攻起佛洛伊德的伊底帕斯情結理論，將人類童年視為未來攻擊傾向的源頭。葛洛佛就據此主張，戰爭心態是於「嬰幼兒時期生成。」[6]

在當時大量嘗試解釋戰爭起源的心理分析學家之中，葛洛佛是迄今最有影響力的人物。他曾於一九三二年受邀至日內瓦向國際聯盟社會協會發表演講，闡述他對戰爭及其解方的見解。葛洛佛主張，要瞭解一個人成年後的樣貌，就應當從佛洛伊德的角度觀察其嬰孩時期。每個哺乳期的嬰兒都具有愛母親的能力，但當母親不為嬰孩哺乳時，嬰孩就會產生攻擊性。與此同時，每個孩子都愛父親，卻厭惡父親介入自己和母親之間。葛洛佛聲稱，這種伊底帕斯式的反應會表現為愛與恨、慈愛與虐待之間的張力，而「正常成年人」克服此一情結的方法，便是無意識地壓抑這類負面特質。要是這類原本受壓抑的罪惡感和性衝動被釋放，被投射到戰爭裡的敵人身上，人類便會被挑起攻擊欲望。戰爭之所以可能，都是因為人的精神狀態早在嬰兒時期便已成形。[7]

出身奧匈帝國的精神分析學家梅蘭妮（Melanie Klein，一九三〇年代受雇於葛洛佛的研究機構）和英國發展心理學家蘇珊（Susan Isaacs）的臨床研究，都進一步鞏固這種對攻擊性起源的見解。兩人觀察嬰兒的研究成果就像葛洛佛所述：吸吮乳房的過程會激起嬰孩對母親的愛，但若得不到乳房，焦慮和攻擊性便由此而生。兩股衝動產生的張力，會在每一個嬰孩身上產生出充滿攻擊性的強烈挫敗感，同時也使嬰兒對母親潛在的威脅產生恐懼。梅蘭妮不顧同事強烈反對，堅稱初生嬰幼兒的內在世界是一張交織著恐懼、毀滅、施虐及迫害的網，是宛如夢魘般的世界，成年之後的攻擊傾向便是這張網的產物。[8]與梅蘭妮合作的兒童分析師瓊安（Joan Riviere）也支持這項想法。瓊安生動描述了嬰兒攻擊幻想核心中的純粹暴力：「四肢會踐踏踢打，嘴唇、雙手、手指會吸吮、扭動、抓捏，牙齒會啃咬、咀嚼、撕裂、切割，嘴巴則會吞噬及殺戮（消滅）。」[9]與佛洛伊德一樣，梅蘭妮與其支持者並未直接應用這套理論來解釋戰爭，儘管梅蘭妮大受戰爭後果震撼。她於一九二〇年代初開始照顧因衝突而承受情感創傷的兒童，因而對戰爭帶來的苦難特別有感。[10]但其他人卻視嬰兒攻擊理論為「戰爭心理的原型」，挪用梅蘭妮的見解來證明侵略和戰爭的心理衝動其實是源自於人類生命最初那幾小時或幾天，儘管這一觀點沒有絲毫臨床證據。[11]

然而，在經歷過慘烈的第二次全球大規模衝突之後，有越來越多心理學家在一九四五年之後更傾向於相信戰爭傾向可溯及其心理根源，而且心理根源的影響力比物質、意識形態或政治上的敵人都要深層。若就精神分析學派而言，一九三〇年代發展出的佛洛伊德學派持續被人拿來當作理解戰爭的基礎。這套說法認為，痛恨父親的伊底帕斯衝動可能會投射到敵人身上，而對父親形象的愛慕之情則是轉移到國家領袖或軍事指揮官身上。另一方面，侵犯國家的舉動代表著強暴母親角色的意圖，將會激起男性強烈的怒火。曾翻譯過佛洛伊德著作的精神分析家崔奇（Alix Strachey）大膽寫道，毀滅的本能是「引發戰爭的唯一主因」。[12]精神分析學派推測，考慮到父與子的競爭大多是從被壓抑的性欲而生，而這股被壓抑的攻擊欲會在戰爭中找到出口，兒子才會希望能閹割眼前化身為父親形象的敵人——對閹割的恐懼催生出更多暴力。一九四七年，法國精神分析家瑪麗（Marie Bonaparte）於《戰爭神話》（*Myths of War*）一書中指出，德國人認為波蘭走廊區隔了東普魯士與德國本土，而這無異於對民族的閹割。她也提出實例：一九三九年夏季，有消息聲稱波蘭人正在閹割居住於波蘭的德意志民族，希特勒便藉機大作文章，為自己侵略波蘭找到藉口，或許也是為了克服他自己的去勢恐懼。[13]

義大利精神分析家福納里（Franco Fornari）在一九六六年出版了《戰爭的精神分析》（*The Psychoanalysis of War*），該書至今仍是唯一深刻探究這一主題的著作。福納里進一步探討嬰兒時期的經驗是如何影響人在第二次世界大戰中的行為。一九四五年七月，科學家於新墨西哥阿拉莫戈多的試驗場試爆原子彈成功，計畫主持人葛羅夫斯（Leslie Groves）將軍發電報致杜魯門總統，宣布「寶寶誕生」——福納里認為這一措詞意義深遠。福納里接著再舉出另一個深具象徵意義的例子：負責向廣島投下原子彈的B-29轟炸機飛行員提貝茲（Paul Tibbets），他決定以母親之名將轟炸機命名為艾諾拉．蓋伊（Enola Gay）。[14] 福納里進一步推斷，死亡驅力與其造就的侵略行為會引發人的深層焦慮，而戰爭本身便是克服焦慮的方式。這種內在精神動盪的向外投射將戰爭轉變成一種療法，藉此消除嬰孩時期攻擊欲的罪惡感。這一投射將罪惡感加諸於敵人之上，敵人就成了潛伏於所有男性心中之惡的化身（福納里只討論男性），理當誅殺。屠殺敵人就等同於摧毀與死亡驅力有關的「壞東西」，於「原始」戰爭如此（福納里認為近代民族誌研究已經證實），於現代戰爭中亦然（無意識動機雖受掩蓋卻依舊真實）。福納里所謂的「偏執型戰爭」並非肇因於男性好攻擊的天性，而是一種「天生的瘋狂，人類會憑藉此種瘋狂與周圍環境（即母親）締結最初的關係」，就像提貝茲與轟炸機艾諾拉．蓋伊。[15]福納里最後總結，唯有核戰才能改變精神分析框架，因為核武不僅會摧毀伊底帕斯幻想裡可憎的敵人，更會把愛的對象（祖國和母親）一起消滅。

一九三〇年代以降的精神分析學者只要討論戰爭的本質，必然會提到受壓抑的性恐懼與攻擊傾向如何作用。他們認為戰爭是無意識壓力突然浮現的結果，導致與無意識恐懼有關的侵略攻擊行為。一九七三年，美國印第安納州聖母大學舉行了一場探討戰爭起因的大型研討會，精神科醫師沃爾什（Maurice Walsh）就於會議上點出，這套理論解釋了古埃及人為何會割掉戰敗者的包皮，而非取下對方頭顱作為戰利品。沃爾什還補充了北極部落的例子，指稱這類部落會於交戰後切下被屠殺女性的外陰並以繩索懸掛供敵對部落的男性觀看——佛洛伊德學派肯定會認為這種舉動符合其精神分析的解釋。[16]沃爾什推想，伊底帕斯情結的驅力強大到足以讓年長男性送親生兒子上戰場拚命，更足以讓年輕人願意殺敵，視敵方為嬰兒時期闖入的可恨父親形象——既然無法殺害或閹割父親，於是敵人就成了替罪羔羊。佛洛伊德學派認為這類心理情結足以說明種種現象，從「原始戰爭」的掠奪和獵人頭到現代的組織化戰爭全都適用。[17]

然而，那場發生在印第安納州的研討會其實也是精神分析研究的轉捩點。有越來越多與會學者懷疑，我們是否真能運用心理學來解釋戰爭等社會或制度層面的集體現象？生物學家艾貝斯費爾特（Irenäus Eibl-Eibesfeldt）就認為伊底帕斯情結根本是憑空捏造，更不用說拿它來解釋戰爭，而此一觀點逐漸受到其他心理學家認同。對於精神病理學是否有助於理解戰爭成因，參與研討會的精神醫學教授坎克羅（Robert Cancro）就不小心說溜了個人見解：「我覺得貢獻小得要命。」[18] 研討會過後二十年，心理治療師戴安娜（Diana Birkett）精準地指出，如今精神分析這門學科已回歸初衷，旨在療癒患者的內心世界而非外在世事——正是美國精神分析學界逐漸採取的方向。[19] 過去二十五年來，該學科的主要刊物《國際精神分析期刊》（*International Journal of Psychoanalysis*）連一篇關於戰爭或集體侵略的文章都沒有。

佛洛伊德給愛因斯坦的答覆，顯然無助於世人藉由心理學來解釋戰爭。死亡驅力最多只是極具爭議的比喻，沒有人能證明抽象的伊底帕斯情結是戰爭起因，同樣也沒有人能證明梅蘭妮的嬰兒暴力幻想理論是「戰爭心理」的根源。佛洛伊德及其追隨者都明白，內在自我需要外在刺激才能被喚起，但如果「嬰兒時期受到壓抑」的觀念成立，理應是放諸四海皆準，不分時空與性別都能適用才對，但這顯然也無從證實。只要當過父母，就會知道嬰兒確實存在某種攻擊行為，可是這種傾向是否會於日後演變成參戰意願，顯然也只能流於推測而無法證實。

若說精神分析學派無法解釋人類為何戰爭，那麼心理學還能提供哪些解釋，有助於我們理解戰爭與心理的關係嗎？人們持續關心戰爭的心理層面，間接引發了一場與生物學密切相關的討論：攻擊行為及由此而生的戰爭是不是演化壓力的產物呢？我們確實可以在某些人類（主要是男性）身上找到攻擊性的特徵，只不過心理學觀點卻有別於生物學——心理學認為攻擊性是用來應對挫折或恐懼的心理反應，所以是後天習得的心理反應模式，而不是第一章探討的生物自然定律。早年的演化心理學認為，人類歷經許多世代演化，最終演化出生存必備的各種心理適應能力，包括好戰傾向，以及一套男性負責戰鬥而女性負責繁衍工作的性別分工。即便如此，這些有關人類心理與戰爭關聯的種種理論始終沒有形成共識。

自一九八〇年代起，演化心理學就是我們理解人類長期心智發展的敲門磚。即便這門學科仍在演進、仍然具有很大的討論空間，但戰爭的演變依舊是該學科想深入探究的一大主題。許多演化心理學家認為，人類心智並未發展出一體適用的工具，而是以一套心智模組機制來因應演化過程中各式各樣的適應問題。[20]這些模組彼此交互作用，可能讓人類祖先產生了類似戰爭的施暴能力。這種暴力只可能是群體產物，主要動機是在史前環境中抵禦掠食者或來自他人的威脅。在當時演化心理學提出的諸多論述中，最受爭議的就是所謂的「男性戰士假說」。這一假說認為，群體裡的男性已於心理上適應了衝突，而此論述又與男性追求親緣選擇機會的生物本能密切相關。問題是，如何界定是何種心理機制促使男性聯合起來對另一群體實施暴力？這種機制得在不同文化和環境背景下運作，而且顯然不同於個人產生攻擊欲的心理，因為要讓集體暴力成為可能，人類得先具有互相合作的能力。[21]保護群體或部族不受敵人侵擾的需求會催生恐懼，而這種恐懼可能會在漫長演化下讓男性習得從事集體戰爭的特定心理反應，包括為保護其他成員與繁衍後代而甘冒個人風險的利他行為。[22]若由這一演化觀點出發，結論就是男性會逐漸學習到聯合起來應對外在威脅的好處。這些獲得成功的男性群體在心理上更有可能接受未來其他的攻擊行為（無論是守或攻），於是也傾向於建立男性戰士能認同的攻擊規範。[23]然而也有批評男性戰士假說的學者指出，這一演化過程其實是經由文化傳遞而形成，即所謂的「文化群體選擇」。但無論如何，演化心理學家大多認為，長期重複與模仿確實會讓集體暴力傾向成為某些男性的心理常態，導致原本是後天習得的特質成為演化適應的結果。

難題在於如何找出確切證據，證明人類真的具有聯合起來施展暴力的心理傾向，以及此一傾向是否真的影響男性在歷史上參與群體衝突的意願。我們至少可以從歷史上找到兩個例子來解釋菁英戰士如何仰賴心理規範來認可集體戰爭（只不過這兩個例子都無關需要漫長時間的演化適應）。一個例子是西元前一千年的希臘城邦斯巴達，另一個例子則是西元後第一千年期間斯堪地那維亞的維京人。首先是斯巴達人，他們發展出著名的軍國主義文化，富裕男性公民都有義務攜帶武器，以便有需要時與其他希臘城邦作戰或抵禦外侮——他們對抗波斯王薛西斯帶領的軍隊就是著名例子。西元前四八〇年，斯巴達國王列奧尼達率領三百名士兵於溫泉關抵擋波斯大軍，最終全數戰死沙場。這場戰役象徵著斯巴達人的精神，他們知道每個人都得視死如歸，遵守自己立下的公民誓言。斯巴達人要是擅離崗位或逃離戰場，就會被稱為「懦夫」，剃掉一半鬍子及穿上破披風作為恥辱標誌。斯巴達男性公民年紀尚輕時便開始接受嚴格教育，旨在於將他們培養成未來的戰士，違反規定者會遭受鞭笞。社會氛圍鼓勵人人鍛鍊體能，與家人分離，斯巴達人會被告誡要拋下恐懼、羞恥和驕傲等情緒，做好接受嚴格軍事紀律的心理準備，戰死沙場也在所不惜。[24]斯巴達文化再三強調這些價值觀，但他們又是怎麼讓世世代代的斯巴達人在心理上都願意視打仗為男性義務，數百年來都能讓戰士文化根植於人們心中？顯然光靠文化背景難以解釋。

斯堪地那維亞的維京文化也是出了名的尚武。維京社會向來是由所謂的「霸權男性」主宰，這群戰士菁英願意為了更廣大的群體成員於戰場上犧牲性命。就像斯巴達，懦弱的維京男性會被社會拋棄，妻子還能以此為由與丈夫離婚。男孩還小時就會得到刀、弓箭、長矛和斧頭等玩具武器，進入青春期候就能真正上戰場殺敵。北歐史詩《埃及爾傳奇》（*Egil's Saga*）便講述年幼的埃及爾於爭執中殺害另一位小男孩，結果反而受到母親讚許，因為他表現出優秀戰士的潛力。[25]維京戰士會組成一個個小團體，成員之間認同感強烈，各個驍勇善戰，甚至不惜犧牲自己。一〇一四年都柏林外的克朗塔夫（Clontarf）戰役中，便可見到維京人寧死不屈的戰鬥精神——當時維京軍隊遭到獲勝的愛爾蘭人屠殺殆盡。考古證據顯示，維京戰士偶爾也會接納外人加入，只不過外人得先宣誓效忠與採用小團體的象徵，像是相同的武器、旗幟及專屬的盾牌顏色。維京社會以軍事價值為尊，有英雄名聲者便能發揮更廣泛的社會影響力，也更有機會找到優秀的配偶。[26]一如斯巴達，維京社會也充滿了陽剛的軍人氣息、保衛家人與在戰爭中犧牲自我的精神。這或許也有點像演化論所說的，反映出祖先傳承下來的特徵。

現代戰爭中也可以看到對男子氣概的崇拜之情，而且這一觀察相對容易，不必像重建古代歷史的心理傾向那樣克服重重困難。人類學家馬林吉拉（Godfrey Maringira）在投身學術界之前，曾在辛巴威軍隊服役十五年。他寫下自己當兵及接受兵種訓練的經歷，那時的教官便處心積慮要讓大家把自己當作霸氣大男人。「我們已進入男人的領域，」長官教育他們：「非拋棄娘們味不可。」大家被訓練去理解及歌頌殺戮，蔑稱平民為「女人」，眾人也很快就適應。即便在退役後，許多人也自認與眾不同，自覺英勇又強壯，在精神和身體上都是勇士。[27]一份心理學研究調查了四十三名即將從軍的美國人，結果顯示他們對平民懷有同樣的鄙夷態度，渴望能趁著軍旅生活培養出各種近似於維京人與斯巴達人的霸權男性氣質，包括侵略和施暴能力，強健體能，自律及自力自強，情緒控制與大無畏的犯險精神。無論是在美國還是辛巴威，現代軍事組織依舊在積極塑造男性的戰士心態。[28]

分析戰爭的心理因素時，最為人詬病之處就是證據的不確定性。我們幾乎不可能找到古人心理活動的考古痕跡，就算是留有歷史紀錄的戰爭，心理學的解釋仍難以擺脫文化和社會結構的影響。例如要解釋「男子氣概」的概念時，心理與文化因素就像「先有雞還是先有蛋」一樣因果難辨。美國演化心理學家羅培茲主張，從當今回顧過往會比較容易理解人類戰爭心理的演變過程：「我們適應演化過的心智……是看往祖先歷史的窗。」然而，如何打開那扇窗卻是一項極大的挑戰。羅培茲在意的是防禦性戰爭與侵略性戰爭在心理上相異但相關的適應機制，前者有利於社群整體的存續，後者則旨在讓參與發動侵略的人獲益。綜觀人類歷史，快速襲擊是十分常見的戰爭暴力形式，攻擊方宛若「不穩定的小型袍澤聯盟」，通常是以凶狠霸道的男性為首。演化過後的心理狀態是各種戰爭衝動的來源，無論是古代部落或現代戰爭皆然。[29]

二〇〇七年，羅培茲為驗證此假設而進行了一項社會心理學實驗。研究人員邀請到一百九十五名大學生（八十三名女性與一百一十二名男性），請他們分別想像自己身處一〇五〇年的帕坦人（Pathan）游牧部落（位於今日阿富汗東部）。研究情境有二，一以防禦為主，二以進攻為主。部落得先決定是否抵禦可能來自東邊新疆地區的入侵，接著要判斷是否主動攻擊這些中國城市來奪取財富。參與實驗的學生必須回答許多問題，包括是否會投入戰爭？期待自己或集體能獲得何種好處？如何賞罰搭便車者與有實際貢獻的人？研究結果顯示，男性比女性更有參戰意願，也更期望能藉由攻擊他人（而非防守）獲益。兩性對防禦戰爭益處的認知差異不大（畢竟順利存續明顯能讓所有人得利），受試者也都認為不幫忙防守的搭便車者理應受罰，而投入攻擊的人則應得獎勵。羅培茲總結，這項研究無法證實「人類天性好戰」，只能證明人類已演化出專門的心理機制，按照情境應對特定的意外事件。古代部落可能也是像這群學生受試者一樣面對戰爭與否的抉擇。[30]

現代心理學也會藉由研究兒童行為，來探討現代是否存在有類似過去的心理狀態，只是他們採用的研究方法與精神分析學派大不相同。美國發展心理學家喬伊斯（Joyce Benenson）便曾耗費數年時間，觀察小學男女兒童的行為，以及他們表現出的恐懼。喬伊斯發現男孩往往會明白表示害怕敵人，覺得有義務要打敗對方。男孩使用的語言也充斥著戰鬥、攻擊、打敗等相關隱喻，男孩間的玩耍也多半是以格鬥遊戲、摔跤和擊敗敵人為主。另一項研究顯示，七成小學男童的遊戲會涉及攻擊、防守、追逐、逃跑及俘虜，女孩們的遊戲則不然。眾所周知，男孩會假想出要消滅的敵人，對於武器也深感興趣，就算是在禁止武器的學校或幼稚園裡，凡是手邊可得的物品都能被拿來製作武器。喬伊斯於英國普利茅斯安排了另一項調查，以兩百名四至九歲的男孩女孩為受試者。研究人員會詢問他們如何使用玩具，男孩講述的故事大多有關攻擊敵人，女孩的回答則泰半無關衝突。喬伊斯觀察到，男孩更有可能組成各種小圈子，齊心協力對付他們所謂的「外人」。喬伊斯的結論是，演化心理學在經歷漫長時光的影響下，替男性塑造出了一批「擅於集體行動的戰士」。[31]

遊戲與遊玩長久來一直扮演要角，讓兒童（大多為男性）習得如何與他人競爭——澳洲學者溫蒂（Wendy Varney）稱之為「戰爭式競爭」（war fare）。玩具武器及玩具士兵的歷史可追溯至好幾千年前。歐洲早在十三世紀起就開始鑄造小型玩具金屬士兵，到了十九世紀這類玩具兵更普遍進入大眾市場。在第一次世界大戰爆發前幾年，英國更是每年生產超過一千萬個玩具士兵。玩具商廣告宣稱，遊玩這些玩具能讓男孩準備好迎接即將到來的真實戰爭。這類戰爭相關玩具在美國也同樣暢銷：畢竟在現代市場機制下，兒童正是玩具產業的目標消費者。幻想中的敵人理當誅滅，為人熟悉的英雄則是值得嘉許的模範，於是兒童習得不把敵人當人看待，一九八二年的暢銷聖誕玩具「特種部隊」與第一次波斯灣戰爭時期推出的「沙漠風暴芭比」都是如此。[32] 以孩童為客群的戰爭商品化現象出現在世界各地，多少讓人們自小便於心理上相信戰爭為必要之事，甚至認定那是當代世界必不可少的環節。諸如《戰地風雲2042》、《真人快打》、《終極動員令》、《決勝時刻》

等帶有暴力元素的電玩遊戲，也將戰爭觀念延續至成年，令人著迷於戰爭與軍事故事。好萊塢電影中更是時常可以看見角色英勇捍衛美國價值、擊敗「非我族類」的反派他者，而戰爭則被描繪為令人熱血沸騰的奇觀，這些全都強化了美國流行的尚武情結。這一情結於美國文化中廣為傳播且受到大眾認可，可見此種根深柢固的心理不僅呈現出美國文化的一面，也因美國文化而更加深植人心。[33]

如今許多研究都試圖將現代心理溯及過往祖先，或試圖尋找男女性在心理上的差異以解釋男性的好鬥傾向，但相關質疑與批評也開始跟著出現。好比針對兒童行為的研究便有一個明顯的漏洞：兒童所處的社會環境總是在強化性別刻板印象，更不用說時常受到消費廣告的轟炸。另一種批評則指出，好戰心理未必是男性專屬，女性亦有參與衝突的能耐（儘管在歷史上展示的機會相對有限）。我們幾乎也能將那些針對生物學論點的批評套用在心理學對古代戰爭起源的解釋之上：史前時代的男性並非總是處於戰鬥狀態，而是有能力習得非暴力的合作手段。[34]這項論述並不否定人類可能演化出某種心理適應機制，在特定情勢下從事暴力行為，但我們往往傾向視之為後天學習而非與生俱來的本能。我們也可以在人類漫長的歷史上，觀察到戰爭類型與地點的變化，表示不太可能存在什麼普世皆準的心理暴力傾向，更不用說予以證明。文化演進或物質壓力或許就足以解釋男性為何冒險參與戰爭，而不需要尋求心理傾向的解釋。

然而，這些批判觀點依舊無法解釋，為什麼演化心理學能適用於社交合作或同理心等某些演化而來的人類天性，卻不能套用在侵略戰爭這種普遍出現於所有文化和歷史記載的特徵。幾千年來，無數曾經繁榮發展的大小文化，都曾想出在特定情況下使用暴力的概念，甚至演變成具有好戰精神的菁英戰士制度，這一切似乎不太可能憑空發生。戰爭心理的演化是一種人類共有的適應特徵，只是在不同時空背景下的表現方式各有不同。[35]戰爭心理也不是單一現象，而是與演化有著更廣泛的聯繫，例如在防守保護（戰士保衛自家親屬、社群、部落或國家），在主動進攻（盡可能以較低代價奪取利益），以及在社會秩序發展（戰爭逐漸成為常態，形成以霸權男性戰士菁英為首的社會秩序）等層面上。從這個角度來看，演化心理學提供的框架不僅能讓我們理解幾千年前的戰爭，也有助於解讀當代戰爭。這些心理機制依舊在發揮作用，只是人們往往並不自覺。希特勒對波蘭發動閃電戰的行為，其實與部落村莊突襲另一座部落村莊有著許多共同之處。希特勒指控波蘭人對波蘭境內的德意志人暴力相待所以欲施加報復，妖魔化這些敵對的斯拉夫民族，更對波蘭土地和資源虎視眈眈，這些行為背後的動機都宛如部落戰爭心理的放大表現。等到第二次世界大戰爆發後，德國軍隊還奮戰到一九四五年的最後一刻，拒絕戰鬥者也受到懲罰，這些現象背後的心理機制在歷史上也早有前例，就像在溫泉關戰役中列奧尼達麾下那捨生忘死的三百壯士。

演化心理學無法解釋特定戰爭的成因，因為時空背景也是得納入考量的關鍵；演化心理學也無法充分解釋「敵人」的概念，但如果沒有敵人，戰爭也不會發生。然而，若要理解歷史上戰爭為何層出不窮，理解戰爭為何往往極端暴力、參戰方非得打得毀天滅地，我們就得理解戰爭背後的人是如何界定敵友。在這一議題上，社會心理學比演化心理學更能派上用場，其論述不僅有助於解釋當代的集體暴力衝突，也能幫助我們推演出人類在古早時期的狀況。

一九三二年，德國法律哲學家施密特（Carl Schmitt）於《政治的概念》（*Concept of the Political*）這本書中提出一項激進觀點，宣稱人類會將世界畫分為「朋友或敵人」。他主張這種畫分是所有國家結構的特色，社群會認同最高統治權威，而凡是無法為主流群體吸收者則通通屬於「敵人」。根據施密特的說法，其他民族在定義上都是敵人。雖然施密特在意的是如何定義國家，以及國家是否有能力組織服從的共同體，是否有能力抵禦不屬於共同體的人（奉行反猶主義的施密特顯然也把猶太人算在內），但「朋友或敵人」這項概念還涉及到更廣泛的歸屬與排他議題，一年後上臺的納粹第三帝國就是例證。按照這一套想法進行延伸，若想打擊內部敵人，就得採取某種內戰手段來保護國家，而若要戰勝外患，就唯有戰爭一途。[36]「朋友或敵人」或許是施密特哲學中流傳最久的論述了。許多當代社會心理學研究都以此概念為核心，意圖解釋內部群體的構建過程，以及人們是如何藉由排斥（甚或敵意）來界定外部群體。社群似乎仍有賴於「異己」或「敵人」（用施密特的話來說）來確立自己的包容性邊界。

社會心理學界於一九五〇年代開始進行試驗，希望找出群體的從眾心態如何催生出身分認同。波蘭裔美國學者阿希（Solomon Asch）的實驗成果顯示，群體裡的大多數成員都願意接受團體共同做出的判斷，無論對錯，因為人們更希望獲得團體歸屬感。土耳其社會心理學家許瑞福（Muzafer Sherif）則做出了著名的從眾心理學實驗，將一群十二歲男孩分成兩個小組彼此競爭，結果證明他們會形成關係緊密的內群體——當兩組人馬相會時，雙方就會產生衝突和敵意。美國社會心理學家金巴多（Philip Zimbardo）則於一九七六年展開著名的史丹佛監獄實驗，他將學生分為獄卒與囚犯，結果原本預計進行兩週的實驗卻只進行六天便宣告中斷，因為獄卒竟然開始用越來越殘暴的手段對待囚犯。這些心理學實驗大多是在實驗室環境中進行，由實驗者主導，具有明確的問題意識，並且也為參與實驗者分派角色，因此我們在應用這些實驗來討論戰爭與侵略行為時得要特別謹慎。過去五十年來，社會心理學界不斷改進用於解釋內群體認同和外群體貶抑的理論，讓我們進一步瞭解衝突的本質。

關鍵因素是群體成員之間緊密的認同感，他們透過共同的價值觀及符號（包括語言）畫定與其他群體的區別。群體內部的依附關係能帶來心理上的滿足感，內群體也自視為優於鄰近群體的道德統一體，因此未必得向他者展現信任、同情或欽佩之情。為了強化內群體的歸屬感甚或優越感，群體成員可能還會貶抑或去人性化這些外群體。[37]原本希望能證明內群體自認在關鍵情感方面更「具有人性」的實驗，最後卻發現受試者對外群體的評價都偏向負面——雖然這未必會導致衝突，但此種差異的心理建構過程卻可能加深或合理化內群體對「異己」的偏見、仇恨、輕蔑或懼怕，進而在特定情況下發展為暴力衝突。若認定敵人不具人性，便能合理化對付敵人的暴力，同時增強內群體的心理認同感、消除傷害他人的罪惡感。「去人性化」與「妖魔化」其實只有短短一步之遙，一旦走到妖魔化這一步，以暴力消滅這些帶來威脅的敵人似乎就成了唯一解方。[38]

當代許多例子都能證明此一心理機制的存在，語言的影響力尤其重要。在盧安達種族大屠殺中，胡圖族便為遭屠殺的圖西族貼上「蟑螂」的標籤，以此製造兩個民族之間的絕對差異，好為暴力屠殺找個藉口。希特勒在迫害猶太人時，其政令宣傳也再三將猶太人描繪為水蛭、害蟲或桿菌，這樣便能剝奪敵方的人性，令種族滅絕晉升為一種害蟲控管或醫療干涉。希特勒的宣傳部長戈培爾（Joseph Goebbels）便拿跳蚤與猶太人相比：「跳蚤畢竟不是討喜的生物……我們應當消滅牠們，猶太人也是同理。」[39]這項比喻最終成了現實。齊克隆B原本是營房用來消滅害蟲的毒藥，後來卻被用來殺害奧斯維辛滅絕營裡的猶太人。盟軍在太平洋戰爭中，也把日本敵人比喻成猴子、老鼠或蜘蛛等害蟲猛獸。有關日本暴行的新聞頻傳，西方人也普遍視日軍為「次等人」，這些都加深時人對日本的負面刻板印象。一位美國軍人便於家書上寫道，日本人「活得像老鼠，聲音如豬叫，行為像猴子。」[40] 日本人動輒被界定為低等人類，這點從他們遭受的待遇可見一斑。而在日本這一方，他們亦於政令宣傳中回敬同盟國，把西方人描繪成該當誅殺的危險猛獸，更把中國人稱為「豬」——理應像屠宰場裡的畜生一樣屠宰。[41] 越戰時期的美國人也會蔑稱越南人為「黃種佬」，一位老兵便回憶道，把敵人從人類貶為次人類，這樣「下殺手就會稍微容易一些。」[42]

即便是在尚未形成國家的社會體系中，珍視自身群體並貶抑外人的社會心理現象於各種衝突中屢見不鮮。相較於分工明顯的大型社會，研究者更容易描述與定義小群體的心理狀態，因為小型親屬群體或部落往往具有強烈的共同身分認同感，也更容易識別敵友。這類群體的敵人通常就是近鄰，就算是有貿易交流及親屬關係的對象也未必能倖免。在印度洋上的安達曼群島，部落之間儘管比鄰而居，卻仍經常發生戰事，根源於各方對彼此的不信任、恐懼遭人報復的心態及儀式性競爭。澳洲北部的提維（Tiwi）部落為了防止「異己」入侵及守住部落的身分界線，甚至一度奉行生人格殺勿論的極端方針。而在澳洲的美利大令盆地，外來群體會被命名為「Barapa Barapa」、「Wemba Wemba」或「Wadi Wadi」，詞義皆為「不可接受」。[43] 即便是馬來亞中部相對愛好和平的閃邁人（Semai），也會用不同詞彙來分別指涉全村莊成員與所有超出村內信任範圍的陌生人。對於閃邁人而言，居住於鄰近森林裡的都是敵人，哪怕是真實存在或虛構杜撰出的敵人，族人因此得時刻保持警惕。[44] 希臘文裡的「bar-bar-bar」一詞便是現代英文「野蠻人」（barbarian）

的字源，同樣意指語言無法為希臘人所理解的外來者。從古至今，野蠻人一詞不斷被廣泛應用於區隔內群體與外來的「蠻夷」。

在人們普遍有多重身分認同來源的現代社會，只要民族情緒或政治操作足夠成熟，也可能出現內群體建構與外群體遭到貶抑的情形。若能在心理上將負面特徵投射至敵國身上，便有可能團結原本存在分歧的內群體。第一次世界大戰結束後，德國的「國族」（Volk）概念趨於成熟，這一概念強調人民在種族與文化上必須達成統一，形塑出共同奮鬥的集體身分。希特勒的獨裁政權便是利用這一概念來建構出龐大的內群體，以此為由（以施密特的話來說）來對內揪出並誅滅國族的敵人，然後再將這種敵我區分擴展到國境之外。波蘭人與蘇聯民眾先後都被譏為一無是處的野蠻人，負責進攻他國的德國軍隊也都認同領導階層塑造的「敵人」形象。至於人民是否願意接受把敵人去人性化？答案誠如學者哈斯拉姆（Alex Haslam）與賴歇（Steve Reicher）所主張，人民的選擇不僅受到領導者煽動，也取決於兩人所稱的「追隨者心態」。若無此種心態，社會心理上的敵我區分就不可能存在。烏俄戰爭便是另一樁建構敵人負面形象的經典案例：俄羅斯指控烏克蘭為新納粹分子，以確立國人的「追隨者心態」，讓民眾認同俄國美德及烏克蘭罪惡的形象。

這些例子都是現代社會最常見的身分畫分形式。族裔之分（無論是以語言、宗教、種族或種姓來衡量）正是近代許多衝突的導火線。因為族裔內群體會藉由與外族對立來衡量自身的團結與包容，一方面對內產生認同，一方面形成仇外排斥的心態。[45]這樣的對立也可能發展成嗜血的極端心理，例如第一次世界大戰期間土耳其人便曾以凶殘異常的手法大肆屠殺亞美尼亞人，或是一九九四年盧安達的胡圖族也因一時高漲的族裔仇恨而對鄰近的圖西族痛下殺手。族裔衝突最常見於內戰，較少見於國與國之間的戰爭——話雖如此，只要戰爭一開打，己方也很有可能在短時間內就產生對敵方族裔的負面情緒，這種現象在兩次世界大戰都可以見到。在這類情況下，為了找藉口殺害先前不特別受到敵視的族裔，便得為「異己」建構一套完全負面的形象。值得注意的是，大多數界線分明的族群就算彼此存有少許敵意與猜忌，平常其實都能和平共存而不發生暴力衝突。然而，一旦爆發族裔戰爭，這些敵意與猜忌卻很容易在近鄰而非遠方的威脅身上爆發。民眾對特定外群體的仇恨能夠以快得驚人的速度煽動起來，不僅替消滅敵人人性打下心理基礎，還能合理化對鄰居（被視為應斬去的內部威脅）殘忍施暴的行徑。一九九〇年代的南斯拉夫內戰便是如此，當時的極端族裔民族主義讓人們得以脫去心理包袱，肆無忌憚地與數月前還是同胞的公民互相殘殺。[46]

包容與排斥的原則具有強大的社會心理效應，能夠解釋人們為何會在政治或社會事件引爆衝突時，願意以暴力對待在他們眼中已稱不上是人類的外人。晚近有關滅絕暴力的社會心理學研究，大多皆是因應二十世紀的種族滅絕事件而生：從第二次世界大戰期間的歐洲猶太人大屠殺，到柬埔寨、波士尼亞和盧安達的種族滅絕皆是。這類研究的難題在於如何解釋殺人者大開殺戒的原因，而且其手段往往殘忍無比，渾然不覺自己的行為既不正當又泯滅人性。誠然，我們比較少針對久遠以前的戰爭提出這些問題。畢竟屠殺行為本來就是歷史上的家常便飯，戰勝方經常會滅掉整個社群，範圍甚至堪比整座城市的規模，就連婦孺也無法倖免。無論是羅馬士兵於馬其頓的安提帕提亞（Antipatrea）揮劍砍殺居民，還是成吉思汗軍隊於撒馬爾罕大肆屠殺市民，又或者是十六世紀宗教戰爭期間天主教徒與新教徒彼此相殺，殺人者幾乎不會覺得內疚。恰恰相反，時人還會「頌揚」這些看似絕對正當的暴力。[47]在部落戰爭中，成員對內群體的心理認同是絕對的，這樣自己人才肯定會（也有義務）對其他部落或社群痛下重手，毫不留情。在許多案例裡，參戰的戰士下手若不夠凶狠，便可能會承擔負面的社會後果。好比某些美洲原住民部落，年輕男性在初陣時必須帶回至少一名敵人的頭皮以示戰功，證明自己是夠格的成年戰士，否則便可能會損及自己的社會地位而招人嘲笑。在這類情境下，被剝去頭皮的受害者根本無足輕重。

無論古今，人類對於被歸類為敵人的群體都展現出極致的「同理心缺失」。敵人死不足惜，因為敵人在殺人者的道德世界裡並無一席之地。這些人在心理上甚至有必要將暴力當作社會美德的一部分，認定受害者不僅缺乏美德，更可能是邪惡的化身。[48]這種心理特徵在部落衝突中更為明顯，如鄰近部落被指控使用巫術或藏匿惡靈，於是己方為保護受威脅的社區只能動用暴力來加以淨化。或者當部落裡有人死亡時，族人若將之歸咎於外來巫術，內群體便會用暴力手段施加報復，甚至滅絕遭到指控的那一方。以澳洲原住民為例，若有人懷疑鄰近群體施展巫術害人，己方就可能發動報復式突襲，殺盡整個社群。[49]復仇心理是人世間的普遍現象，在各種歷史背景下都曾作為以暴力懲罰外群體惡行的藉口。勝利往往會迎來殘酷的場面，無論是砍下生人頭顱作為戰利品、活剝俘虜的皮或血腥的獻祭儀式，都是在讓勝者慶祝實體上與心理上的雙重勝利。衝突過後，勝利方凌遲俘虜的場面總能令旁觀者情緒激昂不已——因此有學者主張這很可能是源自於人心深處的殘忍欲念。一九三〇年代，德國社會學家伊里亞思（Norbert Elias）在回顧西方人的「文明進程」時，觀察到戰士們幾千年來總能於戰爭中找到「野蠻的樂趣……享受摧殘敵人或任何屬於敵人之物的過程」。人之所以會對野蠻行為投入情感，都是因為施暴者在心理上接受了自身所處社會和文化的價值觀，相信受害者並無人性。[50]

儘管並非普世現象，但人類歷史上到處都有證據顯示戰士會褻瀆自己手刃的敵人遺體。這種現象於現代比較罕見，因為參戰方已會簽屬正式協議，規定彼此應尊重敵方死者。但在那些出現過辱屍跡象的地區，戰士處理死者的手法通常源自於該地群體的習俗——社會出於各種不同的目的而允許或鼓勵各種形式的肢解手段。從地理分布之廣來看，辱屍行為並非只屬於特定文化，或也表示世界上存在一種更普遍的心理根源，讓人類願意將敵人視為不屬於勝者世界的「異己」，而異己只配得到此般待遇。這類例子族繁不及備載。剝去頭皮、斬首、毀屍的證據在北美洲部落征戰的考古紀錄中比比皆是，也有耳朵、鼻子、前臂、手腳等身體部位遭到切除之例。加州中部曾坐落著十二個長期戰事不斷的相鄰部落，而骨骼考古學者也於該地區的七十九具骸骨上發現剝頭皮、移除頭骨、砍斷上下肢作為戰利品的證據。[51]在哥倫比亞北部的考卡河谷，四十四個比鄰的酋邦曾爭端不斷，入侵者會滅掉全村與砍下居民頭顱，再將對方大卸八塊或刨出心臟吃掉，飲下受害者鮮血。即便到了現代，居住在亞馬遜河流域上游的希瓦羅人（Jívaro）仍會偷襲鄰人，聲稱對方「說話的方式不同」，還會「在我們身上灌注惡靈」。遇襲社區會遭屠殺殆盡及斬首，戰士甚至等不及將俘獲的婦女帶回村落，半路上便把這些俘虜砍頭與肢解。[52]在太平洋戰爭中，美國士兵也會奪取日軍士兵的頭顱、牙齒、耳朵和前肢來充作戰利品。《時代雜誌》有張封面便是一名女孩凝視著眼前書桌上的日本人頭骨，那是她當兵的男友送回家的禮物。美國甚至有一位參議員將日本人骨頭製成的拆信刀送給小羅斯福總統（Franklin D. Roosevelt）。在當時人的內心世界來看，既然日本人被當作「次等人」，所以毀屍並無大礙。[53]

當伊里亞思在一九三九年出版《文明的進程》（*The Civilizing Process*）時，大概料想不到後來爆發的戰爭會釋放出多少不受約束的暴力本能，最極端的手段甚至還與前幾世紀的暴力如出一轍。最慘烈的例子自然還是希特勒對猶太人發動的戰爭，當局稱猶太人是德國存亡的威脅，任由安全部隊和軍人對根本無力招架的平民犯下大量暴行。此後數十年來，社會心理學家都在絞盡腦汁，想要解釋德國種族滅絕的加害者為何能冷血屠殺猶太人，彷彿眼前的老百姓真是德國未來的致命威脅。德國人民對於征戰四方的國族具有強烈的內群體認同感，當局也精心將猶太人塑造成帝國健康有機體中應剔除的敗類，兩者都為最終的大屠殺埋下伏筆。不過，暴力的施行仍取決於較低層次的身分認同與將敵人去人性化的過程，意識形態在此的作用相對有限。

一九六三年，社會心理學家米爾格倫（Stanley Milgram）從服從命令的實驗中首次觀察到，加害者就像奉命行事的機器人——只不過社會心理學家如今已普遍屏棄此一傳統觀點。如今的主流觀點認為，殺手（德國人與非德國人都是）會自成互助合作的小團體，而受害者在他們眼中已失去人性，所以不必在乎他們的下場。在一九六〇年代的西德，部分曾參與施暴的警察便於審前供詞中表明，他們對那段歷史唯一感到良心不安之處，就是未能參與或幫助到自己的戰友，儘管他們也覺得自己負責執行的種族滅絕任務既骯髒又令人洩氣。事發多年後，施暴者早已與受害者拉開心理距離，再無羞恥與罪惡感——他們認為這些謀殺行徑都是為了國族的未來著想。每個人在殺戮過程中都會獲派特定任務，肩負把事辦妥的期許。有些加害者對工作滿懷熱忱，也有些人認為謀殺是一件心理學家所說的「不必思索的例行公事」。負責組織蓋世太保遣送猶太人至滅絕營的艾希曼（Adolf Eichmann），就曾於南美流亡期間談及自己的工作成果：「我內心深處拒絕承認我們犯了錯。」艾希曼還聲稱，當初若真的把一千萬歐洲猶太人全數殺死，那自己便能說出：「很好，我們成功消滅了敵人。」[54]猶太人大屠殺是個極端卻典型的案例，能夠體現社會心理學如何解釋暴力衝突，說明內群體與外群體的心理視角如何協助我們更全面地理解戰時暴力。

自從第一次世界大戰促使學術界尋找戰爭起源的因果關係開始，以心理學來解釋衝突的論述已歷經多個階段。與生物學一樣，心理學也無法解釋特定戰爭的成因。當聽到精神分析學者葛洛佛推斷，幼兒期的攻擊性是促使德皇威廉二世於一九一四年開戰的原因時，擔任英國國際聯盟主席的牛津大學古典學家莫瑞（Gilbert Murray）便如此回答葛洛佛：他絕不相信「無意識的虐待傾向」能夠解釋戰爭為何爆發。莫瑞認為「精神分析的論述恐怕站不住腳」，日後心理學的發展方向也證實了他的觀點。[55]隨後崛起的是演化心理學，因為演化心理學能替戰爭的心理根源提供更令人信服的解釋。這套觀點認為，一旦情勢所需，戰鬥便能帶來生存利益，因此人類已演化出將戰鬥視為常態的心態。隨著人類群體擴大，戰鬥亦成為一種後天習得的適應結果，為的是保衛領土和資源。這並不表示人類在心理上具有好戰傾向，一如生物學無法證明人類天性好戰，只不過我們還是能從戰士階級的興起、明確的性別勞動分工與集體衝突的形式推知，確實有可能存在更普

遍的戰爭心態，因此我們不能光把戰爭視為特定社會的文化價值觀或物質欲念下的產物。

那麼，人類為何具有這種追求、讚揚和支持戰爭暴力的能力呢？我們可以藉由社會心理學的內外群體理論來解釋。內群體強大的向心壓力會促使成員順從與融入，外群體（或稱「敵人」）則根本不受重視，因此是可被侵略的正當對象。畫分裡外的原則並不必然會引發戰爭，伊底帕斯情結或演化出的暴力抉擇亦然，但此原則卻能提供一種視角，讓我們理解共同的身分認同是如何凝聚處於戰爭之中的社會。當內群體認定「異己」威脅到自己的生存，排外機制就可能會使暴力走向極端，並以共同的仇恨與恐懼為動力。有別於其他心理學研究方法，社會心理學既能用於剖析小型部落之間的衝突，也能用於解釋上個世紀的大規模戰爭。內群體的善與外群體的惡不僅可由研究室裡的實驗證實，歷史上也充斥各種實際案例，證明社會心理的成見與固有機制是如何為侵略戰爭提供正當理由，同時合理化堅實的自衛行為。無論群體規模大小，唯有掌握其心理，才有機會理解人類是如何在特定情況下聯手起來發動戰爭。

這些理論都還沒有觸及到古往今來戰士為了自我滿足而參與戰爭的心態。許多證據都顯示，戰爭往往被戰士視為心理上的獎勵，因為成功挺過戰爭者將得享榮耀、敬重與威望，甚至戰鬥本身也可能為他們帶來樂趣。人類對於戰鬥及其回饋長久以來都存在某種情感依戀，但學界在從演化或文化角度探究戰爭起因時卻不常觸及人類為何會從打鬥中尋得樂趣。過去幾千年來已有無數證據表明，許多參戰者都能不顧風險享受戰爭帶來的心理刺激和興奮感。冒險行為顯然具有演化功能，能夠帶來心理回饋感。當風險帶來收益，戰士便能因此提高地位或得到更多女伴，社群還能憑藉其戰功而樹立威望。戰爭的情感吸引力很可能在衝突的起因中發揮重要的影響，使戰爭領導者樂於思考下一場戰爭，這點歷史上也有許多案例。未來若要更全面探究戰爭的心理根源，就得把這種至今仍然存在的心理機制也一併考慮進去。

第三章　人類學

戰爭只不過是一種為大多數人類社會所採用的發明，令年輕男子憑藉戰爭累積聲望、報仇雪恥、奪取戰利品，或者為搶取妻子、奴隸、富饒的土地或牲畜，或為滿足神靈的嗜血欲望，或為安撫剛死之人的不安靈魂。戰爭只是一種發明，比陪審制度起源更早、分布更廣，卻依然是人類的發明。

——瑪格麗特・米德（Margaret Mead），一九四〇年[1]

美國人類學家米德聲稱戰爭只是一種發明，她拒絕採信人類在生物或心理上天性好戰的觀點。她主張戰爭就像寫作、婚姻、陪審團制度、烹飪或埋葬死者，是人類發展出的又一種生活習俗。她的人類學研究並不特別聚焦於戰爭暴力，也譴責這項明顯無益的發明。米德相信，人類理當能發明更好的方法來解決衝突。長久以來，人類學家、考古學家與民族誌學家大多像米德一樣，以排除或邊緣化戰爭暴力的方式來討論人類社會的發展，傾向於以文化實踐和社會結構的角度來界定其研究對象的生活。

我認為米德對戰爭的看法錯了。婚姻和烹飪只有在你運氣奇差無比的時候才會害死你，但戰爭卻極具破壞力，會造成大規模死傷與創傷。不過米德懸在人類學同行前的問題仍值得探討：假設戰爭真是文化產物，那人類是在何時發明戰爭？又為何要發明戰爭？在這個問題上，人類學及考古學界還有另一場激辯。一方認為史前時代的人類社會基本上和平共處，衝突罕見且不利生存，直到國家形成後才變得普遍。另一方則主張，部族或酋邦之間本來就存在類似戰爭的暴力衝突，遠早於國家建立之前，甚至可溯及遠古。這場爭論並不僅是學術之爭，更涉及對於戰爭成因更根本的看法差異。畢竟若要解釋人類戰爭何時開始及為何出現，就不再能只是從強調先天必然的生物學或心理學角度出發，而得將研究重心放到強調後天影響的人類先祖社會與文化。

人類學界的分歧主要源自於幾個重大實務問題，像是如何評估現有證據——許多證據的意義仍舊模糊不清或令人困惑。綜觀人類歷史，從早期人族以降，考古學紀錄就極為稀少，無法清楚論斷過去群體之間究竟是暴力或是和平。一直到莫約一萬年前，人類都有大半時間是以採集魚獵為生，生活在規模大小不等的群體中，學習使用石器、骨器和木製工具。這種生存方式解釋了為何這個四處遷徙且以採集為生的物種只留下如此稀少的化石資料。有機的木具和骨器，無論是工具或武器，都早已腐爛。石製工具往往能保存下來，有時數量還很豐富，但對於這類石器是否兼具武器功能卻不得而知。我們將過去的群體畫歸「史前時期」，並不是指這些人沒有歷史，只是他們的歷史並不可考。考古人類學只能儘量利用現有證據，至於其他未知之處，正如美國考古學家艾爾莎（Elsa Redmond）所說，「從未見過的遺址」與「從未發現的事物」永遠存在。[2]

史前時代的衝突證據可分為四大類。最重要的就是骸骨創傷（蓄意於骨骼上造成的傷害），其次為圖像是否有暴力的象徵表現，第三是修築堡壘的證據，最後便是武器，而武器存在與否往往又有賴於葬儀習俗的研究，特別是當武器與戰士遺體一同埋葬時。每一類證據都有我們無法論斷之處。好比骨骼創傷就可以有多種詮釋。學者研究尼安德塔人的現存骨骼後，發現高達五成五個體的頭、頸、肩、手臂都有傷痕。我們或許可以由此推斷他們曾經發生過暴力衝突，但也有人認為這類傷勢可能是與近距離獵殺大型有蹄動物有關。如果後者的說法為真，那麼尼安德塔人就只是發生意外，未必有暴力傾向。[3]然而，近年學界開始以科學分析克羅埃西亞克拉皮納岩窟（Krapina，現存最大批的尼安德塔人遺骸，歷史可溯及十三萬年前）出土的尼安德塔人顱骨及各部位骨骼碎片，結果發現大量可見的傷痕，而且這些傷痕在骨骼上的分布情形都更符合人與人之間暴力衝突的結果，而非由意外造成。甚至還有人將這些骨骼損傷解讀為食人的證據。總之爭論還在持續。[4]

隨著情境不同，骨骼考古學界對證據的詮釋同樣眾說紛紜。頭骨骨折可能是兩人爭執或意外，但也可能是蓄意群體暴力造成的結果。有些骨骼創傷是由食腐動物所致，或是重新安葬時的二次損傷，必須與鈍器或銳器損傷區別。最確鑿的證據就是嵌入遺存骨骼中的投射器具，有時數量還很可觀——然而，大多數投射武器造成的損傷都不會在骨骼上留下痕跡，軟組織和器官上的傷口亦已無跡可尋。至少五千年前，人類開始使用標槍、擲矛桿、劍和匕首等武器，這很可能減少顱骨創傷或骨骼損傷的證據，但不代表致命傷害就不存在。十九世紀，美國軍方針對箭傷影響的研究顯示，高達三分之二的箭傷都不會於受害者骨頭上留下痕跡，六成一致人死亡的子彈都是擊中腹部。[5]也就是說，過去很大部分的致命傷如今已不可見，死者的骸骨也多半遺失。

圖像紀錄、防禦工事及武器證據全都有類似的問題。有些洞穴壁畫的內容看上去根本就是群體小規模衝突或戰役，但人類學家也能將其解讀為意象表現，而非真實暴力的證據。畫作也可能只是在描繪狩獵場景，只是被誤判為戰爭。而儘管世界各地的考古學家都已證實，防禦工程是新石器及青銅器時代定居聚落的共同特徵，但其作用仍有爭議。這類工事同樣可能是象徵性建築，用來保護部落的神聖空間，或是作為牲畜圍欄，或是作為酋長或氏族彰顯權力或地位之用，旨在炫耀而非防禦，有時也可能是部落或酋長舉行祭儀的集會場所。[6]在判讀防禦遺址的作用時，若現場並無發現箭頭或生前曾受致命損傷的骨骼，就須格外小心留意。至於武器證據，乍看之下非常明瞭，但實際上其作用也未必單純。歐洲青銅時代的劍就是眾多爭論的焦點之一。有學者主張精緻昂貴的佩劍是酋長或國王權威的象徵，是地位而非好戰的展現。然而，丹麥考古學家克里斯蒂安森（Kristian Kristiansen）對大量古劍進行仔細法醫檢驗後，發現這些劍時常因戰鬥磨損而必須定期磨礪，要不就是缺少劍尖和劍格。這就是很有力的證據，證明這些古劍不管是否具備禮儀用途，都確實曾上過戰場。[7]

人類學家在解釋戰爭何時與為何出現時，另一項分歧就在於無法對戰爭的定義達成共識。規模是一個問題，意圖則是另一個問題。包括許多歷史學家在內，學界不少人主張戰爭是近代的產物，也就是人類唯有在發展出有組織的國家政權之後，才有足夠的行政、經濟和社會能力得以組建軍隊並提供後勤支援。對擁護此主張的人來說，國家誕生前出現的暴力證據只屬於仇殺、爭鬥與伏擊，或是由寥寥幾人至幾百人結伴發動的突襲——這就是人類學家凱利（Raymond Kelly）所稱的「無戰爭社會」，社會成員確實曾表現出殺人、霸凌或懲處的暴力，但不會發動「戰爭」。[8]立場相反的另一方則認為，特定群體之間的集體衝突性質已近似於戰爭，無論是敵對部落的致命伏擊、殲滅整座敵對村莊、戰士之間以殺戮為目的小型衝突，還是為強取奴隸與祭品而發動的暴力攻擊，全都可被視為戰爭。除了「戰爭」這個詞彙具有語意上的爭議，我們也可以在「屠殺」這個詞彙上看到類似的問題。近期有越來越多的史前考古發現，歐洲、中國及美洲都曾發生過多起屠殺事件。其中一種解讀，就是屠殺必定表示受害群體曾經承受戰爭式暴力。但在另一方面，屠殺也能被視為文化和社會過程的產物：時人憑藉屠殺「異己」來增強社會向心力或維持儀式習俗，賦予屠殺行為另一層不同於單純戰爭的象徵意義。[9]

事實上，人類學研究戰爭的取向還存在有更多分歧，不只關乎證據與定義之爭。各方歧見既有意識形態因素，也有實務層面的原因，可一路追溯至現代科學人類學發展之初。舉例來說，佩瑞（William Perry）和史密斯（Elliot Smith）早年曾前往非洲和太平洋考察當地的部落社群，結果證明採獵社群的行為無法作為推測部落侵略傾向的依據。佩瑞於一九二四年寫道，戰爭只是早期文明「偶發的累贅」，起源可追溯到古埃及。潘乃德（Ruth Benedict）和米德這兩位人類學家先驅都是於一九三〇年代著書立說，她們的研究取徑相似，同樣對其研究對象彼此征戰的證據少有著墨。米德曾談及紐幾內亞的阿拉佩什高山（Mountain Arapesh）民族，寫道當地男女「幾乎不知戰爭為何物」，因為他們「天性慈愛溫柔，反應靈敏，沒有攻擊傾向。」[10]一九三四年，潘乃德在有關美國西南部部落的研究中，以「生性和平的培布羅人（Pueblo）」讚賞當地人，此評價還延續到了一九七〇年代。一九三九年，她稱「原始」族群的衝突為「不致命的戰事形態」，刻意區別當時即將爆發的現代「致命的戰事形態」。[11]與米德一樣，波蘭裔人類學家馬林諾夫斯基（Bronislaw Malinowski）也曾研究太平洋地區的部落社會，他也是倫敦政經學院人類學的英國首席講座，在學術界極具影響力。馬林諾夫斯基於一九二九年總結道，除去特定儀式用的暴力行為外，特羅布里恩群島（Trobriand）的島民並不參與戰爭。他還藉自己的發現來支持另一項更全面的觀點：戰爭並非人類生存狀態的必要條件，也不是永久特徵。馬林諾夫斯基總結道：「人類學的論點是……人類發展歷時約六十萬年，期間約有四十萬年不曾發生戰爭。」[12] 對馬林諾夫斯基與潘乃德來說，現代戰爭是道難解的謎題，幾乎沒有任何人類學家能解釋其演化或文化目的。

「史前社會性喜和平」的觀點從此成為人類學主流，相關學者也鮮少從社會或文化現實的角度來探討戰爭，直到一九六〇年代才有所改變。自一九六〇年代起，戰爭及其他形式的暴力才逐漸完整地納入人類學研究的主流，不再只是一門獨立的暴力人類學，而是作為理解古今人類社會和文化進程的要素。然而，「史前社會性喜和平」至今還是有不少支持者。部分人類學家以現存部落之間的儀式性戰鬥為模型，主張前國家時期的戰鬥也屬儀式性質，戰線雖然喧鬧，卻缺少實質戰鬥，更像是遊戲而非戰爭。紐康（William Newcomb）便於一九六〇年代寫道，純樸族群之間的暴力「粗魯、嬉戲、短暫，大致上並無組織」。[13] 就算是西元前一千年的羅馬共和或中美洲的瑪雅文明等更發達社會，也有許多學者會將他們歸類為不善戰的代表。近年來，佛格森（Brian Ferguson）和佛萊（Douglas Fry）兩位美國人類學家重申了戰爭是伴隨文明而來的觀點，指出「純樸的游牧採獵民族……是不懂戰爭的」，而採獵時期占了人類歷史的九成八。兩人都不否認暴力存在，只是都認為當時的暴力是有限度且相對不致命的偶爾存在，並不屬於過去人類社會的根本環節。佛格森與佛萊主張，厭惡同類殺戮的行為更有可能是當時的常態。佛格森特別援引中東地區一段據稱長達一萬年的時期（期間人類從採獵過渡到農耕），因為從有限的考古證據來看，這一萬年似乎完全是和平的。他還發想出了「部落區」理論，欲證明部落民族只有在與歐洲帝國接觸後，暴力才開始滋長，於是帝國主義的不良影響成了戰爭動機，令當地人為了爭奪歐洲名牌商品、貿易路線或奴隸供應而起衝突。佛格森所舉的例子包括十九世紀毛利人的「火槍戰爭」，以及十七世紀起美國東部地區衝突節節升高的部落。這些案例之所以會發動戰爭，都是因為物質財富而起，因為他們發現了值得爭搶的寶物。

必須指出的是，將古代解讀為大致上和平的狀態，往往伴隨著特定政治意圖。十八世紀的法國哲學家盧梭便是如此，他之所以提出「高貴野蠻人」的觀念，便是想對照隨後出現的國家體制和階級不平等有多麼墮落。人類學界在一九二〇至一九六〇年代的主流觀點，之所以會認為先祖社群是依循演化模式發展，其實也是因為當時人類學家身處戰亂、革命、內戰不斷的年代，於是選擇拿過去世界來對比當代的極端暴力。在他們看來，現代好戰的人類必定是從更單純、更平等也更少暴力的社會演化而來，因此不應該以混亂又暴力的現代社會類比早期社會。馬林諾夫斯基在紐幾內亞的前瞻研究正是進行於第一次世界大戰期間，而他得出的結論是，人類學家必須從內到外來研究國家形成前的社會形態，才能掌握截然不同的價值體系、文化規範和社會習俗。對人類學界而言，馬林諾夫斯基、米德及潘乃德提倡的「文化相對論」是一種人文主義的展現，因為他們希望能挽救純樸民族的形象，不讓其再受傳統印象的貶抑。正如美國人類學家奧特貝（Keith Otterbein）所說，這些民族不能被說成是「野蠻殘暴」，只能被描繪為「溫柔又仁慈」。這就導致許多學者在進行實地田野考察時，忽視或未能察覺戰爭式暴力的證據，不然便是將證據重新詮釋，好契合「太平社會」的理論框架。就拿一九九一年於阿爾卑斯山冰川出土的著名史前「冰人」奧茲為例，一直要到十年後，學界才發現這位冰人背後插著一枚箭頭，其刀刃上還留有至少三個人類的血跡。包括馬林諾夫斯基在內，許多人類學家都是堅定的和平主義者，因此更容易受到上古太平社會這一觀念的吸引。晚近的人類學界還得小心避免落人口實，因為過度關注戰爭可能會被當成助長現代軍國主義的幫凶，而若把戰爭歸咎於古今的部落，則有種族主義及後殖民主義之嫌，彷彿是在宣稱西方之外的異域民族皆為野蠻人。對當代人類學界而言，就算「和平野蠻人」的觀念已難以說服二十一世紀的世人，只要能像當初的米德一樣，抱持著人類有大半歷史都未發生戰爭的信念，就表示人類社會有潛力迎接和平的未來。換言之，這一主張背後隱含了一種政治盼望，盼望人們能從古代和平社會（哪怕為數不多）的研究中尋找線索，找出未來實現和平的可能方法。[14]

拜過去五十年來人類學與考古學針對非國家民族的研究之賜，我們今天已經知道「上古太平社會」之說有多麼天真。早在一九一五年，社會科學先驅霍布豪斯（Leonard Hobhouse）、金斯堡（Morris Ginsberg）和惠勒（Gerald Wheeler）就曾研究兩百九十八個「更單純的社會」，結果發現只有百分之四沒有發生過戰爭。[15] 自一九五〇年代以來，針對現存部落社會的民族誌研究已結合更詳細的鑑識考古學，並因此描繪出一幅截然不同的樣貌。其中有兩項既受推崇又引發爭議的研究，分別是美國考古學家基利（Lawrence Keeley）於一九九六年出版的《文明之前的戰爭》（*War Before Civilization*），以及七年後另一位考古學家勒布朗（Steven LeBlanc）推出的《戰不止歇：我們為何而戰》（*Constant Battles: Why We Fight*）。兩人皆主張某種形式的戰爭早在國家和組織化衝突形成之前便已存在，當時也已有大量對古今小型社會的新研究將戰爭式暴力納入考量。開始有學者試圖證明，這類表面上看似和平的當代社群本來可能極為好戰，只不過其傳統的衝突形式在國家介入後遭到制約或廢除。米德研究的阿拉佩什高山民族便是一例，她同為人類學家的前夫幾年後揭露這些人也有暴力行為，挑戰米德原先的和平假說。[16] 若能將暴力現象的考古研究，融入對上古至古典時期社會和文化環境的解讀，便能讓我們更全面理解這些社會的運作方式。到了今天，文化條件已被視為古今多數社會（無論規模大小）發動戰爭的重要原因。這項主張倒是更符合米德的文化決定論，這大概也是她始料未及。

研究過去群體之間的暴力行為（無論是否歸類為戰爭），有助於理解暴力衝突背後的社會和文化環境。以下將舉例說明。還記得潘乃德認為，培布羅文化本質上是穩定且和平的嗎？在她研究當時，這些古代部落的後裔確實表現平和，但潘乃德的觀點其實早在她寫作時便難以通過更仔細的檢驗了。幾十年來的骨骼考古學早已挖掘出大量過去暴力行為的證據，有伏擊、小規模武裝衝突、突襲劫掠、處決女巫等情形，亦有群體之間的侵略，還發現至少兩千年前的全村血洗事件。美國西南部阿納薩齊（Anasazi）地區現有三十二個可追溯到西元九百年前的遺址，如今已有考骨證據指出這些地方都曾發生暴力事件，其中猶他州南部的韋瑟里爾洞穴出土了九十二具骸骨（多數為男性）幾乎都有被棍棒打死、剝頭皮和斬首的跡象。約莫在西元七百年間，科羅拉多州的聖嶺遺址曾發生大屠殺，至少有三十三名男女老幼遇害，全數屍骨皆可見到當時按部就班的殺戮儀式。屍體遭大卸八塊，骨頭也被砸得細碎。當時人對殺戮和肢解如此大費周章的態度透露屠殺即儀式，也就是現在所稱的「演示性」暴力，在發動屠殺的部落眼中深具象徵意義，其動機幾乎肯定與部落的世界觀有關。科羅拉多州的曼科斯也挖掘出發生於西元一千一百年的屠殺遺址，現場可見相同的儀式習俗。我們或許可以推測，屠殺的演示行為對部落而言有其文化意義，並且世代相傳。[17] 儘管這類屠殺事件並不代表常規戰爭，但我們很難不將其視為戰爭式衝突的表現——遭屠殺者顯然並非出於自願。

儘管人類學及考古學界在證據判讀上時常對立，但我們仍舊不應該將其立場簡化為「好戰派」

與「和平派」。因為這兩種立場現今已沒有那麼大的區別，不同立場之間也存在重疊。無論是哪一方的人類學家，都不會否認在酋邦與國家成為社會組織的典型形態後，出現了更多有關戰爭衝突的證據，即便各地的行為模式並不完全一致。各界也普遍有共識認為，戰爭暴力會因時間與文化不同而表現出很大的差異。我們也都同意應該解釋戰爭背後不同的社會文化意義，而不光是列舉所有戰爭和傷亡，彷彿舉世戰爭皆來自同一根源。今天所有人都會同意，人類從古至今都具備合作與社交的能力，這正是人類社會有辦法團結起來戰鬥的原因。主要分歧仍在於，各方是否願意接受戰爭是歷史上各地都普遍存在的現象，以及對於發動戰爭的社會來說，戰爭是否已內化為社會運作中不可或缺的一環。

戰爭究竟始於何時，以及為何成為文化和社會現實？對於這類問題的答案，我們如今已比五十年前更加篤定——儘管這份篤定也僅限於針對全新世與更新世最後的一萬年，也就是過去兩萬年左右的時間。然而，對於人類存在的絕大部分時間，以及智人存在的二十萬年間，我們依舊沒有確切的答案。從現有考古學證據可以猜測，幾乎整段更新世都出現過暴力，只是可證實的資料少到連一頁字稿都列不滿。

人類是如何發展出暴力衝突的條件？答案或許得追溯到數百萬年前早期人類製造的第一批石器，學習用火，轉向食肉，語言發展及符號的使用。我們大概能肯定早期人類會結伴採集，而隨著狩獵工具發展，人類逐漸變成一群四處遷徙的雜食採獵者。首批手斧的歷史可追溯到近兩百萬年前，首批長矛經鑑定為距今約五十萬年，首批木製武器（或工具）出現在約四十萬至三十萬年前，首批投射型武器的尖頭約在二十萬年前就已存在，而首批弓箭則現蹤於約六萬年前。[18] 考慮到這類人類社群是以狩獵為生，所以前述武器也可能是用來打獵而非同類相殺。德國舒寧根（Schöningen）遺址曾出土一批歷史長達三十萬年的完整木製長矛和一把木長槍，表示當時人類已深入掌握這些器具的重量、長度和殺傷力，至於這些器物是否有雙重用途（既用於狩獵又可於必要時戰鬥），答案尚無定論。[19] 骨骼遺骸的證據有限，因為出土的骨骼極為稀少。最早經確認曾受石器損傷的頭骨，可追溯到約六十萬年前的衣索比亞人類化石。另一處遺址位於西班牙布哥斯市附近的格蘭多利納（Gran Dolina），當地曾出土十一具被肢解分食的骸骨，歷史大約八十萬年，只是學者無法證實當時是否曾發生衝突。[20] 歐洲至今僅挖掘到二十處舊石器時代中期的墓葬，以及一百處舊石器時代晚期的墓葬（大約西元前十萬至一萬五千年間）。前者找到的二十一處傷口中，只有兩例似乎為致命傷。後者找到的十六處傷口中，有三例可能為致命傷。[21]

這幾乎就是我們現存的全部證據了，顯然還不足以證明人類是否有集體施暴的能力。有學者認為，我們可以利用現代世界採獵民族的證據來檢驗遠古時期的採獵者群體是否具有衝突暴力（需要留意的是，現代社會與文化環境畢竟不同於過去，因此這種方法還是有可能出現問題）。諸多案例顯示，象徵性思維和文化習俗是確立群體間暴力行為的重要因素。直到今天，亞馬遜河流域上游的希瓦羅人還是經常出手襲擊其他部落，認定是敵人將惡靈帶到自家土地。他們通常會選出一位知名戰士「卡卡萊姆」（kakáram）成為領袖，領袖再號召戰士們一起慶祝，一起飲用木薯啤酒，搭配有致幻作用的藥物，藉此召喚祖先，預測襲擊是否會得勝。眾人會塗黑身軀，用於偽裝與壯膽。一旦突襲成功並小心將敵人斬首之後，族人便會舉行慶功宴。據說戰勝的勇士會得到祖先賦予的新力量，殺敵最多者可成為「提卡卡萊姆」（ti kakáram），意指最強大的戰士。[22] 澳洲的採獵民族也不時曾出現暴力行為，有儀式性戰鬥（可能只有一人送命或受傷），也有旨在報復的殺戮行為，或是埋伏與血洗整個族群的致命打擊，可見儀式化戰爭和致命暴力並非不容於國家形成前的社會。在蓄意以暴力攻擊外族時，象徵性儀式仍是意義重大的環節，無論是在出擊前彩繪身體，換下打獵用的武器改用戰爭專用的「死亡之矛」，或是從被殺的敵人身上提取腎脂以獲取其神奇效用。部落衝突的一大動機，在於侵犯敵人祖先神靈於創世之初分配的聖地，更可見其象徵意義。[23]

根據現代採獵群體的行為回推到舊石器時代確實有其風險，畢竟現代世界不同於遠古過去。

但我們或許還是可以推測，古今人類群體的行為多少會有一些相似之處。現代採獵群體有六成一會參與戰爭，二成七經常打鬥。[24] 這些統計資料或許有助於我們推測古代採獵群體的狀況：就算戰爭暴力沒有今日那麼普遍，也不是整天都在發生，但肯定是發生過，只不過我們已經難以追溯引發當時暴力的動機和文化。若只是因為缺乏確切證據，就主張過去不曾發生集體暴力，或許也不是很有說服力，畢竟智人早已存在數十萬年。自距今大約一萬年前（中石器至新石器時代）起，我們已能找到有關當時暴力衝突頻仍的大量證據，但這種暴力現象不太可能一夕之間出現，更有可能是延續自舊石器時代晚期人類的暴力習俗，一路流傳於當時的氏族、村莊及部落。

從新石器時代開始，我們已能掌握到非常有力的證據，證明當時確實存在戰爭暴力。儘管如此，還是很少有學者會像法國人類學家克拉斯特（Pierre Clastres）那樣極端。一九七〇年代，克拉斯特聲稱「原始社會離不開戰爭……原始社會就是戰爭的社會，本質好戰。」[25] 早在文明、國家和城市興起以前，人類就開始往定居型農業社會發展，接著形成更普遍的更大型政治體，而這一發展過程與戰爭衝突的證據互相交織。那時以採獵為生的人群分布廣泛，與定居型社會形成新邊界，而部分衝突便是由此引發。這些考古證據與社會結構的轉變息息相關，無論是平等的部落或酋邦，那些出現更明確政治組織的社會都孕育出了戰爭文化。這些社會演變並非線性，各自發展過程與演變時機也因地而異，但世界各地的考古據點皆曾挖掘出部落戰爭和酋長戰爭的證據：歐亞大陸、中東、中國、日本、玻里尼西亞、澳洲與美洲皆有，而且是在與歐洲殖民者接觸之前便已有例可循。就連佛格森號稱「一萬年和平」的近東也不例外，其中新石器時代的少量證據（顱骨損傷、劍擊骨折及斬首跡象）仍指出當地存在小規模衝突或儀式性暴力。[26] 唯一例外是人類起源地（非洲撒哈拉以南）的考古工作，因為當地線索太過匱乏，我們無法清楚推知非洲社會在新石器時代的發展過程為何，所以也無法判定戰爭文化是否存在。學界目前的普遍共識是，遠古社會在發展出更大型國家政體或聯邦之前，會先以部落形態及酋長制社會為過渡（這其實也是許多人類學家選定考察當代部落社會的原因）。那些資料足夠學者重建歷史情況的地方，都會發現戰爭文化的存在。而這類社會也經常因為這些武裝衝突而陷入動盪，導致存續短暫，聯盟關係多半轉瞬即逝而不穩固，彼此缺乏互信。正是因為部落或酋邦之間時常發生戰爭，才替國家制度在歐洲、亞洲和美洲的興起奠定基礎。

到了國家制度形成的階段，我們已能藉由大量有關防禦工事、武器、圖像和骨骼創傷的考古證據重建過去的衝突景況，更加理解部落和酋長時代的戰爭文化。一旦將社會背景納入考量，就不僅能理解戰爭為何如此深植於小型社會，還能窺知戰爭之於社會的作用何在。大約自西元前五千五百年起，歐洲人漸轉向定居型農業，相關的防禦性聚落開始出現。綜觀世界各地，防禦工事出現的時間與目的時常具有很大差異，歐洲也不例外。最常出現防禦工事的地點，包括農耕社會與採獵社會的交界，或是有大規模遷徙跡象之處（移入人口會對原有聚落造成壓力）。這些聚落多半懂得利用自然屏障，將防禦工事設於岬角、山坡或岩石露頭，不然就是選址於兩面或三面環河或沼澤的地勢。柵欄、防禦門、稜堡和堤道等人造工程再與天然屏障相輔相成。[27]聚落間有時還存在緩衝區，緩衝區為無聚落的無人地帶，以距離作為屏障。

隨著歐洲人口增長，資源與土地競爭加劇，抵禦外人的需求更加迫切，防禦工事也越來越普遍。在西班牙的阿梅里亞省（Almería）洛斯米亞雷斯遺址（Los Millares），便坐落著修築於西元前三千年的精巧防禦工事：堡壘地處三面由峭壁環繞的岬角，周圍建有三道城牆、稜堡和塔樓，再加上一條護城河，遠處還有幾座小堡壘鎮守出入通道。當時人想必是發現威脅出現，否則不可能精心設計此種防護設施。[28]各地防禦工程若有部分遭焚毀的跡象，便可能是發生過暴力的明證，而完好無損則表示堡壘固若金湯。如果發現多個箭頭殘留，或是屍體被隨意堆放在護城河中，就可以合理推測曾經發生過圍城戰役。以英國康瓦爾郡的卡恩布雷遺址（Carn Brae）為例，遺址周圍有護城河、石牆、六條複雜的通道及兩英尺高的內牆，而現場出土了八百枚燧石箭頭，還有遭到焚毀的痕跡，這些都是衝突曾經存在的明證。[29]西元前一千年的丹伯里堡壘（Danebury）則是英國另一處遺址，同樣有壕溝與一道高達十六英尺的壯觀城牆。該遺址有一道大門通道有過燒毀跡象，近百名男女老幼的屍體被進攻方扔進坑裡，顯示聚落的存續就此終結。[30]這類壕溝、城牆和圍欄與常見於中歐與東歐。在新石器線紋陶文化和中石器時代採集者的交界地帶，防禦堡壘似乎曾盛極一時，證據有各種寬約二點八英尺與深及一點六英尺的大溝渠，部分也搭配圍欄和複雜的入口通道。斯洛伐克的扎馬切克遺址（Zāmaček）便有一條深達四點五英尺、寬十英尺的壯觀壕溝。德國西部的德勞爾海德（Dölauer Heide）也出土一處設有防禦措施的新石器時代聚落，其圍欄前甚至有六條溝渠。如此戒備森嚴的聚落，唯有存在有抵禦外侮的需求才說得通。[31]有些防禦遺址似乎無人居住，但也可能是發生衝突時當地農民的避難所，或是作為聖地與儀式場所的屏障，這些同樣是因應威脅的手段。

在歐洲之外，防禦工事出現的時機同樣伴隨著聚落變遷與人口密度增加。中國的防禦工事約莫於西元前四千年興起，正是農耕人口與採獵人口相遇之時。至西元前三千年，隨戰事蔓延，村莊周圍也築起了石砌或夯土城牆。烏拉爾草原亦是於同一時間出現設防聚落，具有城牆、塔樓、深V形壕溝和堤圍，用於保護人口稠密的聚落。[32]美洲的防禦工事興起較晚，但同樣是與人口密度增加、定居型農業的發展有關，不過防禦性建築的證據最早於公元前四千年便已出現，到了西元一千年末期證據又更為廣布。從十世紀起，無論是採獵者與農民的競爭，或是各農業部落之間的衝突，都帶動了美國中部各地防禦工事的發展——先是簡易柵欄和溝渠，後有城牆、稜堡和瞭望塔等更堅固的防禦設施。卡霍基亞（Cahokia）中心處的村莊群落鄰近現今的密蘇里州聖路易斯市，其外圍也有一條長達三公里、用厚重原木砌成的屏障。[33]從西元九百年左右開始，密西西比河谷和田納西河流域的各酋長國或部落便已戰事不斷，持續六百年之久。十三世紀，阿拉巴馬州的埃托瓦酋長國（Etowah）曾設立緩衝區來抵禦敵群，遺址中心是一道高三點七英尺的巨型圍欄和一條寬九點五英尺的大溝渠。但事實證明這樣仍然不夠——圍欄在十五世紀遭到焚毀，聚落也成廢墟。[34]北美防禦工事的考古證據表明，防禦工事的建設也會隨著威脅大小或人口分布而波動，但凡有防禦需求者便會設防。

與歷時千萬年的舊石器時代相比，新石器時代（加上後來的銅器與青銅器時代）出土的骨骼創傷證據更為廣布，更明顯與戰鬥有關。戰鬥傷害多為鈍器或銳器擊打頭部的創傷，或是手臂因格擋攻擊而骨折，也可見到射擊武器的尖頭嵌入骨頭或落於遺骸附近。有些傷口並不危及性命，有時一整批骸骨中大多數的傷勢都不會造成致命傷。傷口得以癒合既可能表示戰鬥具有儀式性質，也可能表示當事人成功挺過小規模衝突或戰役，正如在現代戰爭中，傷者通常比亡者數量更多。世界各地都可見到斷肢、斬首、剝頭皮、搶取戰利品等行為，這些皆為暴力衝突或搶劫俘虜和生人獻祭的結果。學界特別關注屠殺遺跡，因為屠殺在本質上就更容易引人注目。儘管從人類學角度來看，屠殺有可能是儀式性的，但也可能是各部落爭搶資源導致的慘烈結果，或者是出於不明動機的野蠻報復。德國的黑爾克斯海姆鎮（Herxheim）有處廣為人知的新石器時代遺址，約於西元前五千年形成，其中有一百七十三具頭骨和頭骨碎片，還有三百三十四具曾遭肢解、更疑似遭食用的屍骨。受害者都不是祭儀中心的本地人，而是從遠處被抓來服務某種宗教目的。在鄰近維也納的亞斯帕恩／施萊茨遺址，有條壕溝裡出土了六十六具屍骨，幾乎全數是遭斧頭砍死。西元前五千七百年左右，萊茵河谷的塔爾海姆有處小型聚落遭人襲擊，共計有十六名孩童與九男七女死於斧頭、棍棒和弓箭之下。[35]美洲從北到南都有屠殺的考古紀錄，例如祕魯海岸的巴拉卡斯灣（Paracas Bay）便有一處歷史七千年左右的遺址，堆放著五十六具遭肢解的成人遺骸，堪稱是古代美洲最早期的暴力事件之一。[36]

然而，比起容易引人注目的屠殺，要說明部落和酋邦戰事不斷的更好證據，還是那些規模雖小但頻繁出現的骸骨創傷。嵌入性射擊武器的尖頭和顱骨損傷是關鍵指標，足以表明戰爭暴力絕非偶爾零星的現象。從西元前八千年至七千年的古代美洲人骸骨中可以發現，約有五成八是死於暴力。密西西比河谷地區最早的暴力行為則可追溯到至少六千八百年前，而且自西元前四千年起，當地更頻頻出現嵌入的射擊武器尖頭與骨骼創傷，以及奪取戰利品的證據。暴力一直持續至西元五百至一千年的林地文化晚期，其出土的骨骼之中有四分之一出現格擋攻擊造成的骨折和嵌入的射擊武器尖頭，還有曾被當作戰利品的頭顱和雙手。[37]來到加拿大東岸沿海地區，西元前一千五百年至西元五百年的骨骼證據也有三分之一曾受暴力損傷。[38]

儘管目前仍缺乏有系統的骨骼損傷分類，但嵌入的尖刺和顱骨創傷證據皆表示暴力衝突遍布新石器、青銅器及鐵器時代的歐洲大陸。針對西班牙新石器時代晚期的考古調查顯示，來自十三處遺址的四十具骨骼有死於射擊武器的跡象，有些也顯示曾有遭到施暴後骨折癒合的痕跡。近來考古團隊挖掘西班牙拉霍亞（La Hoya）一處鐵器時代村落，發現村莊曾遭鄰近部落暴力攻擊，入侵者燒毀村莊，並於村民欲逃跑時將他們斬殺。[39] 考古學者也研究斯洛伐克耶爾紹夫采（Jelšovce）的新石器時代聚落，結果發現有二成七顱骨曾經受傷，甚至是其主人的直接死因。[40] 法國貝格海姆（Bergheim）也發現好幾處六千年前左右的新石器時代墓葬坑，坑中找到成堆散亂的骨架、手臂及手掌，事主幾乎都是死於武裝暴力，絕非尋常的喪葬儀式。[41] 這類案例族繁不及備載，足以令我們確切推斷：在較大型原始國家或國家實體出現前的數千年以前，大小暴力衝突在部落之間或部落之內早就是家常便飯，只是具體細節仍只能仰賴臆測。

部落和酋邦所使用武器也出現穩定的發展，從最早兼具武器與工具功能的石器、木具或骨器，逐漸發展成戰鬥專用的武裝兵器。早期武器可分為標槍、長矛、擲矛器或弓箭等遠程射擊類武器與石斧、改裝過的鹿角或硬木製成的狼牙棒等近戰武器。最早出現的弓箭可溯及西元前八萬年的非洲，數千年後傳到歐亞大陸和美洲，是影響全世界深遠的武器技術。弓箭可用於狩獵，也能殺人，某些燧石箭頭還會經特別改造，像是帶有倒刺或呈三角形葉狀的箭頭設計，就是為了在擊中目標後使之斷裂留在傷口內，更容易致目標於死地。弓體本身大多隨時間消失，不過從留存下來的少數案例依舊可見當時人對這類武器已有相當成熟的理解，懂得挑選合適木材（歐洲人偏好紫杉或榆樹）來發揮威力，或是結合木材、動物的犄角和筋腱製成複合弓（後來這種設計成為歐亞大草原弓騎兵的標配）。西元前九千年以後的某個時刻，弓箭首次從東北亞抵達北極，接著慢慢向美洲擴散。這項技術直至西元五百至一千年間才傳遍北美，取代狩獵用的擲矛器。考古證據顯示，這款新型武器確實被用於打仗，善用弓的部落得享優勢。[42]

西元前三千年左右，歐洲和亞洲開始發展出冶金技術，得以研製殺傷力更強的近戰武器。匕首、長劍、戟、細長刺劍、金屬箭頭、刺矛和金屬標槍遍布歐洲銅器時代和青銅器時代的墓地。除了研發新武器，以木材、皮革、厚重面料或金屬製成的頭盔、鎧甲和盾牌等防具也跟著出現。在中亞與北亞地區，冶金技術催生了重型長矛與標槍，也發明最早的馬拉戰車，大得足以運載一名駕駛和一名擲標槍戰士。到了西元前兩千年，玉器和青銅製武器、青銅頭盔、皮甲和戰車已向南傳入中國。從地中海至歐亞大陸都出現早期軍火貿易的現象，專門製造燧石、匕首、斧頭、青銅劍和刀具等武器的工坊也因應而生。貿易商機或製作武器用的礦物及石材，因此成為早期戰爭的動機。就連尚未發展出冶金技術的地方，也有能力將武器改造得更為精良，以應對日益激烈的戰爭。一五一九年，西班牙人登陸猶加敦半島，而迎戰的馬雅武裝部隊已配有投石索、長矛、弓箭、經火烤強化的飛鏢，還有刃上鑲有黑曜石的雙手持木劍。當歐洲人首次踏上紐西蘭時，也發現當地毛利人會攜帶由鯨骨、木材或石頭製成的戰棍，精巧且致命。早在與歐洲接觸之前，南美洲部落就懂得用投石索、長矛、弓箭、毒鏢、斧頭和狼牙棒。[43] 戰爭早已深植這些部落或酋邦社會，而且當地「發明」戰爭的目的，絕不僅是為了抵禦新來的歐洲殖民者。

那麼，都是誰在使用這些新武器呢？這不是個容易回答的問題，因為我們很難判定早期部落和酋邦可能具有的社會結構或階級制度。一如現代情形，有些部落無疑奉行人人平等的思想，舉凡成年男性都有機會參與襲擊或報復性攻擊。也有些部落很可能已發展出早期的階級制度，只有最勇敢或最足智多謀的男性會脫穎而出成為菁英戰士。來自歐亞大陸的同時期墓葬證據顯示，各地都逐漸出現與武器合葬的男性死者，顯示當時人對其社會及軍事地位的敬重。丹麥的日德蘭半島便有項可溯及西元前四千年的早期案例：戰士的隨葬品有箭頭、短柄小斧、燧石匕首，不時還會出現從義大利貿易而來的戟。[44] 在北歐和東歐現已發掘的新石器時代晚期墓葬遺址中，有三成七曾經挖掘出武器與疑似戰士的屍骨。[45] 學者也經常在新石器時代晚期至青銅器時代的墓葬遺址中，發現戰士與兵器合葬的現象。西元前三千年中葉所謂的「獨墓文化」，隨葬的斧頭、匕首、護腕和箭頭也都能讓我們輕易辨認墳中戰士的身分。[46] 這時期出現的圖像素材已開始更清晰描繪戰士的地位和形象，例如薩丁尼亞島出土的五百尊青銅小雕像配有匕首、頭盔、弓箭和盔甲，歷史可追溯到西元前一千年初期。南美洲找到的金飾上刻畫手持棍棒、長矛、擲矛器及戰利品頭顱的戰士。安第斯山脈也有戰士巨像手持武器和遭肢解的敵人屍體，年代可溯及西元前九百年左右。而在澳洲的阿納姆地，描繪戰爭暴力的岩畫可回溯到大約一萬年前，畫中火柴人有被長矛刺穿者，也有閃躲迴力鏢者——到了六千年前，該地更出現看似實際戰鬥的場景，其中一幅畫繪有六十八名手持武器的人物。儘管有批評者主張這些圖案只是隱喻，其真實意義已無從得知，但現代阿納姆地的各部落確實不時發生致命衝突，與岩畫如出一轍。[47]

各文化發展出戰士階級的具體時間和過程顯然有所差異，除非是像美洲部落、斯堪地那維亞半島或歐亞大陸等所有男性皆能參與戰爭的平等社會。但即便相對平等，也還是會有戰士於戰鬥中脫穎而出，無論是因為殺敵更多，還是經常負責帶領眾人發動攻擊。這些男性也許是憑藉自身軍事才幹一步步爬往部落首領的位置。現代人類學對部落的研究便有諸多例子，例如奮力爭取「卡卡萊姆」名號的希瓦羅人，或是因為男性想得到「凶猛」或「傑出殺手」名聲而爭戰不斷的委內瑞拉亞諾馬米人。[48]而在玻里尼西亞地區，戰爭被視為能讓「戰士」藉由殺敵來取用對方的力量（名為「瑪納」的法力），從而使戰士本人更加強大。我們不難想像，數千年來的部落和酋邦也存在類似的象徵世界，賦予戰士崇高的地位，合理化與敵人交戰的行為，無論是假想或真實的敵人。

比起上一個世代，我們如今已有更豐富完備的考古和人類學材料來幫助我們理解戰爭的演變。接下來的問題就是該如何利用這些材料，拼湊出交戰文化的樣貌。假設要將戰爭的驅動因素解讀為文化演變，也就是當今許多人類學家的主張，那便有必要揭開這一演變過程是如何隨著時間的推移而運作。針對現代部落和酋邦社會的人類學考察是個起點，儘管有少數群體並不以戰爭為常態。這些文化畢竟歷久不衰，無論是價值觀、習俗、信仰、意義、期望及世界觀，都是藉由人類學家羅巴契克（Clayton Robarchek）所說的「文化建構經驗」一代代傳承下來。[49]從戰爭文化適應的證據可以推知，暴力不僅能帶來物質利益（奪取物品、食物、俘虜或妻妾），也根植於推崇戰爭的社會習俗，例如年輕男子的成年禮，因指控敵方施展巫術而予以報復，或為滿足當地神靈無饜足的需求而舉行俘虜獻祭儀式。

西班牙人於十六世紀抵達南美洲的哥倫比亞，留下有關北部考卡河谷地區酋邦戰爭的紀錄，讓我們得以一窺暴力在特定文化下的表現方式。備戰工作由村議會負責，他們會以血祭召喚貓科猛獸的靈魂來支援戰士。武器和補給皆會預先備妥。也因為當地常受戰爭肆虐，自家聚落普遍有圍欄、塔樓和城牆作為屏障。在發動攻擊之前，戰士們會先飽餐一頓，彩繪身體，再於黎明出陣殺敵，並以戰鼓、海螺號角和人骨製成的樂器拉開進攻序幕。遇襲的聚落會遭屠殺，屍體被肢解以供食用，有些人則被擄回酋長據點當奴隸或祭品。有一回紀錄顯示，卡拉帕和皮卡拉兩個族群對波索酋邦發動戰爭，結果有三百名罹難者成為祭品，兩百批人肉被送回供勝利方食用。酋長地盤的周圍懸掛著頭顱、四肢及填充處理過的人皮等戰利品，以強調社群裡戰士的地位，而勝利後的食人儀式據稱能增強戰士之力。這項案例中的戰爭文化展示出一種源遠流長的習俗：當時戰勝方在砍下敵方頭顱作為戰利品時會保留頸椎前三節，而同樣保有頸椎前三節的頭骨，也曾在祕魯的阿西亞區考古遺址中被人發現，年代更可溯及西元前一千四百年。[50]

北美部落文化也存在這類根深柢固的暴力現象。對尤卡帕人（Yukpa）來說，戰爭就是尊重現有社會秩序的手段，世世代代延續下來。所有青年男子都背負參戰義務，生吃黃蜂即是成年儀式考驗的一環。「我是男人，我很勇敢，」他們會如此傳頌：「我一定會戰鬥。」而在阿帕契人（Apache）的世界觀之中，部落之外的世界充滿陌生人且危機四伏，因此會有「怪物殺手」負責來驅離敵人，並在部落裡的年輕戰士上場戰鬥時賜予他們力量和智慧。這些部落文化都認為戰爭實屬必要，因此所有男性都應枕戈待旦，恪守相關行為準則。[51]出征儀式是在許多案例中至關重要的存在，為了讓眾人準備好殺人，喝酒跳舞、服用迷幻藥或召喚祖靈都可能是儀式的一部分。從這一層面來看，戰爭似乎是某種文化內建的現象，既是群體內社會組織的產物，也是對外在環境的反應。

我們或許可以在解讀古老文化流傳下來的證據時，應用這種文化人類學的研究方式，儘管對於戰爭的功能與意義仍留有較多解讀空間。黑爾克斯海姆鎮出土的頭顱戰利品與考卡河谷的獵人頭習俗有可類比之處，早期圖像也記錄下當時奪取戰利品、肢解及犧牲獻祭等流傳數千年的習俗。西元前一千年，英國鐵器時代的考古資料也留有發動攻擊、毀壞丘堡及儀式性暴力的證據，今人也可藉此一窺這種「展演性質」的暴力。俘虜和奴隸會被抓來當作祭品或出售，而至今發現的鐵鐐和頸鍊便是俘虜勞工或祭品的證明，骨骼證據也顯示當時有獻祭的暴力儀式，還有肢解成人和兒童的習俗。當年獵人頭可能是為了促進村莊繁榮，或是發揚獵人的聲望和聲譽，而人類學界對於近代獵人頭行為也是抱持相同論點。[52]

隨著部落和酋邦逐漸轉型為大型政體，相關紀錄也越來越完善，因為這類政體和先前的部落與酋邦一樣經常發動戰爭。我們甚至可以說，戰爭文化的演變其實與大型政治結構的興起密切相關，這一大型政治結構也會逐漸吸收過去部落和酋邦的戰爭習俗、意義和行為。至此戰爭早已成為人類社會組織運作中不可逆轉的要素。我們可藉由兩個案例來說明戰爭文化如何逐漸形成與流傳，只不過當年學者一開始還以為這兩個例子是古代和平的表現。第一個例子是從部落起源的早期羅馬，第二個則是西元一千年的中美洲瑪雅。大約在西元前六百至三百年間，羅馬逐漸從鬆散的部落聯盟轉變為以城市為中心的早期國家。過去的學者曾經以為羅馬在最初幾世紀裡是被迫捲入戰爭，如今這項觀點已被推翻：羅馬反而更有可能是一個崇尚軍武的社會。事實上，羅馬建城的知名神話正是以戰爭為基礎。這座城市據說是由戰神馬爾斯（Mars）誕下的雙子羅穆盧斯

（Romulus）和瑞摩斯（Remus）組成的突襲隊所建。創世神話後來結合了戰士英雄的概念，而這種英雄主義也成為好戰文化的永恆主題。[53]

神話自有其文化功用。事實上，羅馬是於西元前八至六世紀之間興起，當時有些部落村莊沿著臺伯河和主要貿易路線聚集，逐漸形成規模更大的城市。這一部落聯盟會攻擊鄰近氏族或偷竊對方牛隻，而且這些來自鄉村和城鎮的二十個部落氏族會以部落軍閥或「國王」為首，推舉傑出戰士來指揮襲擊隊伍。早期戰事大多集中於部落周遭地區，就連西元前三九六年陷落的維愛城（Veii）也僅距離羅馬十五公里，該城因莎士比亞的《科利奧蘭納斯》（*Coriolanus*）而流傳千古。[54] 戰事交由民兵組織負責，所有男性都有義務服役，就連拉丁文單詞「populus」最初也意指「軍隊」而非「人民」。羅馬後來會出現執政官的職務，也是為了定期發動戰爭，執政官也會親自領軍作戰。財務官的設立則是為了保障參戰士兵能夠公平分得戰利品。凡此種種，皆可見到羅馬文化尊崇軍事價值。[55]

為了保障勝利，戰爭還涉及繁複儀式。羅馬的祭司團會先向神靈請示後才讓軍人上戰場，好比數名祭司會站在敵方邊境，將長矛扔至敵方土地以示挑戰。每逢戰爭季節的開始與結束，羅馬人都會舉行盛大儀式來祭拜戰神馬爾斯。按照習俗，位於市中心的雅努斯神廟只有在羅馬未處於戰爭狀態時才會關閉大門。來自古代的史料證實，這些大門僅於西元前三世紀中葉第一次布匿戰爭結束後關閉過一次，換言之羅馬長期都處於戰爭狀態。根據希臘歷史學家波利比烏斯（Polybius）的記載，一個半世紀之後，羅馬一度有整整十二年未曾發生戰爭，結果竟讓元老院決定向達爾馬提亞人宣戰，原因居然只是因為「他們不樂見義大利男人因長期安逸而變成軟弱的娘們。」[56]和平女神帕克斯於羅馬共和後期進入萬神殿，卻不受當時人尊敬。羅馬人更稱頌戰爭，也會定期為打勝仗的指揮官舉行凱旋儀式，將俘虜和戰利品遊街示眾——根據計算，這種慶典的平均頻率為一年半一次。[57]戰敗情形較為罕見，而且通常會被歸咎於未能遵循預兆或戰前儀式不夠嚴謹。從最早的部落時代到西元前三世紀羅馬帝國的歷史來看，戰爭已經徹底成為羅馬文化的一部分。

第二個例子是猶加敦半島（包括現今墨西哥、貝里斯和瓜地馬拉部分地區）的馬雅社會，過去學者曾以為當地不存在戰爭。一九三七年，考古學家甘恩（Thomas Gann）和湯普森（Eric Thompson）呼應米德的觀點寫道：「馬雅人……名列世上最不好戰的民族。」[58]如今這一觀點已經遭到過去五十年來出土的考古證據推翻：人們不僅開始認知到馬雅發動各種戰爭的規模與頻率，也逐漸理解到戰爭在馬雅社會和文化中的地位。正如羅馬的案例，馬雅的戰爭規模也是隨著社會結構轉變而擴大。西元二五〇年之前的前古典時期，當地是以大小部落酋邦為主，而至後續古典晚期的八百年間，馬雅文明逐漸形成以城市為中心的小型政治體。馬雅各城鎮經常彼此交戰，戰場範圍多半不大，有時可能只是為了保護或占領貿易路線，尤其是為了取得鹽巴和用於製造兵器的黑曜石與燧石礦，或是為了俘虜祭品、勒索貢納與擴張當地戰士領主的權力。我們可以從防禦工事、武器及圖像遺跡大略推測，馬雅某些地區的衝突可追溯至西元前一千年，但衝突性質及文化背景卻要等到西元二五〇年至一千年的古典時期才更為人所理解。這時候才出現象形文字，如今也終於有學者在設法破解其複雜含義。[59]在西元第一個千年期間，戰爭似乎已內化為猶加敦半島馬雅人的生命經驗，各族群也普遍發展出好戰文化。儘管暴力範圍和涵義仍有待解釋，但好戰文化的存在已無庸置疑。

馬雅戰事是由一群菁英戰士主持，有領主或國王般的存在，也有宮廷裡的抄書吏和藝術家。領主麾下有一群名為「納科姆」（nacoms）的軍事階級為之效力，戰爭領袖便是從這群人之中選出，此外還有一批名為「霍爾坎」（holcans）的核心軍隊負責打仗。壁畫和石碑上的領主圖像經常畫著他們身著精緻軍裝、手持武器的樣貌，身旁偶爾還有遭捆綁的俘虜，或是被斬首肢解的屍體。波南帕克（Bonampak）發現的壁畫圖像記下了有關衝突各階段的豐富史料：敵對團體之間的戰役，俘虜囚犯，祭司帶著獻祭用的囚徒遊街，受害者的處決儀式。[60]學者後來又發現更多壁畫，證實戰爭在馬雅文明的公共敘事中占有重要地位。人們原本以為猶加敦西北部多山的普克地區（Puuk）並不如北部和南部的低地居民那麼好戰，但此地類似的壁畫卻也出現有戰士相伴的戰士領主，畫中還可以見到他們手持樸素或裝飾華麗的長矛、盾牌和旗幟。當時人如此注重精緻服裝和專用武器的態度，表示展現軍力的行為已是當時社會的核心要素。[61]今天的學者已從象形文字與雕刻中辨識出代表衝突及其後續情形的文字符號，這些符號還經常出現。例如象徵勝利的斧頭「ch’ak」，其動詞形式「ch’akah」意指「用斧頭劈砍或斬首」，而更複雜的詞組「ch’akah kun」則據信是用於表示消滅對手的權力中心。有份戰事清單便條列出西元六至九世紀之間，發生於二十八處聚落的一百零七起事件，清單中四處可見代表砍伐、陷落或俘虜的文字。[62]

對馬雅社群來說，戰爭與超自然信仰密切相關。即便發動衝突的主要動機是物質利益，但主事者仍有義務遵循這類超自然法則。領主被尊為神靈的代表，並會於宗教認可的儀式中採用神靈之名，親自化身為神靈。在發動戰役之前，人們會向神諭祈求神明的指引和支持，儀式通常會於洞穴內或洞穴附近舉行。馬雅的神諭所裡面有個用來盛放生人祭品的空腔，另有一名神祇叫做「Ah Hulneb」（弓箭手），祂的形象上畫有一支箭。隨著衝突展開，軍人也會把軍旗與超自然神靈的肖像帶上戰場，以便向其請示意見。[63]戰爭的目標之一在於拿下或摧毀敵人的聖地，同時保護己方的聖地和精神之力。失去神聖空間的社群就形同滅亡，戰勝的軍隊則會用儀式來褻瀆敵方城市，以「終結」儀式來榨乾敵人的精神力量。終結儀式常見於人們要以新建築或神廟取代舊有建築的場合，但戰爭裡的終結更是慘烈的終結。在馬雅的北方城鎮亞舒納（Yaxuná），有一處可溯及西元四百年的隱蔽墓室，考古學家發現墓室中有十一名遭到屠殺的男女老幼，還包括當地領主，而遇害者全數遭到砍頭。墓穴內埋藏兩幅畫作，一幅為阿茲特克世界觀中的「大女神」，另一幅則繪有一名戰士，身著有關阿茲特克文化中塔洛克—金星（Thaloc-Venus）戰爭崇拜的服裝。為人特意留下的這幾幅畫，不僅象徵亞舒納城鎮的滅亡，也很可能代表著鄰近城市奧克金托克（Oxkintok，阿茲特克的盟友）的勝利。[64]西元八世紀，科爾哈鎮（Colha，生產燧石製工具和武器的重鎮）突然遇襲，最終該鎮的菁英階層接受處決儀式，建築物悉數遭毀。一處坑洞便埋有三十具男女老幼的頭骨，個個臉皮被剝，另一個坑則出現更多經儀式褻瀆、肢解及打碎的骷髏。此後再無人定居這座城市。由此可見在戰勝或戰敗後舉行儀式的作用。[65]

羅馬和馬雅社會都是打著神靈之名，以備戰及暴力作為運作基礎。頌揚戰爭和參戰戰士的儀式長期融入社會演變，並代代相傳。對他們來說，戰爭已是文化的重要組成。人類學家如果想找出戰爭的起源與演變，便得探究戰爭文化是如何逐漸紮根於各種部落、酋邦和原始國家的日常與世界觀。畢竟歷史證明，這項演變一旦展開，便是木已成舟。這或許能夠解釋人類學界為何向來不大關注過去兩千年「有史以來」爆發過的戰爭，反而更仔細研究當代小規模社會的民族誌，以及過往類似形態的社會是如何（或未能）發展出可歸類為戰爭的衝突形式。現代人類學在研究現代戰爭時，多半是為了理解戰爭對受害者有哪些人類學方面的影響，而非反思為何現代人類會持續戰鬥和殺戮，規模還更勝以往。

文化是否造就戰爭？文化影響是否比基因或思維更重要？米德認為戰爭是一項有朝一日或可廢除的發明，但她也承認現有文化深刻受到戰爭的形塑：「戰爭就是存在，是我們思想的一部分。戰士的事蹟在詩人的語句中永垂不朽，孩童的玩具模仿軍人武器，政治家與外交官的思維中也總有戰爭存在。」[66] 當今人類學家在研究諸多古今案例時，都集中於文化是如何塑造信仰、期望及習俗，而這些價值觀又是如何使得深受戰爭影響的社會發動戰爭、嚮往戰爭，或是讓戰爭在某些情況下變得無可避免。如今，來自遠古戰爭的考古證據已難以反駁。曾有學者主張，文化就像自然界運行，成功的好戰文化會淘汰不善戰的弱小對手，藉此為自家社群續命。但這種文化達爾文主義與天擇理論都是某種決定論，因此也容易為人詬病——畢竟歷史上有許多明顯好戰侵略的文化根本沒能生存與延續。文化是由生活其中的人創造而成，而現今亦有充分證據表明，過去一萬年來，人類的文化發展始終存在某種經模仿或傳播而來的好戰傾向（無論是劫掠、世仇宿怨還是公開戰鬥，有時三者皆是）。戰爭不僅塑造主流文化，也受到主流文化的影響。文化的多樣特質決定了人們在不同歷史背景下對戰爭的不同觀感，而戰爭的物質或非物質動機仍是戰爭發生的必要條件。考慮到戰爭文化幾乎是普世皆有，這表示除了文化以外，生物學和心理學或許也有助於我們解釋戰爭這一現象。總之，戰爭絕不僅僅是人類的又一項文化發明。

第四章　生態學

對於世上最動盪的幾處地區而言，氣候變遷是雪上加霜的威脅……傳統安全威脅大多是由單一實體於特定時間以特定方式採取行動，但氣候變遷卻像是多種慢性病症的綜合，影響範圍遍及全球……即便是在局勢穩定的地區，氣候變遷也可能會燃起緊張局勢。

——美國海軍分析中心報告，二〇〇七年[1]

二十一世紀人們最關切的焦點之一，就是生態浩劫有可能引發國家內部或國家之間的衝突。二〇〇七年，十一名退休的美國高階將官發布一份有關氣候變遷與國家安全的文件，警示五角大廈應注意日後環境劇變將引發的動盪衝突。他們建議美國政府即刻將氣候變遷的影響納入「國安及國防策略」。如今，世界各地的智庫和安全組織都特別重視氣候變遷帶來的政治影響，以及可能引發的未來衝突。[2]這些焦慮都讓我們必須要問：綜觀人類數千年來的氣候衝擊和環境危機，生態環境和戰爭之間是否存在實質關聯？

生態學是一門相對晚近才興起的學科，這個詞最早源自於一八六〇年代的德國科學家海克爾（Ernst Haeckel），但最知名的論述卻是來自英國教士馬爾薩斯（Thomas Malthus）。早在一七九八年，馬爾薩斯便發表了《人口論》（*Essay on the Principle of Population*），此後不斷再版。該書指出，當人口成長超出土地容量時，饑荒、瘟疫和戰爭等因素便會共同發揮作用，將人口調節到環境能再次承受的水準，周而復始地創造生存壓力。換言之，他認為人類與環境之間存在著某種危機四伏的動態關係。這是一項非常現實且殘酷的觀點：儘管「發動戰爭即是罪惡，戰爭的結果是苦難，糧食短缺的痛苦無庸置疑，」但戰爭終究是一種對人類有益的調節機制，因為戰爭能夠重新穩住人類與其居住環境之間的平衡。馬爾薩斯主張，在一眾野蠻人中，贏家會變得「傑出而強大……因戰爭而歡喜，」輸家則會死於困頓和饑荒。[3] 戰爭是馬爾薩斯所謂的「三大制約人口成長因素」之一，是一股外部干涉之力，有助於緩解生態危機。

馬爾薩斯當年著書立說時，人類還無法精準評估人口成長是否會超過糧食生產提升的速度，或是人口擴張的後果。對未來的生態科學來說，這其實是屬於生物學範疇的問題，因為各生態系統都會仰賴其內在調節機制，為棲息其中的動植物建立平衡。環境衝擊、長期環境變化或外來物種入侵，都有可能會干擾各自然要素相互依存的關係。動植物數量若是超出生態系承受範圍，自然適應機制就會找到新的平衡，而這一觀點恰恰符合達爾文的生物學思想。當時的人便認為，解方就在於改變生態棲位的大小，也就是替物種找到更多生存的空間。德國動物學家拉采爾（Friedrich Ratzel）於一八九〇年代創造的「生存空間」（Lebensraum）一詞，正是此種觀點最著名的體現。

拉采爾主張，物種若要存活，就得在生存空間與族群規模之間取得平衡。這一平衡過程中若是出現資源競爭，便會導致他所謂的「空間競爭」（Kampf um Raum）。拉采爾因此認為，達爾文所說的生存競爭其實源自於生物對更大空間的探尋，因此爭奪生存空間才是自然界攸關生存最重要的因素。物種若無法為自己爭取更大的空間（或生態棲位），便只能面臨自然衰退。雖然拉采爾指涉的主要是動植物（如同現代生態學家），但他的論點很容易就能被套用在人類身上。他於一九〇一年出版《生存空間》一書，並於書中以自己的生態理論來解釋人類爭奪空間的行為：「在各民族彼此鬥爭與戰爭的關鍵時刻，空間之於生存競爭的意義必定是同等重大。」[4] 競爭是人類的天性，一如植物或飛禽走獸，只是人類為競爭而動用暴力不單純是演化結果，而是有意識採取的行為。

「生存空間」的概念後來也啟發了希特勒與納粹帝國的征服願景，並因而惡名昭彰（或能解釋後來的人類生態學為何很少有人提到拉采爾）。隨著生態學研究於一九六〇至一九七〇年代興起，環境意識越來越成為討論核心，相關研究焦點也開始擺在人類活動如何干擾世界生態系的自然歷史。學界開始應用生態科學來理解人類與環境的關係，尤其關心人口壓迫有限土地資源的問題（這點正如當初的馬爾薩斯和拉采爾）。當時的學者們想知道：糧食短缺、人口增長和戰爭衝突這三者之間，是否正如早期理論顯示的存在關聯？關聯有多密切？現代理論稱此議題為「土地承載力」，也就是人類現有的土地能供應多少糧食與資源來維繫人口生存？這項概念很容易就能追溯到人類更依賴採獵或低產量農業的古早時代。人口密度增加，就可能會擾亂以往族群的生態棲位，而氣候變遷與天災等環境壓力也可能有同樣影響，無論是緩慢影響或突發性的環境衝擊。舉例來說，中美洲的伊洛潘戈火山便曾於西元五三六年大規模噴發。根據當時記載，此事令舊世界「昏暗無光」，「疫病和戰爭」隨之而來。一八一五年的事件更廣為人知：位於現今印尼的坦博拉火山爆發，當時還出現「無夏之年」與全球大規模農作物歉收，導致歐洲各地爆發暴力抗爭。[5]

「土地承載力」的危機是否曾在人類悠久的歷史中引發衝突？儘管目前缺乏史前人口及原始國家留下來的確切資料，但我們確實能想像這類衝突的存在。就算是人口稀少之處，只要出現食物不斷減少而導致的競爭（例如巨型動物遭過度獵殺），也可能會像人口密集處不斷增長的壓力一樣引發衝突。[6]如果當地人為了尋找更多土地而大規模遷徙，就會排擠到遷入地原本的居民——就算是從一處山谷移動到另一處山谷也可能導致衝突，這點從史前智利到新石器時代的德國等各大地區都已有證據可循。小型採獵氏族因此融合為部落，進而促成固定領土疆域的出現——雖然人類肯定更早之前（例如還類似黑猩猩採取簡易採獵生活時）就已發展出類似領土的概念。一旦有了領土意識，為奪取更多可開發地盤或保衛現有領土都可能會引發暴力衝突，定居型農業聚落尤其如此。如果領土無法為居民提供充足糧食，同時難以提升糧食產量、改變生存習慣或遷移到無人居住的地區，那大概就只剩下犧牲他人來擴大自己「生存空間」的選項了。從現代部落的民族誌研究中可以看到，就算衝突不一定會發生，但只要人類決定對外拓展資源或捍衛身邊財產，就有可能醞釀出衝突。[7]當代學者研究前現代社群時也發現，只要人口密度過高，採獵和簡易農業族群便有六成六比例會發動戰爭，如果是更先進的農耕社會，這一比例更高達八成五。[8]而在有「現代民族誌研究室」之稱的紐幾內亞，一項針對當地二十六個部落的研究也顯示，人口密度較高的十九個部落幾乎都會為了爭奪土地而引發戰爭，但在人口密度較低的情況下，僅有一例出現戰爭。[9]

目前已有許多民族誌案例證明，生態壓力會引發群際暴力。考古紀錄也顯示，當人們試圖應對人口過剩、自然環境惡化等種種挑戰，或者單純是為了食物、水源或森林等資源而競爭，生態危機就會成為衝突的根源。來自遠古時期的證據依然稀少，加上學術界普遍不信任帶有環境決定論色彩的解釋，所以如何解釋證據仍然有所爭議。考慮到人類生態學涵蓋人類演化的最早經歷，因此生態失衡引發暴力（無論是偶發或持續）的可能性還是很高，儘管這項觀點還無法以科學方式確切證明。要等到智人出現後的全新世時期，才有更多考古學上的案例。例如位於現今肯亞土卡納湖（Lake Turkana）以西的納塔魯克（Nataruk），有一座大約一萬年前的遺址，二〇一二年出土了一群採獵人類的遺骸，共計二十七名男女及兒童。這些人似乎是一場屠殺的受害者，遺址裡有十二具骨骼排列相對完整的骷髏，其中十具生前曾受致命傷害，有些是鋒利武器所致，有些則是鈍器造成。他們於潟湖邊緣遇害後便被原地棄置，凶手還將六名兒童和四名女性隔離出來，與男性分開處理。屍骨裡殘留一些該地區不常見的黑曜石刀片或尖頭，表示凶手是來自別處入侵的群體，不過學界對於如何解讀這一科學證據仍是爭論不休。[10]

另一案例出現在歐亞大陸，儘管證據依舊有限。西元前四千年，蘇沃羅沃文化（Suvorovo）草原游牧民在遷徙過程中，取代了原本一度興盛的特里波里文化（Tripolye，此前曾於歐洲東南部和黑海地區建立許多大型聚落）。游牧民於西元前四千年學會用馬，此後便得以照看更大規模的牛群與羊群，因此也提高了對牧場的需求。隨著游牧民從裏海草原向西推進，這一對資源的龐大需求也點燃了日益加劇的部落暴力。烏克蘭南部的維爾特巴（Verteba）洞窟便曾出土屠殺相關的痕跡，包括二十五具能夠辨識的頭骨，有男有女，也有兒童，其中有十八名死者在死前頭部曾遭到重擊，傷處大部分位於後腦勺或頭頂，顯示受害者在遇害時為面朝下或呈跪姿。由於那幾年正值所謂「舊歐洲」在地文化遭到游牧民摧毀的時期，我們或許能合理推測，維爾特巴洞窟的屠殺凶手正是闖入特里波里沃土的游牧民。到了西元前三千三百年，當地許多大型聚落都已遭廢棄，保加利亞北部的霍特尼察（Hotnitsa）和上巴爾幹半島的尤納奇特（Yunatsite）都出現了屠殺證據——後者遭滅的聚落更有四十六具女性、兒童和老人的骨骸散落在地。這些證據顯示蘇沃洛沃文化當時已逐漸將定居農業區變成人煙稀少的牧場，而這一過程中的暴力襲擊越演越烈。[11]

西元九百至一千三百年間，暴力衝突的證據在美國中部和西南部隨處可見。近年學界在解釋背後原因時，多半會以環境壓力和食物短缺為重點。環境壓力部分來自於嚴重的氣候變遷，部分則是人口增加，採獵民族和定居農耕民族為爭奪土地和食物而劍拔弩張。人們為了尋找更多可耕地而遷徙，或被迫趕入產能較低的邊緣農業區（寒冷乾燥氣候削弱了土地承載力），生存壓力隨之加劇。環境條件惡化加上人類保衛地盤的需求，導致衝突在部落之間的邊界上加劇。我曾在序章提及十四世紀中葉著名的南達科他州烏鴉溪遺址，該地發生大屠殺的原因可能就是新移民在環境壓力下遷入當地，卻與當地居民起了衝突。小鎮遇襲後遭人燒毀，四百多人被突襲隊伍屠殺、肢解和剝去頭皮。南達科他州密蘇里河沿岸的費托爾滕遺址（Fay Tolten）也遭遇類似下場，遺址中挖掘出大量陳屍於房屋地板的受害者，其中還有一名被剝去頭皮的兒童。[12]

再往西來到科羅拉多州西南部，十二世紀的培布羅聚落也發生過劫掠和暴力，也有來自生物考古學的證據指出當時正值嚴重的糧食短缺。十二世紀中葉也見證了梅薩維德地區（Mesa Verde）

繁榮的查科文化崩潰，幾處遺址留有屠殺和食人的證據，其中一處有七名男女老幼遭到殺害肢解與啃食，可能是當地部落為了保護其貧瘠的土地而痛下殺手。隨著科羅拉多高原的生態環境逐漸惡化，這片土地也淪為暴力戰場，導致當地人在十四世紀之前便已遺棄該地。[13] 考古學界已就種種案例逐漸達成共識：早在歐洲人到來之前，北美洲各地就已在氣候變遷、人口成長及糧食稀缺所致的生態壓力下發生許多大大小小的戰爭。

紐西蘭毛利人的案例，也能充分說明生態因素是如何引發戰爭。西元八百年至一千兩百年間，紐西蘭各島首次出現人跡，而毛利人會在接下來三百年左右的時間過著狩獵採集的生活。島民以十三種巨型恐鳥為生，直至牠們被獵捕殆盡。根據最早證據顯示，群體暴力衝突是因食物競爭而起。隨著巨型動物滅絕，毛利人也面臨林地大面積遭毀和人口成長的問題。生活形態被迫逐漸轉向耕作，發展出儲存食物的方法，暫時緩解眼前的生態危機，但暴力事件卻也因此頻繁發生。當地人為了保護糧食儲備，也會精心打造據點來負責守備。居民爭相搶奪土地和糧食儲備，酋邦之間為克服生態限制而戰事頻傳。自史前晚期開始，食人行為開始普遍出現，也許是為了補足現已缺乏的巨鳥糧食來源。一五四二年，荷蘭探險家塔斯曼（Abel Tasman）派遣一隊船員登陸南島，但這群運氣不好的水手很快就被殺死與分食。[14] 我們無法肯定這類食人行為是出於「補充營養」還是為了獻祭，但在玻里尼西亞等食物壓力成為生態問題的地區，食人確實很常見。庫克群島一處遺址便有史前考古證據表明，各年齡層及各性別者都曾遭吃食，這幾乎可以肯定是長期食物壓力的結果。[15]

生態危機最極端的證據，大概就是以其他人類為食，因為這表示人們棲身的土地已走到無法再提供足夠營養的地步。人類學家很少願意承認食人行為的嚴重程度，但骨骼考古學已發現大量早期案例，歷史也留有相關記載，塔斯曼麾下水手的下場就是其中之一。食人行為的本質引發許多爭論。對於特定文化而言，食人行為可能並非為了補充營養，而是某種宗教儀式或衝突後的慶典，或是為了紀念部落死者。主要區別在於所謂的「族內食人」（出於群內儀式目的而食用親族）和「族外食人」（吃掉從衝突中俘虜來的人），後者又可分為吃掉「異己」的儀式性食人與為攝取營養生存而食。無論是哪種，受害者都是來自衝突中產生的俘虜，因此族外食人的習俗與戰爭密切相關。

食人的原因究竟有多少是為生存所迫？答案仍不確定，除非在挖掘過程中發現被當牲畜屠宰的人類遺骸，有著切痕、斷骨和取出骨髓的證據。最早的案例之一來自南非的克拉西斯河（Klasies River）洞穴，該地的頭骨碎片來自大約十一萬五千年前，有著遭屠殺和焚燒的痕跡。[16]較近代的例子則是法國的弗龍布雷古瓦（Frontbrégoua）洞穴，曾出土多達十四具遭屠殺和肢解的屍體，歷史可溯及西元前四千年，遺骸遭遇與現場發現的其他動物相同。德國的黑爾克斯海姆鎮也有一處約莫來自西元前五千年的新石器時代村莊，挖掘團隊於當地發現大量被支解的人骨，有著取肉、骨髓和腦髓被取出的痕跡，顯見曾有人刻意食用。[17] 西班牙的艾爾米拉多（El Mirador）洞穴則挖掘出多名男女及一名兒童的殘骸，骨頭上出現截然不同於食肉動物的人類牙印，明顯是遭到人類食用。[18] 中世紀歐洲也有十幾部於西元七九三至一〇五二年間寫成的法國和德國編年史，記載了大饑荒下的食人事件。[19] 美國科羅拉多州的梅薩維德地區也有證據表明，屠殺受害者正是在食物供給極度緊繃的時候遭到殺害與食用——考古團隊挖掘出四十個遺址，其中三十二處留有十二世紀食人行為的證據，而這一行為至下個世紀便消失無蹤，顯示這一生存危機後來已逐漸消除。[20] 另外一個例子則發生在亞利桑那州和新墨西哥州，當地發掘的阿那沙吉文化（Anasazi）曾於西元九百至一千三百年間繁榮一時，其遺址也出土大規模的食人證據。由於現場具有同樣豐富的動物遺骸，顯示飢餓並非食人動機，反而比較像是受墨西哥傳來的儀式習俗影響。但就算本案例可能屬於儀式性質，其發生的年代卻也屬於美國西南部環境壓力加劇的食物匱乏時期，因此我們也不能排除部分食人行為是出於營養需求的可能。[21]

我們很容易就能在人類學家或民族誌學家有關現代部落的研究中，看見生態因素的影響，只不過學界對於這一生態因素是否誘發戰爭仍然未有定論，無法論斷導致戰爭的究竟是人口壓力、食物短缺或生存空間不足，還是根深柢固的文化習俗或社會政治需求。保衛自己的生態棲位確實重要，畢竟這是攸關存亡的關鍵，未必願與他人分享，而侵占或進犯其他部落的糧食產地本來就可能引發戰爭。以人口稀少但糧食供應有限的阿拉斯加西部為例，當地的愛斯基摩人和阿薩巴斯卡人（Athapaskan）便經常為保衛土地或食物來源而互相爭戰。男人武器不離身，狩獵隊和聚落總有人負責站哨，身穿象牙盔甲、攜帶弓箭和棍棒以便遠攻或近身殺敵。對入侵者施行報復是常見的動機，襲擊方也通常會屠殺整座聚落。勝利方若能將敵方人口殺個精光，就能盡情利用拿下的土地。副北極地區更東部也曾上演激烈的狩獵領土爭奪戰。從十六至十七世紀起，哈德遜灣的因紐特人便會為了尋找魚類、鳥類及海豹等海洋資源，向南遷移（侵犯）到低地克里族的領土。傳說進犯的因紐特人有一回還割掉了敵方哺乳母親的乳房，並將乳房扔進如今所稱的「乳湖」。這種行為具有減少敵方人口的象徵意義，以便因紐特人能將整個生態資源據為己有。[22]

我們也可以從這些歷史案例中，見到部落社會以戰爭作為調節人口的工具，有時為抑制敵人數量，有時則為增加因疾病或衝突而減少的人口。許多有關部落襲擊的記載都指出，襲擊方會為了壯大己方人數而特意擄掠婦女和幼童。前述遭因紐特人血洗的低地克里人後來也發動反擊，既殺害敵方所有男人與老婦，也劫持年輕婦女和兒童。十七世紀五大湖以東的易洛魁部落因歐洲傳入的疫病而人口大減，於是便向鄰近部落發動殘酷戰爭以茲彌補。易洛魁淨空地盤裡的敵人，殺光敵方男性，並藉由俘虜來的婦女和兒童恢復人力。[23] 在中南美洲的部落戰爭屠殺裡，聚落內年輕女性和兒童偶爾能倖免於難，用以補充入侵者自身的人口。考古證據表明這種做法已有悠久歷史。許多新石器時代的大屠殺遺址都留有比例異常高的男性骨骼，顯見女性是被當作人口戰利品擄走。有些案例的受害者則不分性別與年齡，可見襲擊者是為了減少爭搶資源的競爭對手，提高己方的淨生態效益。

這類「人口調節」就像保衛土地和糧食資源的行為，具有同樣明顯的生態動機。但最容易引發暴力回應的行為，還是進犯他人土地之事。以澳洲原住民為例，侵門踏戶者可能會於夜間遇襲，導致聚落全滅，單槍匹馬的入侵者則有機率於途中遇害。在巴西，當貓豬數量減少時，仰賴貓豬獲取蛋白質的門都魯古族（Mundarucú）便會發動戰爭來殲滅敵方村莊，讓己方能獨占當地貓豬。他們會拿下敵人頭顱作為戰利品，因為每顆頭顱都象徵部落能獲取更多獵物，遇襲村民能分到的份量則更少。[24]烏干達的卡里馬瓊族（Karimajong）會互助合作，與各群體分享牲畜和穀物，但要是有非屬卡里馬瓊族的人膽敢跨越部落邊界，族人就會祭出極端暴力手段對付。[25]若是各部落能就領土主權或貿易達成協議，便有望免去暴力衝突。好比阿拉斯加西部的愛斯基摩人，外人只要正式徵求許可，就有可能得到臨時通行權，甚至單次使用食物資源權。澳洲各原住民族能透過談判取得進入和定居另一處部落領土的權利，前提是要舉行「歡迎儀式」。[26]若無正式問候，入侵者便會遭暴力伺候。在眾多因保衛土地、糧食和水資源而起衝突的案例中，人們的因應手段常取決於文化傳統，社會條件也會影響其暴力程度，但根本原因都是生態棲位受到干擾。

進入信史時代後，引發戰爭的生態動機相對沒有遠古時代那般明顯，雖然這時期的氣候變遷依舊會激起歐亞大陸、美洲及地中海地區的衝突。帝國、定居型王國或酋邦興起，這類社會結構發起的戰爭，背後往往還有更複雜的歷史成因，模糊了戰爭與生態壓力的直接關聯。但也正如馬爾薩斯的理解，生態壓力確實貫穿整個歷史時代。饑荒、環境惡化及致命疾病於近代歷史記載中屢見不鮮。即便如此，全球人口在數千年來仍舊持續增長，只有偶爾會遭遇重大波折，最後在十九世紀後更出現爆炸式成長，突破馬爾薩斯的傳統預測。大型政治和社會結構陸續找出了擴大糧食生產、加強貿易或開拓殖民地的方法，例如羅馬帝國或後來歐洲各國的海外帝國——但我們尚無法將殖民征服戰爭輕易歸類為「生態戰爭」，畢竟驅使領土擴張的還有許多因素。

直到二十世紀，拉采爾的物種生態演化論開始被民族主義者拿來大做文章，作為暴力擴張領土的理由。例如希特勒對未來德國的想像，就直接源自於一九二〇年代在德國地理學和生物學界十分盛行的「生存空間」概念。希特勒曾在一九二八年寫下《第二本書》（當時並未出版），從生態角度清楚論述人口、領土和戰爭的關係：

> 民族的生存鬥爭，主要取決於以下事實：無論該民族的文化水準如何，奮力爭取日常所需的

麵包等基本必需品都是重中之重……可是，民族存續所需的麵包，卻又取決於能用於生產糧食的生存空間……民族存亡的最大關鍵，就在於處理好人口與土地面積的關係……如今若要為民族續命，就得矯正人口與土地面積之間的失衡。最順應自然的方法就是隨著時間調整領土，以因應人口增長。戰爭便成為調整領土的必然行為……戰爭雖然慘痛，但最終會帶來自由的麵包。[27]

希特勒的結論是，人會為了吃飽而去尋找更多土地，這種行為符合「自然法則」，正是這一自然法則促使幾千年來的人類開疆拓土。

這一分析正是受到拉采爾啟發。一九二三年十一月希特勒政變失敗入獄，此後德國地理學家豪斯霍弗（Karl Haushofer）便於一九二四年定期至蘭茨貝格監獄探望希特勒，希特勒便是因此接觸到拉采爾的著作。[28]等到希特勒在德國建立獨裁統治後，再度重拾這一概念，一心想保障德國人民的生存空間。他在一九三三年二月告訴軍事領袖，他的終極目標便是占領更多領土。一九三七年十一月，他理出征服計畫，欲吞併奧地利和捷克斯洛伐克，將兩國納為德國的生存空間。他又在一九三九年五月告知軍方各將領，入侵波蘭的計畫同樣意在擴大德國的生存空間。德國保障生存空間的最後階段，就是後來於一九四一年六月入侵蘇聯——整片歐陸都將為德國提供豐富的食物和沃土。納粹德國拓展領土和糧食供應的行為背後有著生物學動機，當時流行的口號

「血與土」恰好能掌握其精髓。因為這樣一來，德國人口便有空間能夠大幅增長，就像拉采爾筆下尋覓空間的動植物。納粹親衛隊頭目希姆萊（Heinrich Himmler）便與希特勒抱有相同的生態願景，他在一九三九年獲任為德意志民族保護帝國專員，期盼德意志物種能排擠掉歐亞大陸上的其他物種而繁衍生存。希姆萊想像幾百年後，這片新領土將能養育六億德意志人口，屆時居住在大陸上的猶太人和斯拉夫人早就已遭滅絕。這是一種怪誕的生態幻想，但希姆萊想要改變德國人民物質生活環境的想法，顯然就是用一種異常扭曲的方式在模仿與解釋自然生態的規律。[29]

除了納粹德國，日本與義大利也曾在一九三〇至一九四〇年代合理化自己發動戰爭的行為。他們宣稱戰爭是為了造福缺乏足夠土地和糧食的人民，旨在保障他們的未來。一九三〇年代，墨索里尼的帝國主義政策旨在為人口過剩的義大利提供更多農業用地。義大利後來之所以征服北非的利比亞和東非的衣索比亞，就是為了供應土地給至少六百萬義大利農民。一九三九年四月，義大利吞併阿爾巴尼亞，再為另外兩百萬義大利人提供空間。[30]這是屬於義大利人的生存空間，他們的基因庫由嚴格的種族隔離政策守護。至於對二十世紀初人口已非常稠密且臨農業危機的日本來說，生存空間的吸引力似乎不言而喻。一九三一年九月，日本關東軍占領滿洲，而這只是日本領土擴張計畫的開頭。日本希望移入五百萬農民到滿州，擴大日本種族的發展空間，犧牲原本居住於這片土地上的人民。[31]就德、義、日這三國的案例而言，獲取領土終究關乎生態野心，都是為了提供足夠「土地承載力」給領土太小且因糧食供應而憂心的人民。

這三個國家最後都在第二次世界大戰中一敗塗地。一九四五年後，已開發國家便開始認識到，人口增長和糧食供應的壓力其實能經由貿易和農業改良來予以緩解，無須訴諸戰爭（其實早在馬爾薩斯著書立說的年代便已經有人在嘗試這類解方）。這也是為什麼自一九四五年以來，環境壓力和戰爭衝突之間的連結主要出現在未開發國家：森林砍伐、水資源短缺、魚類資源減少或過度使用可耕地皆導致環境惡化，創造了爆發衝突的條件（尤其是在地方層面）。新馬爾薩斯主義者認為，人口快速增長代表著饑荒或流行疫病出現的可能性增加，而世界上承受資源壓力的地區也會更容易發生衝突（馬爾薩斯的理論原本就認為人口不應該成長如此之快）。水資源爭奪戰就是其中一例。由世界銀行資助的水資源集團於二〇〇九年首次預測未來全球淡水供應的趨勢，指出二〇三〇年的淡水需求預計將較今日成長六成四。[32] 部分地區將會為了取得河流資源而可能發生衝突，例如烏茲別克和吉爾吉斯兩國便因錫爾河而劍拔弩張，一國需灌溉用水，另一國則需水力來發電。[33] 但整體來看，全球共有三百一十條跨國河流，位於流域裡的一百五十國目前大多仍願意合作管理水資源，水資源較少成為爭端衝突的直接因素。[34] 非洲及中東的畜牧區和農耕區也曾起衝突，因為當地對地下水的需求量大，替代水源稀缺且難以取得，好在當地社群或政府目前仍能採取有助於緩解緊張局勢的措施。[35]

從水資源的例子可見，我們在評估環境危機是否會導致更多暴力衝突時，其實仍舊存在很大的模糊空間。瑞士蘇黎世的「環境與衝突計畫」曾在一九九〇年代中期指出，環境惡化、生態壓力及潛在衝突之間存有直接關聯，尤其是在資源匱乏或供給不穩的經濟邊緣地帶。根據這項計畫的說法，資源稀缺（無論源自於需求過剩、供給有限或取得管道的不平等）會讓內戰爆發的可能性增加兩成，讓武裝衝突的可能性增加四成五。即便有大量證據表明，暴力事件經常出現在比較為無力應對環境變遷的國家，但此類統計資料目前仍難以透過歷史來驗證。如今也開始有人質疑新馬爾薩斯主義對戰爭衝突的生態解釋，他們認為資源稀缺、人口增長和戰爭暴力之間幾乎沒有直接連結——此一結論挑戰了馬爾薩斯於兩世紀前提出的核心理論。[36]但我認為這種看法太過於樂觀，就算目前尚未發生爭奪水資源的戰爭，或是更多宛如上世紀般爭奪更多生存空間的暴力衝突，但畢竟非洲之角的動盪、印度西孟加拉邦及孟加拉國的社群暴力等案例，顯然都還是與環境危機有關。

氣候變遷究竟會造成什麼影響，始終是有關環境危機與暴力衝突的爭論核心。無論是長期變遷或是短期衝擊，氣候變化都持續在人類存在的數百萬年來造成各種生態危機：氣溫長期下降若

結合嚴重乾旱，便會破壞糧食供應，減少林地及熱帶森林的面積，擴大草原並改變當地動物群的分布情形。季風週期的改變可能會引發致命洪水，破壞河流環境。冰川和兩極融冰可能使海平面大幅上升，淹沒沿海低地或覆蓋農人和採獵者棲身的地峽。若是冰河時期，北半球的人類只得適應截然不同的環境，於苔原中求生存。自約莫三百萬年前開始，大約每十萬年就會出現一次冰期和間冰期循環，對人類等諸多物種來說都是一大挑戰，若不適應變化，就只有滅亡一途。同一週期內偶有嚴重的天氣波動，也會造成氣候衝擊。人口與棲地面積時不時便會因氣候變化而縮減。到了大約四萬年前，智人被迫應對又一次漫長的寒冷期，熬過約發生於兩萬年前的末次冰盛期。至一萬年前時，人類已遍布全球各大洲，只是人口稀少，估計約為四百六十萬。[37]

上一次非常寒冷乾燥的時期即是所謂的「新仙女木期」（Younger Dryas），導致人類數量下降，可採集食物的區域減少。等到這段冰期過去，接下來將近一萬一千六百年前間，氣候又重新變得濕潤且溫暖。此後氣候大致上相對穩定，直至最近人為氣候變遷開始出現之前，只有偶爾會出現短期降溫乾旱或過度降水的衝擊，或是可能使全球長年保持低溫的重大火山活動災變。如今隨著古氣候學的進步，我們已能更深入瞭解過去的氣候條件。我們得感謝英國氣候科學家蘭姆（Hubert Lamb），是他於一九七二年在東安格利亞大學率先成立氣候研究所，致力研究氣候與歷史的關聯。[38]但早期人類社群到底是如何在演化上應對氣候變遷呢？答案仍眾說紛紜。不斷變動的環境帶來種種挑戰，是否會促成各社群或不同人種之間的生存衝突？我們大多仍只能推測，考慮到四萬至四萬五千年前的歐洲環境條件，這樣的生存衝突其實是有可能發生的。當時漸冷的氣候使得動物群不斷減少，加劇智人和尼安德塔人的資源競爭——學者如今推測尼安德塔人正是在此一時期滅絕。若要更明確證實氣候變遷與暴力衝突之間的關聯，我們只能先把焦點放在最近幾千年的歷史上，因為這段時期兼具考古與歷史證據，能夠與氣候變遷一併研究。

本書前面曾經提過，歐亞草原游牧民族與特里波里文化之間在西元前四千年間左右發生衝突，那時恰逢所謂的「皮奧拉震盪」（Piora Oscillation）——此一氣候劇變導致氣溫下降與日照減少，引發洪水肆虐河川平原。西元前三九六〇至三八二一年間也出現過漫長的嚴寒氣候。考古證據表明，當時各地聚落持續加強防禦，也發明了更多新型兵器，同時之間更有許多遺址遭到焚毀或廢棄。對於仰賴牧草作為牲畜飼料的游牧民來說，氣候很可能是他們猛烈西進的原因。在更東方的烏拉爾草原，氣候變化也影響到當地人群，乾旱寒冷的天氣導致森林和沼澤減少與草原增加。牧民需要從沼澤地尋覓冬季飼料，但隨著沼澤面積縮水，他們也得捍衛沼澤出入口的通行權。大約四千年前開始，托波爾河和烏拉爾河流域的辛塔什塔文化（Sintashta）便築起了密集的高牆和塔樓，聚落也開發出新武器（包括第一批馬戰車），而從成年男性的大量陪葬武器也可見戰士階層正在興起。[39] 有了戰爭漸酣的證據，我們便能從考古學角度梳理出氣候變遷的影響，判斷當時人類是否採取戰爭作為生存手段。

我們也能從過去兩千年間東亞、中亞游牧部落與漢人之間的衝突，找到氣候變遷可能助長戰爭的證據。如今研究已能確定主要的氣溫變化時期，顯示出有哪些長時間跨度內的氣候明顯更為乾冷。氣溫變化將會影響仰賴進口糧食及肥沃牧場的游牧部落，因為他們的生態棲位相對脆弱，容易受到突發氣候變化的衝擊。[40] 惡劣氣候致使畜群數量減少，有時還會導致嚴重乾旱和饑荒。回顧歷史，就會發現蒙古和滿人入侵中國的時間點正值氣候危機。當時土地日益乾旱、承載力下降，於是北方民族為求生存，便只能洗劫南方或往南遷移。氣候寒化也加劇中國境內的衝突，因為一年兩熟的稻米已無法再養活大量人口。結果就是人民為應對饑荒而發起抗稅運動或地方叛亂，其中一例就是一八五〇年代的太平天國戰爭，導致中國人口從一八五〇年的四億四千萬降至十五年後的三億六千萬人。[41] 回顧中國一千年來的歷史進程可見，長達四百五十三年的寒冷期總共引發六百零三次大小戰爭，而四百五十九年的溫暖期則只引發兩百九十六次戰爭。也有學者主張宋、明、清三大朝代的滅亡與氣候變遷造成的戰爭有關，饑荒及低溫也許促使滿人於一六四四年攻占北京，建立自己的王朝。[42]

促成北美西部戰爭的環境惡化也與氣候危機有關。從西元八百年至一三五〇年間，中世紀氣候異常導致乾旱及週期性缺水，令該地經歷長期的大面積乾旱。而當地的採獵與農業經濟都對氣候轉變非常敏感——隨著生存越來越困難，人們也開始放棄聚落向外遷移，衝突亦隨之增加，人口出現負成長趨勢。有樹木年輪的證據表明，西元一〇二〇至一〇七〇年、一一九七至一二一七年，還有一二四九至一三六五年間都曾出現嚴重乾旱，高溫和森林火災頻繁的證據也證實當時氣候曾有過劇變。資源競爭加劇（尤其是水資源）使得戰爭風險升高，這些都顯見於越來越多修建防禦的聚落出現，更常見到骨骼創傷，以及弓箭技術的傳播。由於氣候破壞了既有生存方式並導致人口數量減少，科羅拉多高原連同其他西南地區也一起被遺棄。考古證據表明，加州中部及南部出現乾旱時也有聚落被廢棄，更多武器出現，而地區之間的貿易交流也隨之減少。[43]

氣候變遷的影響確實存在於前述案例，但我們也得一併考量其他導致戰爭的因素。光靠環境惡化這一因素，是否就能驅使游牧民在五千年內從中亞往西推進，或是加劇東亞游牧民與中國定居文明之間長達兩千年的衝突？答案尚未有定論。我們也能在其他地區看到戰事升溫與氣候轉冷時常發生在同一時間，例如歐洲在中世紀晚期曾經歷所謂的「小冰期」，但其因果關係並不容易辨明，部分原因在於氣候變遷往往持續數百年，而非突發劇變，因此難以被視為特定衝突的起因。針對過去一千年間歐洲戰爭與氣候的研究發現，正如中國的案例，較寒冷的時期與衝突之間確實存在相關性，但相關並不等於因果，因果關係仍舊缺乏決定性證據。隨著歐洲國家在十九世紀走向現代化，這種相關性也越來越薄弱。可以確定的是，古典馬爾薩斯的制約因素曾於十四世紀發揮作用，小冰期之初與氣溫驟降並行的饑荒、瘟疫和戰爭就是證據。十七世紀中葉氣候危機也有類似情形，當時三大人口制約因素再度因氣候惡化而波及各地。[44]然而，歷史學家仍比較少用氣候變遷來解釋戰爭，擔心這類解釋過於武斷。英國氣候科學先驅蘭姆在研究氣候和歷史的報告中曾歸納氣候變遷的影響，而他也沒有將戰爭列為「最重要的影響」。[45]

氣候變遷與暴力衝突之間的關聯依舊複雜難解，使我們在分析當今全球氣候現況時也面臨類似難題。今人普遍假定，氣候暖化所引發的環境危機終將導致軍事衝突，國與國或次國家行為者之間都有可能為此劍拔弩張。但氣候變遷（而非社會或政治制度因素）導致暴力衝突的主張，依舊存在有極大的詮釋空間。也有學者主張，我們在解釋生態壓力時，不應將長期氣候變遷和短期天氣變異混為一談。[46]

早在一九七〇年代，便開始有人探索氣候變遷與戰爭衝突的確切關聯，進而主張環境危害未來將釀成安全問題。但直至二十一世紀，聯合國安理會等官方機構才真正開始關注此議題。聯合國如今會定期探討氣候變遷與安全問題，過去二十年來多次召開會議，德國代表就曾在第三次討論會上主張氣候問題「是和平與安全的重大威脅」。二〇二一年九月的會議辯論中，聯合國祕書長古特瑞斯（António Guterres）進一步指出氣候變遷與衝突之間的關聯「確實為全人類的重大危機」。[47]成立於一九八八年的聯合國跨國政府氣候變遷問題小組，迄今已六次就當今重大問題發布報告，並於二〇一四年的第五次氣候評估報告中直接回應氣候變遷是否已正在加劇暴力衝突，不過結論多為否定。[48]反觀國際科學界成立於一九八七年的國際地圈與生物圈研究計畫，早在創建之初便曾指出「大多數衝突都與氣候有關」。到了二〇〇六年，該計畫發表有關氣候和歷史的研究成果，結論寫道：人類生態系要是失衡，「下場就是環境崩潰」，就像歷史上諸多文明一樣。[49]

相較於官方組織的悲觀態度，科學界則依舊處在爭論之中。學界很早就對氣候與戰爭這兩者的關聯感興趣，並多少促進了官方承認。如今這一議題更已成為人文社科領域的主要研究方向之一。只不過如今的研究重點並不是放在國與國之間因氣候而起的暴力衝突，因為這點幾乎還沒有證據可以證明——因此研究焦點反而放在局部衝突，尤其是短期天氣變異或長期氣候變遷可能加劇或引發經濟發展問題與資源壓力之處。大多數研究的證據都取自非洲，特別是生態系統相對脆弱的東非（當地更容易受不規則降雨及日益嚴重的乾旱影響）、南亞（變化無常的降雨時常誘發族群間的暴力），或是菲律賓與南太平洋諸島（當地社會高度依賴邊際農業，所以更常受到天氣變化的衝擊）。常見的研究案例多半缺乏應對氣候危機所需的政府體制、財政支援或社會能力——換句話說，弱國首當其衝。

然而，氣候是否真的會引發暴力衝突？學界意見依舊嚴重分歧。為了呈現雙方看法的分布情形，二〇一六年有份調查統計了各項有關氣候變遷和暴力衝突的學術文章，發現有高達六成二的研究主張兩者存在關聯，其餘三成七則認為社會和政治制度的變數比氣候因素影響更大。[50]非洲是引起最多爭論與研究的地區，肯亞、衣索比亞、索馬利亞和蘇丹的邊境都有例可循，而學界討論多半集中於部落間暴力的牲畜掠奪事件。這類掠奪有時能夠引發可觀的暴力規模：從一九七八至二〇〇九年間記錄到的一百零九起衝突中，死亡人數共計為一千三百〇七名，另約有兩萬頭牛被盜。在肯亞的圖爾卡納（Turkana）和馬薩比特（Marsabit）兩地，攻擊最常見於持續乾旱期或比正常乾旱的月份，襲擊者會為此尋找牧場和水源，或奪取更多牲畜來彌補自身損失。博拉納人（Borana）會於天氣潮濕時出手，但他們卻是唯一以農業而非游牧經濟為生的群體，而且他們發動襲擊的主因似乎與戰士的成年儀式有關，屬於文化選擇而無關生態動機。東非的案例較為突出，就算無法解釋人們為何直接訴諸暴力，但氣候變遷肯定是當地採取暴力手段的原因之一。[51]南北蘇丹的長期內戰正是這一情形：氣溫升高，乾旱頻繁，讓當地牧民更加激烈爭搶水資源，衝突也隨之升溫。當地統計資料指出，多達四分之一的暴力事件是受天氣變異影響，顯示環境危機也起到一定作用。然而，我們能夠把這場持續超過二十年、估計已有一百九十萬人喪生的內戰，全然歸咎給氣候因素嗎？[52]

就算是非洲的案例，結論仍非無可爭議。目前的主流觀點認為，氣溫升高、乾旱及沙漠化是襲擊行動的主要驅力（至少會助長既有的衝突），但仍有些研究指出，襲擊行動或許跟異常潮濕的天候關係更為密切。[53]各部落對於氣候變遷的反應也具有很大的落差，畢竟不同部落有著各自不同的文化習俗及社會規範。曾有學者研究菲律賓當前的四場叛亂後，發現了類似的模糊空間。這些叛亂分別由不同組織領導，有共產黨的新人民軍、兩場伊斯蘭運動，以及集中於菲律賓群島南部的莫洛民族解放陣線。暴力衝突通常發生在異常降水、颱風或乾旱年份之後，因為這類氣象波動都會擾動農業及減少糧食生產。在降雨破壞力較大的年份，叛亂組織更有機會招募新血，但這種天氣有時反而會因威脅生計而降低人們的冒險意願。考慮到共產黨與伊斯蘭組織更看重意識形態，氣候可能並非其發動叛亂的主要動機。反觀菲律賓鎮暴部隊的招募和作戰意願，反而是更可靠的變數，因為志願者更有可能在降水異常衝擊過後挺身而出。但無論如何，降雨過多確實都會誘發更多暴力事件與造成戰鬥死傷。或許我們能夠主張，至少在菲律賓的案例中，降雨才是引發衝突的誘因，而非乾旱。[54]

可以肯定的是，無論我們是否相信氣候變遷與歷史上的暴力之間存在直接關聯，如今已有越來越多研究指出，只要地球未來持續暖化及乾燥化，屆時兩者的關聯只會更加明顯。曾有學者在二〇一五年指出，根據過去六十年來的衝突分析與研究，可以推測地球溫度每上升攝氏一度，群際衝突就會增加百分之十一點五——如果此說可信，那麼根據預期的升溫幅度推算，到了二〇三〇年，非洲爆發武裝衝突的可能性會增加五成四，死亡人數更將增加三十九萬三千人。[55]除了氣溫，降雨量也是當今最多學者認同的衝突變數：極端降雨會干擾農作物生長，造成嚴重洪災及傳播疾病，降雨過少導致的乾旱則會摧毀農作物和生計，還會引發爭搶水資源的衝突，尤其是對游牧社會及自給自足的農民而言。學者研究非洲四十七國從一九九一至二〇〇七年的情形，發現在降雨極高或極低的年份，地方社群彼此衝突及抗議者與政府之間的衝突都有所增加。[56]當然，衝突是否會爆發同時也跟一國的經濟發展與政治制度是否健全有關。若能善用科技、加強科研、創新投資及政府的基礎建設，也有機會緩和氣候變遷的衝擊，降低衝突發生的機率。但這其實也是在間接表示，氣候變遷或天氣衝擊對二十一世紀不同地區的影響，可能會比對古代社會的影響還要更為不平等。

我們可能會理所當然地認為，糧食短缺、人口壓力、環境惡化及氣候變遷都明顯是暴力衝突的潛在誘因，但「人類為何戰爭」這一大哉問的生態學解釋，依舊存在複雜的模糊地帶。人類漫長歷史留下的直接證據並不多，即使糧食供應、保衛領土或環境因素導致的遷徙肯定曾經引爆衝突與戰爭，過去一萬年留下的考古和氣候證據至少能證明這點，但這類證據依舊不夠全面。從約莫十二萬年前的倒數第二次冰盛期至一萬年前的全新世之初，氣候變遷的速度都非常緩慢，讓人

類有數千年時間來適應變動的環境。比較能令人信服的主張，我認為是當環境壓力引發人類群體之間的摩擦時，人們便會為了保護生態棲位而爆發衝突。這也是為什麼親族及部落等小型社會單位比較容易受到環境壓力的影響，進而引發戰爭，因為他們的生存門檻比後來的定居型社會更加脆弱。這種情況即便到今天亦然：在尚未形成國家的案例裡，無論是紐西蘭及相距遙遠的阿拉斯加，其部落社會都時常為了爭奪特定生態棲位而暴力相向，發動凶殘的領土和糧食保衛戰更是家常便飯。因為對這些部落而言，生態資源衝突就可能是部落民存亡的關鍵。到了二十世紀，為了「生存空間」發動的大戰也告訴我們，即使到了現代，生態限制依舊能被當作暴力擴張的藉口。

但在藉口之外，氣候變遷與暴力衝突的關聯仍不夠明確。近期已有證據顯示，突發性的氣候衝擊（如數年乾旱、火山爆發導致寒夏，或者持續豪雨）似乎更有可能引發軍事衝突。在資源快速枯竭或遭破壞時，人們為了確保生存空間便只能掠奪或侵占其他社群的領土。歷史上因氣候變遷而起的饑荒經常引發民間武裝叛亂，或者是中國與游牧部落長達數世紀的衝突，乾旱頻繁加上沙漠不斷擴張，都曾促使游牧民動用暴力來尋覓更多糧食或牧場。但即便有生態壓力，各方也仍有機會達成和解，未必總是訴諸戰爭。若條件允許，中國王朝也會以食糧或貴重物品來與游牧民換取和平，或是准許游牧部落遷入漢人領土定居，從而緩解氣候波動的衝擊。[57]

我們充其量只能說，生態環境造就了各式各樣可能引發暴力的情境，少數狀況下會成為衝突的直接原因，但通常是間接影響。人類畢竟不同於拉采爾筆下的動植物，無論是追求生存空間，還是劫掠糧食與女性，全都屬於有意識的決策，而不單純是自動自發的自然反應。人們能感受到生態壓力，有時還會在看似必要的情況下決定回應以暴力。一如過去，當今的氣候變化正在帶來嚴峻的生態考驗，但相較於過去，國際之間已有更多合作可能來應對氣候衝擊，進而降低「氣候戰爭」的可能性。然而，這主要仍是指已開發的先進國家而言。世界上最受氣候衝擊也最無力減輕影響的地區，至今還未能從中受惠。

第二部

第五章　資源

凡不為我所有，但為我所求者，我必征服之。

——希特勒，一九四一年六月[1]

一九四一年六月二十二日，德國入侵蘇聯。當代罕有戰爭是如此明目張膽地以奪取資源（土地、礦產、石油等）為目的。希特勒曾在一九四一年一月九日與高階將官召開會議，並於會上與高采烈提醒眾人，若能征服蘇聯大地，德國就能得到「取之不盡的財富」。[2]這番話體現出希特勒至少自一九二〇年代末就一直抱持的觀點。他曾於《第二本書》闡述生存空間在生態上的必要地位，並下此結論：「這個空間只位於東方。」[3]他計畫於俄羅斯建立的帝國，是意在剝削的帝國，而這座帝國將以斯拉夫人為奴。德國的統治者會將源源不絕的資源送給德國人民——這是帝國子民應得的待遇。

藉暴力衝突來獲取資源的歷史由來已久。正如希特勒所說，人類悠久戰爭史的一大主因，就是藉征服來獲取所需（其實是覬覦）之物的野心。一九九〇年代，文化人類學家卡蘿（Carol Ember）及恩伯（Melvin Ember）以一百八十六個社會為對象進行了一項跨文化調查，發現多數衝突都是肇因於對資源稀缺的恐懼。在未形成國家的部落社會中，八成五的勝利方得以取用資源，七成七的勝利方則占得土地。[4]我們能拿民族誌證據來類比歷史時期已知的戰爭，並進一步推知史前時期的衝突（雖然那時證據難尋，但並非完全沒有）。對於愛因斯坦所提出的大哉問，這種物質（或經濟）理由向來是人們最常見的回應方式。

這邊所說的「經濟因素導致戰爭」的主張（簡單來說就是奪取資源），並不同於前一章「資源壓力」的生態學解釋。生態衝突涉及特定環境中維繫生存所需的自然資源，其爆發的時機多半為以下兩種：一、某種攸關命脈的稀有資源遭他人掌控，因而無法輕易取得。二、原本豐富的資源因過度捕獵或氣候變遷而減少，或必要資源因人口激增而耗竭，於是得往他處尋找這些資源。然而，在資源壓力較不明顯的情況下，像希特勒入侵俄羅斯這類爭搶資源的戰爭，則是專門為了壯大帝國、民族或部落的權力，並以犧牲他人為代價。本章聚焦於戰爭背後物欲野心的掠奪本性，而非生態危機的壓力，因此我們討論的內容將集中於近來一萬年的歷史，以及這段時間被視為掠奪目標的原物料、財寶、奴隸或貢品等資源。無論是劫掠、掌控經濟或搾取利益，為了資源而訴諸戰爭的行為解釋起來其實相對單純。從採獵者之間的小型打鬥、部落出征到現代的大型戰事，物質動機似乎都有明確且合理的跡象可循。

物質動機主宰了希特勒一九四一至一九四二年的對俄戰略，令他不顧手下將領的建言。後者本想於一九四一年秋季進攻莫斯科，消滅殘餘紅軍，但希特勒卻堅持要先南下占領頓巴斯地區豐富的煤礦與鐵礦區。一九四二年夏季，希特勒的軍事將帥希望能重新打擊俄羅斯中部的蘇聯紅軍，可是希特勒仍想繼續往南推進，徹底收拾頓巴斯，拿下俄屬高加索地區豐富的石油儲量。在這樁歷史案例中，推動戰略者是欲奪取資源的野心，只是德國終究並未拿下石油，還於一年後丟了大半頓巴斯地區。德國為本土人口奪取糧食的野心最終以失敗告終，因為龐大武裝部隊為進攻東方消耗了大部分可用資源。雖然德國入侵蘇聯是一場以掠奪為目標的「資源戰爭」，但從許多層面來看這項目標卻是越離越遠。

希特勒對資源的執著讓德國指揮官感到挫敗，另一邊的共產敵人則清楚明白這是一場以資源為動機的戰爭。正統列寧理論認為，資本主義終究不得不發動戰爭，因為這套經濟制度本身存有無法調和的內部矛盾。史達林將一九三〇年代的經濟和政治危機解讀為「資本主義的普遍危機」，並推斷「局勢正導向新的帝國主義戰爭」，這恰好符合列寧在《帝國主義是資本主義的最高階段》（*Imperialism: The Highest Stage of Capitalism*，第一次世界大戰期間出版）中表達的觀點。列寧認為，資本主義與帝國主義便能夠解釋現代衝突的起源。[5] 馬列主義主張，現代戰爭要歸結於資本主義的物質動機，這種經濟制度會尋求可剝削資源、可支配市場、可獲取的資本利益，以及可征服的領土。至二十世紀中期，這套論點已成為全球政治左派的正統理論，此後也是主要的解釋框架。當時的主張是，唯有當無產階級或其政治先鋒以社會主義國家取代資產階級國家、資源得以共享而非僅由富人累積時，和平才有可能實現。

馬克思主義對戰爭起源的解釋與馬克思本人並沒有太多直接關聯。馬克思與他的同代人達爾文一樣，對戰爭本身不感興趣。他關注的重點是歷史唯物主義，也就是解釋人類歷史上不同經濟時代（首先是古典奴隸經濟，接著是封建主義，最後是資產階級資本主義）各種階級鬥爭形式的發展過程。一八六六年，馬克思致信協作夥伴恩格斯（Friedrich Engels）：「我們的理論認為，**勞動的組織方式是由生產工具決定**，有什麼比戰爭這種人類屠宰業更能精彩證實這點？」[6]結果是自從列寧開始，馬克思主義者普遍視經濟掠奪為戰爭的唯一原因。一九一九年，新成立的共產國際向歐洲工人階級發出第一次呼籲：「記住帝國主義戰爭。」一九三五年八月，共產國際召開第七屆世界代表大會。義大利共產黨人陶里亞蒂（Palmiro Togliatti）發表長篇演講，滔滔分析共產主義對戰爭起因的解釋：資本集中於大型財團手中，為征服市場和資源的帝國鬥爭也越演激烈。陶里亞蒂繼續指出，資本主義陣營彼此競爭造成了危機，而這樣的危機又促使資產階級中最反動的勢力認定戰爭是非常時期克服危機的「最佳手段」，有時更是「唯一手段」。[7]大多數馬克思主義者都推斷戰爭是不可避免的結果。在佛洛伊德與愛因斯坦通信的兩年後，另一本同樣名為《人類為何戰爭？》的著作問世，作者為英國社會主義人士威爾金森（Ellen Wilkinson）和孔滋（Edward Conze）。兩人試圖回答愛因斯坦的疑問，他們認為：「當資本主義結合帝國主義時必然會引發戰爭，正如氧氣和氫氣混合燃燒時必然會產生水。」在共產主義者眼中，希特勒侵略波蘭及後來侵略蘇聯會引發戰爭並不令人意外。威爾金森寫道，人們唯一該做的，就是瞭解「深層潛在的經濟因素……無論侵略者當下的藉口是什麼。」[8]

根據馬克思的理論，從古至今的戰爭都能用歷史唯物主義來解釋，因為歷史上的戰爭始終取決於「階級利益的性質與各階級的關係」。[9]馬克思主義的分析方法向來被用於解釋古代戰爭：古典經濟係由好剝削的地主和城市菁英把持，而他們之所以發動戰爭，正是為了取得奴隸來服務古典經濟。馬克思主義者也敘述阿茲特克人抓戰俘來進行大規模獻祭，以此展示統治階級權力。[10]馬克思主義還可用來解釋封建階級為什麼會為了奪取土地及耕種土地必須的農奴而衝突頻頻。之後凌駕封建時代的早期資本主義再度使用暴力來掌控海外資源，與對手抗衡，並鎮壓世界各地的原住民抵抗勢力，以搶取土地來供歐洲富商階級剝削。馬克思主義對內戰起因也自有一套解釋：各經濟階級之間發生利益衝突，就如同美國內戰中的資本家對彼此懷有敵意，後來俄國革命後的無產階級和資產階級內戰也是一樣。

然而，正是後來十九世紀末興起的壟斷資本主義時代，為馬列主義的戰爭觀奠定了基礎，讓他們推導出特定戰爭的起因——他們認定第一次世界大戰就是富人貪婪引爆衝突的經典案例。「自始至終，這都是一場**帝國主義戰爭**，」支持共產主義的英國歷史學家托爾（Dona Torr）於一九四二年寫道：「因為每一方主導及指揮戰爭的勢力，都是其國內的資本階級，他們只在乎掠奪和殖民壓迫。」[11]一九三九年的第二次世界大戰再度被馬克思主義定義為兩個敵對「帝國主義集團」之間的角力。直至希特勒入侵蘇聯，第二次世界大戰才成為「混合型衝突」——半是帝國主義戰爭，半是社會主義解放戰爭。一九四五年之後，官方的馬列主義路線繼續堅稱資本主義危機遍布世界，宣稱這種「腐朽垂死」的制度正在朝鮮和越南發動攻勢，由壟斷資本最極端的帝國主義派系推動，其軍國主義野心「不斷壯大」。[12]危機越明顯，資本家（尤其美國資本家）就越是向各國政府施壓，要求政府投入大量軍事預算，並推行強勢的外交政策。畢克勒（Shimshon Bichler）和尼任（Jonathan Nitzan）兩位新馬克思主義經濟學家認為，波斯灣戰爭便是肇因於「強勢資本」、「武器美元與石油美元聯盟」（指最大型軍火商及石油企業的聯合勢力）向白宮施壓，逼迫政府接受戰爭，這樣一來公司利潤就會隨著戰事爆發而增加，結果也確實如此。[13]現代的馬克思主義者認為，這種經濟制度注定失敗，因為其內在矛盾已再度引爆戰爭，未來也將繼續引爆戰爭。「資本主義不是為戰而戰，」工人國際委員會的組織者於二〇〇六年寫道：「而是為了征服市場與增加收入而戰。」[14]

共產主義者認為，特定經濟制度中的矛盾會推動各種經濟勢力，進而驅動戰爭，但這種解釋並不排除被壓迫者發動「正義戰爭」的可能。所謂「正義戰爭」，目的是為了擺脫經濟壓迫、奪取壓迫者的資源。我們可以將這類戰爭解讀為當前經濟階段受害者對現有階級關係的反抗，例如角鬥士斯巴達克斯曾於西元前七十三至七十一年帶領羅馬奴隸起義（馬克思主義者便經常援引此事作為早期階級鬥爭的範例）。史達林在詮釋列寧主義時也曾將戰爭區分為正義及非正義：後者意在鞏固剝削的經濟制度，前者則以解放為目標。無論是何種，衝突起源都能以階級關係及階級利益來解釋。根據蘇聯的理論，冷戰就是共產社會制度與衰敗的帝國資本主義制度之間的衝突。若熱戰真的爆發，那就會是一場釋放人類進步力量的戰爭，是國際規模的階級戰爭。一旦爆發核戰，世界各地進步勢力的任務，就是「摧毀沒有戰爭就無法存在的整套資本主義制度。」[15] 儘管在西方人眼中，冷戰是一場意識形態的戰爭，但共產主義者始終認為意識形態只是次要原因，是「經濟矛盾的衍生」。

馬克思主義視戰爭為當前經濟及社會現實的表現，這種解釋在一九九〇至一九九一年蘇聯瓦解後便幾乎消失匿跡。始終都有人認為，共產主義（或更準確來說是蘇聯）對戰爭與帝國資本主義關聯的意識形態解釋存在理論上的缺陷，過於教條和片面，難以服眾。更不用說堅稱所有戰爭都是「經濟」根源，在實證上也是有問題的。就算資本主義有種種問題，也不會導致令自身因戰爭而瓦解的全面危機，即便是一九三九至一九四五年的第二次世界大戰也無法抹滅資本主義制度的存在。表面上來看，「不同經濟制度裡的主導階級會藉戰爭來奪取更多資源」這套說法有理有據，但其暗含的經濟決定論卻未能考量人類的自主動機，也很難用具體史實來驗證，只能以太過籠統而無用的教條來陳述。若要解釋國家誕生前的戰爭，馬克思主義的說法也無法令人信服，畢竟當時爭搶資源者很可能是較為平等的社群，並未明確區分社會階級。

但馬克思主義解釋最大的問題，還是對「壟斷資本主義」時代戰爭起源的理解。就算資本主義國家真的有專門從事軍火生產及研究的強大工業與金融集團，卻很難找到證據來將特定戰爭歸因於這類企業操縱。一九一四年將歐洲推入戰爭的並非軍火大亨，希特勒後來入侵蘇聯時也是懷抱著激進民族主義動機而非資本主義野心——德國的主要商業領袖或許盼著能因打勝仗而獲利，卻從未逼迫希特勒出手。「武器美元與石油美元聯盟」密謀挑起第二次波斯灣戰爭的說法只是推斷，無從證實。軍火製造確實使戰爭成為可能，從燧石箭頭到機關槍的產出都是如此。可是綜觀人類悠久的歷史，何時及為何使用武器的決定權終究掌握在國家與非國家行為者手中。馬克思主義者認為，資本家之所以還沒有推動核戰，只是因為他們知道這會毀滅市場與消費者，但這種說法難以令人信服，畢竟人們想避免核戰的原因根本顯而易見，跟資本主義或資本家未必有關係。

當然不是只有馬克思主義者從物質角度解讀戰爭，藉戰爭奪取或開發資源的掠奪欲念背後可能存在有經濟動機並非什麼新觀點。在絕大多數衝突中，資源終究會由戰勝方占有，即便占有資源本來並非直接或主要動機，而是勝利的結果之一。在全新世以前，人類爭搶的資源幾乎都是生態上所需的自然資源，無論是出於人口增長、生存必需品遭到氣候衝擊，或是取水管道受乾旱影響。在定居型農耕聚落出現以前，人類很可能也曾劫掠牧場上的牲畜，但我們對早期社群放牧或捕獵的情形所知甚少，因此難以確定。唯有到西元前四千年後，我們才能確定歐亞草原上出現劫掠牲畜的案例，當時牛隻是地方部落社群經濟和社會結構的核心。印歐神話裡，名為「特里托」（意指「戰士」）的人物曾襲擊由一條巨蛇看管的牛群，因為有預兆顯示這些牛群應當為他所有。在這套信仰體系的解釋中，特里托是第一名殺死怪物並拿下牛群的戰士，就此確立牛隻掠奪是自他之後所有戰士的合法職責。[16]

待到農耕發展之初，人類開始發展出更大型的部落社區。隨後城市興起，國家原始形態或國家首次出現，人類為奪取或控制物質資源而戰的情形便更為顯而易見。強取物資或劫掠敵人聚落的行為從此越來越普遍，地理分布更廣。賞賜戰利品正是獎勵士兵、提供參與劫掠動力的方法之一。即使和平降臨，戰勝方仍可能會徵收供品來填補自家財庫。幾百年來，人們常為爭奪貿易路線、珍貴資源（如鹽巴）或礦產（銅礦或玉石）的掌控權，為奪取奴隸或犧牲祭品而發生衝突，這種現象似乎普世皆然。隨著大型部落政體與國家開始出現，黃金、寶石、彰顯身分的商品資源便成為財富的象徵。對於現代國家而言，資源可能意味著領土（以滿足國內人口的消費需求），意味對石油等主要能源的掌控，又或者如德國征討蘇聯那般意味著俘虜勞動力。

學術界在解析國家形成前的社群時，往往重度仰賴考古證據來判定當時人類是否曾為掠奪或捍衛資源而訴諸暴力。在新石器時代的歐洲，聚落形成及毀壞的模式證明，人類會因稀缺礦物而起衝突，尤其是為爭搶燧石及各種硬石、鹽巴和金屬礦產。在中歐的斯洛伐克和摩拉維亞，打鬥的證據與尼特拉河（Nitra River）流域的銅礦產地吻合，而武器、珠子、飾品等貴重商品的貿易，似乎也曾經讓各鄰近社區為了爭搶路線控制權而動干戈。戰士骨骼上的生前創傷更顯見於產銅礦的地區。[17]至西元前最後三千年的金屬文化時期（銅器時代、青銅器時代、鐵器時代），寶貴資源或礦產控制權之戰更明顯促成了一種當時特有的戰爭模式，包括劫掠資源豐富的土地或肥沃的牧場。從武器、盔甲和馬匹裝備的樣式都可以見到，暴力襲擊已十分普遍。在義大利的銅器和青銅器時代早期，貿易和財富日益重要，沿海城鎮也設下重重屏障，重兵保護行經利古里亞（Liguria）或維內托（Veneto）的主要貿易路線。義大利海岸線還會遭到來自海上的攻擊，下手者的目標為奴隸、牲畜及貴重商品。[18]

發生在中國與新世界的常規戰爭也有類似模式。關鍵金屬（尤其銅和錫）的掌控權在古中國原始國家的戰事中時常扮演要角。安陽的商代遺址便有處早期銘文（可追溯至西元前二千年）寫到時人曾為土地、勞動力、可攜財物及犧牲祭品而頻繁戰爭，有一回更有三百名羌族人被抓去祭祀商人的祖先。[19]墨西哥南部阿爾班山的石刻紀錄也載有相同數量被剝去衣物、肢解及殺害的受害者，該地是薩波特克文化的中心。薩波特克文化約在西元前五百年形成，他們以殘酷手段統治周邊民族，對其強徵貢品、奴隸及祭祀用的俘虜，拒絕供給物資與財富的村莊便會遭到摧毀。[20]對猶加敦半島的馬雅人來說，戰爭就意味著奪取奴隸、掌控寶貴的貿易路線和關鍵資源，其中又以鹽巴最為珍貴。如同薩波特克文化，馬雅人也以破壞和侵占作為戰爭手段。不願納貢的敵對城邦慘遭焚毀，民眾不是被殺害就是淪為奴隸。[21]

南美洲的前國家文化也經常進行掠奪性戰爭。在哥倫比亞北部的考卡山谷，各酋長之間長期戰事不斷，背後動機明顯與資源有關，例如爭奪奴隸、祭品或妻妾，控制貿易路線與土地。哥倫比亞的泰羅納人（Tairona）征戰目的有爭奪捕魚權、搶奪婦女（為分配給參戰戰士），以及劫掠鄰近村莊的財物，事後再燒毀全村、屠盡居民。巴拿馬的庫埃瓦族（Cueva）酋長們也會為了漁場及獵場、貿易、黃金和妻妾而爭鬥不休。[22]早在十六世紀之前，對貿易商品的控制權就時常成為衝突動機。到了十六世紀南美洲與歐洲人接觸並見識到金屬製珍品後，商品控制權的重要性就更加提升。據信亞馬遜河流域上游的亞諾瑪米人便惡名昭彰，無論是在鋼鐵製品與槍械取得管道發生爭端時，或者與中盤商競爭時，其掠奪手段都十分凶狠。十九世紀末，隨著西方商品普及，厄瓜多的希瓦羅部落的戰爭與獵人頭行為也越來越激烈，尤其是舒阿爾族（Shuar），甚至會用當時被視為高檔產品的「乾製首級」來換取槍枝。這種奇怪的貿易行為一直持續至二十世紀。[23]

隨著近東和地中海地區的第一批主要文明興起，征服者對被征服者的掠奪也變得更有體系——西元前一千年的羅馬共和便是很好的例子。當時羅馬人四處掠奪財寶與資源，年年徵收貢品，規模堪稱空前。羅馬早期便是藉著劫掠地方的城鎮與村莊而得以擴張：戰爭帶來的不僅是索取貢賦的機會，還有可分配給參戰士兵的物資，畢竟這些戰士是戰爭的關鍵（而且肯定不是只有羅馬人這樣認為）。要累積打仗的本錢，戰爭本身就是必要手段。早期羅馬與戰敗方簽訂的條約即詳細規定對方應提供的戰利品，包括物資和人力。西元前二〇二年，迦太基戰敗，羅馬國庫、軍事領袖及普通士兵都分得豐厚戰利品。羅馬也曾征戰達爾馬提亞與希臘，主要動機是掌控亞得里亞海富饒的貿易機會，保護該地免受伊利里亞（Illyria）沿岸海盜的侵害。儘管往希臘擴張本是出於政治野心，但此舉卻也帶來了更多財富。根據估計，從西元前二二九至一六七年間，羅馬人於戰爭搜刮來的財富高達七千萬第納里（denarii，譯註：古羅馬銀幣），此外還有搶來的藝術品和雕像。在征討伊庇魯斯地區（Epirus）的過程中，羅馬抓來十五萬名俘虜賣為奴隸，以充實國庫。征戰四方的羅馬將軍保盧斯（Lucius Aemilius Paullus）為羅馬帶來的財富之多，元老院甚至因此無限期暫停對羅馬公民的直接徵稅。古希臘城邦科林斯（Corinth）曾堅持抵抗，卻還是於西元前一四六年遭到羅馬洗劫，居民不是被殺便是淪為奴隸，城中古物也遭掠奪一空。[24]羅馬戰爭的掠奪性質，是其帝國戰略的重心：戰爭是羅馬、羅馬菁英及羅馬將軍財富的來源。未能帶著資源從戰場凱旋而歸是恥辱的象徵，棘手的還有該如何安撫原本期待分得戰利品的士兵。

羅馬共和國和羅馬帝國奠定了西方長久延續的模式。在後來的兩千年裡，即便戰事不全然是因物質利益或掠奪策略而起，即便背後涉及政治、意識形態或安全因素，但經濟動機總是會發揮一定作用，這類例子不勝枚舉。在中世紀的許多戰事中，軍隊或民兵若無固定軍餉，那麼讓他們專心打仗的唯一方法，便是保證提供戰利品。不管國王或親王們懷抱何種動機發動戰爭，普通士兵最重視的仍是物質利益。十四世紀加入外國軍隊的瑞士雇傭兵並未領取薪俸，而是期望分得一部分戰利品。[25]一四五三年，鄂圖曼土耳其帝國蘇丹穆罕默德二世率軍圍攻君士坦丁堡長達七週時間，希望拔除這處僅存的障礙，讓穆斯林徹底主宰近東地區。大軍隨後於五月洗劫了整座城市，再次立下掠奪性戰爭的典範。伊斯蘭律法許可掠奪三日，但穆罕默德二世想以該城作為首都，所以只讓士兵劫掠一天。曠日費時的圍城作戰降低了能夠掠奪的機會，鄂圖曼一度軍心動搖，近乎兵變。等到攻下城池，士兵便逮住大肆掠奪的機會，即便只有一天。拿得走的東西無一倖免，數以千計的婦孺被分成小群綁在一起拖走，此後一輩子為人奴役和妻妾。其餘人口則遭屠殺。[26]

這類情景在歷史上屢見不鮮，多到能寫成無數書籍。西方世界的博物館和藝廊便擺滿了各個帝國於幾百年暴力擴張過程中奪得的古董和珍寶。城市或主要城鎮是理想的下手目標，因為財富多集中於此。一九〇〇年，歐洲和日本軍隊入侵中國，鎮壓反西方的義和團運動，大肆毀壞北京豐富的文化遺產。中國叛軍落敗之後，隨之而來的便是某份報紙所稱的「搶劫狂歡」。軍人及外交官漫步於中國皇朝的統治中心紫禁城，把能找到的東西全塞進口袋。「每天都有搶劫小隊出動，」有個英國人致信母親寫道：「我已經搶到了不少好東西。」搜刮行為很快就變得制度化。日軍發現了清朝國庫，並將金銀財寶運回日本。而英國當局每天（除星期天外）都會於城內舉行戰利品拍賣，一直持續至次年，毫無忌憚。拍賣所得款項總計達三十三萬美元，並依軍階和種族分配給仍駐紮北京的英軍。[27]即便搶劫是勝利的結果而非戰爭起因，但無論是在當時或更晚近的衝突中，人們大多無意停手。

即便到了第二次世界大戰期間，搶劫行為依舊普遍，人們也視之為在所難免。無論是盟友或幾乎無物可搶的敵人，全都在被搶劫的行列。德國士兵便曾洗劫幾乎空無一物的俄羅斯村莊。一九四一年末，莫斯科淪陷在即，前線德軍士兵以為終於等到大好機會能好好搜刮，但他們始終未能拿下莫斯科，只能搶奪鄰近村落的稀少資源。在太平洋戰爭中，死去或垂死的日本軍人常被拔去金牙，而美國海軍陸戰隊員則會將金牙放在小袋子裡，等回國再兌換成現金。儘管經濟掠奪並非現代戰爭的主要動機，但經濟戰的重要性依舊不亞於古典時期或中世紀，尤其是二十世紀的多場大規模毀滅戰。空襲就是一種針對敵方經濟資源進行打擊的方式，藉由空投轟炸將整座城市夷為廢墟，破壞程度遠比中世紀的洗劫還要徹底。這也是焦土戰略的產物，德蘇戰爭和中日戰爭皆曾藉此戰略來切斷敵人的資源供給。而在軸心國掌控的地區，時常都可以見到近乎奴隸的強迫勞動，對象有徵來的工人、集中營囚犯，有時也包括戰俘。人力資源被強行徵用的現象在數千年的人類歷史中屢見不鮮。

將人類視作「資源」、財產或商品，是一種特殊資源剝削的體現。這種掠奪模式在歷史上有過多種形式。獵取人體戰利品（頭顱或身體部位）的行為有著古老歷史，不過大多是取決於儀式習俗或因與敵人結下宿仇。在前國家及早期國家社會中常見的俘虜獻祭也是同理，因為這類俘虜的資源用途同樣有限，受害者除了作為儀式性殺戮的祭品之外，並未提供任何勞動力或價值。將人類當作資源來掠奪的最主要形式是奴役，而奴隸制可分為多種形式與階段，未必總是戰爭（無論是大規模戰役還是小規模襲擊）的結果。在印度洋地區或中國，人有可能出於負債、貧困甚或自願等原因而淪為奴隸。在許多情況下，奴隸制與強迫勞動或農奴制的界線並不明顯。大多數藉由奴隸貿易來提供人力的地區，奴隸最初都是被暴力俘虜而來，即使他們後來的待遇或社會經歷有很大差異：有些人可能會被賣到其他文化，有些人則留下來為擄獲自己的人賣命。[28] 奴隸在被界定為商品後的去向較為容易研究，要重建奴隸被抓獲的過程卻困難許多。但無論是數百年間穿越撒哈拉沙漠被送往北非與中東伊斯蘭國家的奴隸、十六至十九世紀間約九百五十萬名被運往新大陸的非洲奴隸，或是從一六三〇至一七八〇年間遭巴巴里海盜擄獲販賣的一百萬名以上歐洲人，這些被販賣或交換的奴隸幾乎全都是暴力掠奪的受害者。[29]

——

俘虜人類為奴的行為沒有確切起始日期。早期的酋長國在彼此爭奪權力和威望時大概就這麼做過，但除了查看更現代的民族誌實例之外，並無其他方法能夠證實。考古學家曾發現一些來自中石器時代、雙手被縛的「維納斯」女性雕像，其中一尊來自頓河的科斯堅基（Kostenki）地區，年代可追溯到兩萬五千年前，但這也無法確切表明當時存在奴隸制度。[30] 綜觀歷史，第一批證據可溯及中東和中國已知最早的政體。在第一批美索不達米亞文化的楔形文字中，有些詞組似乎就是在指奴隸，如「男人，一頭」和「女人，一頭」，類似的文字也常被用來列舉牲畜。有時這些文字也與代表「山」的字眼有關，或許當地的奴隸是從今天伊朗北部的山區捕獲。西元前一千年，巴比倫王國有篇漢摩拉比「箴言」便曾警告讀者，若想躲避奴隸販子，就別往山裡去。西元前兩千年的古埃及也有證據表明，當時人曾在戰爭中從尼羅河上游或其他中東王國俘獲奴隸。至西元前一千年，奴隸制在古埃及社會已十分普遍。[31]

古希臘文化和羅馬世界的情形較為明朗，奴隸制確實深植於兩者的社會結構和習俗之中。對希臘城邦來說，奴隸正是創造經濟和財富的關鍵。奴隸被視作商品，是商業交易的對象。西元前一世紀，希臘地理學家史特拉波（Strabo）曾描述希臘商人和俄羅斯南部亞速海周遭游牧民會面的情形：他們會以獸皮和奴隸換取葡萄酒與布料，這些奴隸往往是從歐亞內陸抓獲。希臘商人也能趁戰爭之便購買大量被俘的敵人，分送至希臘各城市販售來從中獲利。有些戰爭目標就是為了俘虜人類作為交易商品，例如西元前五世紀，身兼軍人與歷史學家的色諾芬就曾為了捕捉奴隸賣錢而帶兵襲擊當今土耳其的比提尼亞（Bithynia）。希臘人自身似乎很少成為奴隸，畢竟希臘邊陲地區的貿易活動、劫掠或戰事已帶來穩定供應。[32]

差不多的模式也盛行於羅馬共和時期，凡是敵人都可為其奴役。西元前二九三年，羅馬與東方的薩莫奈民族（Samnite）結束雙方的第三次戰爭，期間捕獲五萬八千至七萬七千名奴隸。西元前二六四至二四一年間的第一次布匿戰爭中，羅馬又奴役了多達十萬名俘虜。西元前一世紀，凱撒大帝自稱於征服高盧時擄獲一百萬名奴隸，這項說法我們無從證實，但大規模俘虜戰敗者作為奴隸確實是羅馬戰爭的特色。羅馬的隨軍商賈會馬上買下捕獲的奴隸，再運至帝國各地的市集出售。[33]羅馬對奴隸的巨大需求，甚至助長國境外各部落社會的爭鬥，他們會爭搶俘虜並沿著商貿路線將奴隸輸送至義大利半島。西元前一千年鐵器時代的不列顛地區則被一位歷史學家稱為「掠奪大地」，當時的襲擊者會抓捕奴隸和生人祭品，有些用於與羅馬帝國交易，有些則由當地酋長奴役。在英格蘭東南部的艾塞克斯（Essex），也有考古證據證明聚落曾遭廢棄，可能是因為頻繁的奴隸掠奪與貿易導致人口減少。[34]羅馬帝國統治期間，粗估總共有一億名男、女及幼兒遭到奴役（男性奴隸往往數量較少，因為他們通常會被直接殺掉）。

但在歐洲以外，奴隸制度與暴力之間的關聯就相對不易證明，因為大多數歷史記載的奴隸都是他們已成為俘虜的情形，沒有詳述最初擄人為奴的暴力行為。非洲內部的奴隸制正是如此——早在大西洋奴隸貿易開始之前，奴役人口的行為便已盛行於當地。我們對於非洲當時戰爭與掠奪奴隸的細節及不同形式的奴隸制度所知甚少，要等到十七世紀末奴隸被大規模運往大西洋彼端之後，才有更多資料能瞭解奴役的原因與捕獲奴隸的地點，只是細節仍舊稀少。當時有許多奴隸原本是供非洲內部使用，而非出口外地。非洲各王國之間的戰爭，或伊斯蘭與異教徒之戰都助長了奴隸貿易，因為非洲人可運用這些俘虜來換取自己嚮往的西方商品。他們若能把男性戰俘賣給歐洲人，也是順便為部落消除未來的隱患。一六八〇年代西非的阿散蒂戰爭（Asante wars）、十八世紀的剛果王國與鄰國之戰，還有西蘇丹的戰爭，都使得賣給歐洲商人為奴的俘虜數量激增。劫掠成了普遍現象，直至一八八〇年代大西洋奴隸貿易告終為止。[35]

在少數情況下，也有歷史證據清楚記載掠奪奴隸的具體行動。十七世紀，葡萄牙和荷蘭對帝汶島及其周圍小島的奴隸需求，便是仰賴當地原住民自發參與買賣。原住民找來的奴隸通常來自偏遠地區或山區，那裡的社群大多處於邊陲地位，不然就是與當地掌權者為敵。蘇瓦（Suva）的當地騎兵會至丘陵地帶追捕俘虜，而在索洛爾島（Solor）上被抓來交給歐洲人的也多半是山區居民。歐洲人也會自行劫掠，而他們的行為通常帶有懲戒意味。一六六五年，探險家科斯塔（Mateus da Costa）攻打韋維庫—韋哈利王國（Wewiku-Wehali），抓捕俘虜送往葡萄牙在果阿（Goa）和澳門的基地。一六七六年，荷蘭人在蘇瓦島擊敗了迪穆（Dimu）的蘇瓦人，抓獲兩百四十人為奴並送往巴達維亞（今雅加達）或東南亞等地。[36]十九世紀初的緬甸和泰國邊境則是另一個例子，當時有兩名英國官員記錄下當地部落掠奪奴隸的情形。在不受國家政權控管的山區和森林地帶，來自克倫族（Karen）和清邁王國（今泰國北部）的掠奪者會特地發起作戰行動，只為了抓人來出售或剝削。當地代表奴隸的文字也指「戰奴」（泰語為「kha」，高棉語則為「that」），可見暴力和奴役之間的文化連結。一八三九年，一名英國目擊者表示，清邁王國出動七千五百名士兵襲擊三座城鎮，抓獲一千八百一十五名男女老少作為奴隸。[37]儘管最近有研究試圖證明，奴隸在舊世界的處境比之美洲的種植園勞動環境更少受到脅迫與懲罰，但跟美洲奴隸不太一樣的是，過去四千年來絕大多數的奴隸之所以會變成奴隸，往往都是出於戰爭所導致的暴力。

——

要解釋戰爭的經濟或物質根源並不容易，因為問題在於如何將其他動機與純粹的掠奪行為區隔開來。放諸四海皆準的通則並不存在。我們更容易把史前或早期文明的戰爭解讀為掠奪型衝突，因為留有奪取戰利品的證據。如果一場衝突是出於爭奪礦產或貿易路線而起，那也是一種資源戰爭。從史前時代至十九世紀，爭奪奴隸或犧牲祭品都很常成為劫掠行動的主要動機。但同樣有非常多的例子顯示，經濟收益往往只是戰爭的附加獎勵，人們樂於收下，但掠奪資源並非戰爭主因。就算是羅馬劫掠希臘的案例，元老院決策背後也有政治和安全考量：例如削弱伊利里亞的敵對君主國與征服希臘，也都是為了防範更遠的東方帝國利用半島作為進犯羅馬的跳板。西元前二七〇年代的皮洛士（Pyrrhus）便是先例，那時他曾經援助迦太基在義大利南部和西西里島對抗羅馬。掠奪當然十分常見於中世紀和近代歐洲的戰爭，這麼做也確實能夠取悅將士，但這通常也不是發動戰爭的首要原因。先前曾提過亞諾瑪米人和希瓦羅人的戰爭與爭搶金屬製品有關，但這一解釋仍忽略了兩者為爭奪領土、人頭或復仇而行劫掠的悠久傳統——這類衝突因與外界接觸而加劇，卻不盡然是因此而起。早在十六世紀，西班牙觀察者就曾稱希瓦羅領地一處特別好戰的區域為「戰爭之地」。到了更現代時期，爭奪資源雖然還是戰略選項之一，但這種行為通常也伴隨其他意圖。

任何解釋戰爭起源的經濟理論都存在模糊地帶，現代歷史上便有兩起著名的例子：一八九九至一九〇二年南非的第二次波爾戰爭（Second Boer War），以及一九三二至一九三七年玻利維亞與巴拉圭的「查科戰爭」（Chaco War）。這兩個例子過去普遍被視為資源爭奪戰，前者是為了黃金和鑽石，後者是為了石油。曾有論者聲稱兩例都有資本家介入，證明了物質野心可用來解釋衝突的起因。一九〇〇年，自由派記者霍布森（J. A. Hobson）出版著作，首次公開提出資本主義共謀煽動第二次波爾戰爭的陰謀論。他主張這場戰爭是由「一小群結黨的國際金融家」所引發，這群人覬覦威特沃特斯蘭德（Witwatersrand）的富饒金礦區，所以想在阿非利卡人的德蘭士瓦共和國掌權。英國歷史學家霍布斯邦（Eric Hobsbawm）於多年後附和了霍布森之說，主張「波爾戰爭背後無論有何意識形態，其動機都是黃金」。[38]至於查科戰爭的資本主義陰謀論，則是由美國路易斯安那州參議員朗恩（Huey Long）提出，他於一九三四至一九三五年初的四次參議院致詞中特別點名他最討厭的標準石油公司，指控「帝國主義式的金融勢力」為了榨取玻利維亞的石油利益而蓄意引戰。這項陰謀論在戰爭結束後仍流傳了很長一段時間，深植於拉丁美洲有關戰爭爆發起因的民間傳聞。[39]

然而，兩項案例中的陰謀論都無法承受時間的考驗。歷來針對第二次波爾戰爭起源的詳細研究，並未找到證據來證明採礦業主和投資圈（儘管他們確實重視資本利益）曾敦促英國政府訴諸戰爭手段，也沒有證據表明英國政客曾虎視眈眈想掌控威特沃特斯蘭德的黃金生產及流向。真要說的話，德蘭士瓦的採礦利益集團反倒想避免戰爭——他們期盼的是英國政府能向阿非利卡政府施壓，令其採行有利於經濟現代化的政策，同時說服對方更關照非荷蘭裔「外來者」的需求。對英國政府來說，真正核心的利益其實是對整片南非地區的帝國野心，代表人物為英國駐開普殖民地的高級專員米爾納勳爵（Lord Milner）。也就是說，當時英國政府重視政治勝過經濟，當務之急為確立英國在該地區（包括德蘭士瓦）的宗主權，還有守住自身在這片關鍵地緣政治地區的戰略利益，以與其他列強抗衡（特別是德國）。戰爭爆發之前幾年，英國要求阿非利卡政權進行改革並承認英國權威，這卻有違德蘭士瓦荷蘭裔民眾希望盡量不受英國干涉的願望，雙方關係日益緊張。阿非利卡政界人物史莫茲（Jan Smuts）曾對此寫道，再這樣下去「非洲將落入沒有良知的資本家之手。」[40]至一八九九年，德蘭士瓦已躍升為南非的主要軍事和經濟強權。英國政府於是逐漸認定，唯有戰爭一途才能遏阻對手勢力與重申英國權威。英國殖民政府確實利用採礦業主作為推動改革及確立自身政治權威的藉口，但保護資本利益並非發動戰爭的原因。[41]黃金畢竟不是英國的重點需求，所以無論是在戰前或戰後，當地黃金都甚少成為英格蘭銀行的儲備。簡單來說，衝突的根源不是資源，而是大英帝國統治階級的政治野心。

查科戰爭的經濟動機較為明顯，但同樣沒有任何證據顯示這場戰爭是資本家操縱的產物。這套陰謀論其實是為了替薩拉曼卡（Daniel Salamanca）的玻利維亞政權尋找代罪羔羊。一九三二年，玻利維亞總統薩拉曼卡極力主張發動戰爭，欲藉此解決國內的社會和政治危機，結果卻證明是災難一場。美國標準石油公司確實曾於一九二四年與玻利維亞政府協議取得為期五十五年的特許權，以開採該國的小型油田並進一步探勘東部低地。然而，標準石油公司最後並未認真投入開採，到了一九二〇年代後期油價因供過於求而暴跌時，他們更是無意擴大產量。[42] 玻利維亞政府很重視石油，因為石油有望減輕該國對錫貿易的重度依賴，尤其是在一九二九年全球經濟崩潰後，錫價也隨之暴跌。玻利維亞是內陸國，想要透過大西洋出口石油，就唯有取得通往巴拉圭河的港口——這表示得穿越大查科（Chaco Boreal），那是一片疾病肆虐的亞熱帶乾旱地區，巴拉圭和玻利維亞幾十年來一直在爭搶當地控制權。兩國於查科都設有軍事基地，且衝突在一九二〇年代多次一觸即發，全靠國際仲裁而暫時相安無事。薩拉曼卡於玻利維亞經濟跌到谷底時出任總統，那時戰爭已被視作轉移社會危機的手段。對薩拉曼卡而言，若能趁機打敗巴拉圭，或許還能開闢一條通往大洋的航線。[43] 一九三二年四月，兩國軍隊於大查科的一座小湖邊發生衝突。兩個月後，巴拉圭出手報復，戰爭全面爆發。雙方都受到國內極端侵略主義者的支持，而此種情緒又源自這片荒地長久以來的領土爭議。

標準石油公司並未插手這一切，儘管巴拉圭和阿根廷的媒體都拿石油帝國主義大做文章，稱之為玻利維亞的開戰動機。該公司宣布於衝突中保持中立，並為安全起見而將設備轉移到阿根廷。玻國軍方曾徵用標準石油的卡車，結果公司還對玻利維亞政府提告，要求賠償損失。標準石油公司並未擴大開採其持有的少數油井，反而限制了石油供應——直到玻利維亞政府接管煉油廠，以保障戰爭有充足石油供應。與外界觀點相反的是，玻利維亞政權甚至還指責標準石油公司妨礙戰爭。全面戰爭爆發後，巴拉圭很快就靠著阿根廷的油源（部分來自標準石油公司在當地的業務）拿下幾乎整片大查科，軍隊一直推進到安第斯山麓才止步，受阻於頑強守護著一小塊玻國油田的部隊，而該部隊很快就獲得了「石油守門人」的稱號。雙方停火後達成協議，同意讓巴拉圭接管大部分查科地區。玻利維亞後來於一九三七年決定將標準石油公司在玻利維亞的資產收歸國有，這是南美洲歷史上首次有國家將外國公司國有化。[44] 雖然當時有許多人以為這場戰爭是標準石油公司為了奪取石油開採權而一手策畫，但從該公司不願配合玻利維亞政府的戰爭、隨後又被驅逐出境與收歸玻國所有來看，可見實情並非如此。就算玻利維亞引戰的目的是為了藉民族主義來挽救受挫的經濟，但其決策背後的政治動機並不亞於經濟因素。石油在這場戰爭中只是次要，因為玻利維亞本來就擁有石油，巴拉圭則無意奪取，查科地區更是從未挖出過石油。

近幾十年來，「資源戰爭」的觀念已成為解釋戰爭的重要論述，尤其常用於解釋內戰或叛亂中的非國家行為者為何彼此暴力相向。就像「氣候戰爭」這個說法一樣，資源戰爭也成為對未來衝突的預測。隨著人口高度成長、全球消費需求增加、不可再生資源（最為人知的便是石油）供應減少，資源之爭便有可能引發現代國家之間或國家之內的衝突。「資源戰爭」一詞最早出現在一九八〇年代，用於描述冷戰期間可能出現的資源爭奪戰，一九九〇年代更被廣泛用來解釋奈及利亞和獅子山這類不可再生資源豐富的地區為何內亂不斷。後來只要是出於資源（無論是否可再生）的生產、分配或國際貿易控制權而引發暴力衝突者，都能以這一概念來解釋。世界銀行一九九九年的報告指出，在仰賴木材、鑽石或稀缺礦物等所謂「可掠奪資產」的國家，發生衝突的可能性高出四倍。二〇〇一年，克萊爾（Michael Klare）出版了影響深遠的《資源戰爭》（*Resource Wars*）一書，而他在書中寫道：「未來的戰爭……主要是為了占有及控制必需經濟商品而戰。」[45]。

現代資源戰爭與古代衝突有些共同之處，打仗主因可能是為了掌控貿易路線或礦區，或是為了擄掠人口當作奴隸或祭品。但兩者也有差別：史前時期能掌控的資源範圍儘管有限，可使用的量卻相對豐富，反觀現代資源戰爭的現實背景則十分嚴酷。世界資源研究所於二〇〇〇年預測，全球人口將於二〇五〇年達九十億，工業生產則會增長四倍以供應人口需求，這不僅會耗竭不可再生的礦產和能源，也會消耗森林等可再生資源，而資源消失速度將快過恢復速度。這樣下去，資源衝突似乎在所難免。[46]二〇〇九年的聯合國報告總結，過去十年間發生的三十五起衝突，便有十八起涉及自然資源的開發或控制權，而這還不含二〇〇三年因為石油供應而引發的波斯灣戰爭。然而，政治生態學家勒比永（Philippe Le Billon）也指出，引發衝突者並非資源本身，暴力背後總有政治和商業動機，可能是為了掌控資源產地、商貿動向或出口目的地。特定商品之所以會成為眾人爭搶的對象，其實還是肇因於政治野心、貪圖商業利益，有時候還有軍事活動。[47]

評估現代衝突與經濟資源的論述時，有必要區分不同類型的資源、不同類型的衝突，還有不同的地緣政治條件。儘管資源供需確實存在緊張關係，但大多數資源交易都是和平合法地進行。許多資源其實數量充足，不值得為了供應問題而擦槍走火。最常與衝突有關的資源，大多位於世界上本來就政治動盪、族群關係緊張或民怨沸騰的地區。這類資源包括鑽石、寶石、高齡硬木、金紅石（煉鈦的礦物原料）、銅礦、稀有動物或動物部位，以及最重要的石油。這類衝突的導火線，絕大多數位於前殖民地，包括中東、非洲、南亞、太平洋等曾由帝國主義列強（尤其是英國和法國）把持政治與商業利益的地區。這些地方並非特例，好比裏海地區和拉丁美洲的石油產區也因產油而局勢緊張，不過前述前殖民地或曾受帝國主導的地區同時也是內戰、叛亂和外部軍事干涉頻仍之地。這些衝突常被視為資源戰的一部分，但其實涉及範圍與背後野心各不相同，通常不單純是為了奪取資源。有些案例與分離主義或獨立訴求有關，例如奈及利亞內戰或太平洋島嶼布干維爾（Bougainville）的叛亂。有些案例則是因為當前叛亂或內戰需要資源支持，好比獅子山或安哥拉。控制資源的動機有可能是出於物質欲念，國內衝突也有可能是起源於資源依賴及環境破壞嚴重影響到大部分人口，資源收益卻未能惠及民眾。[48] 資源衝突造成的傷亡也有很大差異，代價有時極為高昂。一九八三至二〇〇二年的蘇丹內戰就導致平均每年三千人戰死的慘劇，而奈及利亞內戰則於四年間造成七萬人左右死亡。[49]

與其說是經濟資源引發戰爭，不如說是替戰爭火上加油。在這個脈絡底下，國際企業的默許便要負很大責任：他們會時常向叛軍或非正式管道購得寶石、礦產或木材等資源，為了獲利而對其掠奪本質視而不見。資源若沒有出售（通常是非法交易）的可能，那掌控資源便毫無意義。故以外銷為關鍵的資源戰也有賴於中介網路的運作（有時甚至涉及犯罪），因為這樣才能真正銷售商品獲利。在某些情況下，要是叛亂或內戰終結會有損利益，那各方就沒有止戰的動力，這點可見於始於一九九一年的獅子山共和國內戰——各勢力競相爭奪鑽石產地的控制權，遲至二〇〇二年才達成和平。儘管這場西非衝突已成為研究資源戰的模板，但掌控鑽礦其實不是這場內戰的主因。真正的目的在於利用鑽石收入（及其他珍貴礦物），在這個世上最貧苦的國家，對廣大民眾眼中腐敗且不知民間疾苦的政府進行叛亂與反抗。

一九九二年，獅子山共和國民怨四起，因為莫瑪（Joseph Momah）將軍的政權將鑽石收益挪作他用，而非用來造福人民。叛亂很快就爆發。以桑科（Foday Sankoh）為首的革命聯合陣線迅速拿下東南部的鑽石產區，並利用鑽石走私來為叛亂提供武器、收買反對者，同時也切斷政府的鑽石收入來源。桑科還有鄰國賴比瑞亞的叛軍首領泰勒（Charles Taylor）相助，而泰勒也需要鑽石收益來金援自己的叛亂。革命聯合陣線掌控了金紅石礦作為另一項資金來源，直到一九九七年，獅子山政府雇用南非的私人傭兵公司才奪回該地區。兩年後，雙方終於在第三國多哥共和國首都洛梅（Lomé）簽下和平協議。叛軍領袖桑科獲任為副總統，並得到獅子山關鍵商品的實質控制權。二〇〇二年，總統卡巴（Ahmed Kabbah）爭取到英軍干涉，桑科的革命生涯告終。此前這個小國已經歷十年野蠻暴力，估計五萬人喪生。至於安哥拉內戰，交戰雙方分別為「安哥拉人民解放運動」與「爭取安哥拉徹底獨立全國聯盟」，鑽石、礦產與這場戰爭也存在類似關係。外銷獲利被用來購買戰爭武器，期間約莫一百萬人送命。這場戰爭同樣是受到銷售利潤助長，而非純粹由貪欲引發，但在本例及諸多類似案例之中，資源開採都讓戰火燒得更久更旺，同時增加不法侵占利益的可能性。

布干維爾的叛亂則是另一個截然不同的資源戰案例。第一次大戰結束後，戰後條約重新畫分德國殖民地，布干維爾這座多山的熱帶島嶼按合約得由澳洲託管。一九四五年之後，該島再度納入聯合國託管地，由巴布亞紐幾內亞負責治理。英國礦業公司力拓鋅業（Rio Tinto Zinc）的子公司獲得特許，於布干維爾島打造了一座大型露天銅礦，名為「潘古納」。公司和政府都獲得豐厚利潤，島民卻幾乎無利可圖。一九七五年，巴布亞紐幾內亞正式宣告獨立，此後礦場收益繼續支撐著政府，但這座占地八點七五平方英里的礦場卻嚴重破壞布干維爾的環境。一九八八年，布干維爾革命軍奪下礦區、停止生產，兩年後宣布獨立。在與巴布亞紐幾內亞國防軍長期抗戰之後，雙方終於在二〇〇〇年達成協議，將該島設為自治區。二〇二〇年的公投結果顯示，當地有九成八民眾支持獨立，布干維爾也預計於二〇二七年正式獨立。這場涉及資源的戰爭代價同樣慘重，雙方共計損失兩萬人。50

一九七六年，印尼蘇門答臘島的亞齊省也爆發類似的分離主義叛亂，叛軍核心訴求同樣與資源收益有關。該省幾乎全民都是穆斯林，歷史上亦曾是獨立的君主制國家，直至一八九〇年代才被荷蘭殖民者殘酷吞併。這種我者與他者的區別意識，多少解釋了亞齊為何主張有權脫離印尼。一九七一年，亞齊省發現了大片天然氣田，並由海外資本與中央政府合作開採。隨著天然氣蓬勃發展，印尼總統蘇哈托取消了亞齊的有限自治權，天然氣收益盡入美孚石油公司（後成為艾克森美孚）和中央政府囊中，亞齊卻幾乎沒有報酬。此事促使蒂羅（Hasan di Tiro）發起「自由亞齊運動」，鼓吹民族解放，呼籲終結新殖民主義的經濟剝削。隨後軍事叛亂爆發，印尼安全部隊與自由亞齊運動交火。蒂羅流亡期間雙方曾短暫停火，直至一九八九年衝突再起，這回就連艾克森美孚的工人和天然氣設施也成了攻擊目標。二〇〇一年，自由亞齊運動游擊隊曾一度迫使陸上生產停擺，威脅到印尼政府的可觀收益，令當局在焦急下以強硬手段報復。二〇〇三年，自由亞齊運動已掌控亞齊八成地區，而為了籌措資金，他們也會以「徵稅」勒索當時駐於工業區的大型工業公司。印尼當局很快展開新一波反叛亂行動，令叛軍元氣大傷。二〇〇五年，雙方達成和平協議，亞齊以「特殊領土」之姿於印尼境內享有自治權，並被授予依伊斯蘭教法生活的權利。如同獅子山，天然資源並非戰爭起因，核心問題在於利潤控制權，外國企業對資源的剝削則成為繼續叛亂的正當理由。[51]

過去一百年唯一引發國際戰爭（而非國家以下層級的衝突）的資源，就是石油。石油與一九六〇代才開始廣為開採的天然氣，都是已開發國家工業和民生的支柱，對開發中國家也日益重要。雖然人類為了因應不斷攀升的石油消耗而持續探勘新油田，但速度顯然不夠快（每消耗兩桶石油，便僅會新挖到一桶的量）。全球石油產量已在二〇一〇年左右達到已知儲量的中間點，普遍預計將於二〇四〇至二〇六〇年之間耗盡。[52]天然氣仍蘊藏大量待開發儲備，但大多位於開採難度高的地區，能否取用取決於開採技術的發展。對於歐洲、東亞和美國等最重度依賴石油的國家來說，石油安全一直是戰略重點。尤其是石油儲量有大半藏於利比亞、蘇丹、奈及利亞或剛果盆地等長期衝突及局勢動盪的地區（特別是中東）、殖民主義留下種族或宗教衝突的非民主地區。石油也是所謂「卡特主義」的中心。一九八〇年，美國總統卡特（Jimmy Carter）於伊朗的伊斯蘭革命之後宣告：凡是蓄意阻斷波斯灣石油輸送的行為，都將「遭一切必要手段排除，包括軍事行動」。美國後來成立中央司令部負責掌管中東事務，首任指揮官金斯頓（Robert Kingston）將軍亦視自己的職責為「保障阿拉伯灣的石油運送暢通無阻」。[53]二〇〇〇年，俄羅斯軍事準則明確指出，國家應維護俄羅斯領海、大陸棚及專屬近海經濟區的安全，因其潛藏著豐富的石油和天然氣資源，而這項準則由甫當選總統的普丁（Vladimir Putin）親自背書。[54]二〇〇七年，兩艘俄國潛艦於北極點下四千英尺深處插上國旗，該處據悉蘊藏大量天然氣和石油。此舉是俄羅斯對羅莫諾索夫海嶺（Lomonosov Ridge）提出主權聲張的第一步，聲稱這條水下山脈與俄羅斯領土相連。該項主張仍受到加拿大的質疑，可能成為未來衝突的新焦點。

二十世紀各國爭搶石油的戰爭史，如今已廣為人知。第二次世界大戰期間，約有九成原油產量由同盟國把持，德國、義大利和日本三個軸心國僅控制百分之三的原油和百分之四的煉油能力。德國雖然主導其盟國羅馬尼亞的石油供應，但總產量太少，無法滿足德國的軍事與經濟需求。

德國侵略蘇聯有著各種意識形態與物質動機，當務之急仍屬拿下蘇聯在高加索地區的油田。但就算這項戰略能成功，德國工業當時仍缺乏快速開採石油所需的技術與專業。日本對石油依賴程度則更高。一九四一年夏，美國的經濟制裁動搖了日本軍方的戰略方針，令其轉而對付美國及殖民列強英國與荷蘭，後者這些國家的東南亞殖民地蘊藏豐富石油。與德國的情形相似，日本和西方衝突不單純是為了石油，但日本在一九四一年夏季的戰略決策和進軍規畫上，石油確實是最主要的動機。除了石油，日本也希望能開採戰爭所需的其他資源，像是鐵礦，用於生產鋁的鋁礬土，還有錳礦石。可惜事與願違，雖然日本成功奪下石油產地，但四分之三都被用於支援太平洋戰場，而非供應本土需求。一九四五年，日本的大型油輪艦隊（包括總噸位達一百萬的新油船）大半已被美國潛艦擊沉。同盟國非常依賴空軍、地面機動及長距離的海上航線，但對他們來說石油幾乎從來不成問題。伊拉克曾在一九四一年爆發叛亂，威脅到大英帝國中東軍隊的石油供應。不過當局很快就鎮壓叛亂，在整個二戰期間都占領伊拉克。

自一九四五年以來，至少有三場國際戰爭涉及西方石油安全。第一場戰爭的起源，是一九五六年埃及政府決定將英法共同管理的蘇伊士運河收歸國有。由於此舉威脅到中東往歐洲的供油鏈，於是英法兩國便聯合以色列發動戰爭，欲奪回運河。最終蘇聯和美國插手（美國擔心戰爭本身可能真的會破壞石油供應）阻止兩國重奪運河，結束了這場短暫戰爭。一九九一年及二〇〇三年爆發的兩次波斯灣戰爭顯然也與供油焦慮有關，因為美國擔心世上最大片的油田供應遭截（儘管西方有些人堅稱箇中還有更重要的因素）。伊拉克先前已與伊朗打了長達八年的戰爭，消耗甚鉅（邊界油源的控制權也是起因之一），此時獨裁者海珊（Saddam Hussein）決定占領與伊拉克南部接壤的小型產油國科威特。伊拉克若拿下科威特，便可掌控全球五分之一的石油儲量，若海珊再進軍沙烏地阿拉伯，那更大比例的石油就會落入這位陰晴不定的獨裁者之手。雖然驅逐伊拉克軍隊的表面理由是恢復科威特主權，但美軍早就已擬定好作戰計畫。一九九〇年八月，海珊入侵科威特，這項作戰計畫旋即實施。第一次波斯灣戰爭開打四個月後，美軍以「沙漠風暴行動」擊潰伊拉克軍隊。此後海珊仍竭力維護自己的政權合法性，局勢於一九九〇年代仍然緊張。二〇〇三年，第二次波斯灣戰爭爆發，西方以「伊拉克自由行動」欲推動伊國政權更迭。此地對西方的經濟利益至關重要，政權更迭被認為是保住利益的唯一途徑。西方聲稱伊拉克持有大規模殺傷性武器，而這套說詞在當時便已受人質疑，後來也證明此話並無根據。

第二次波斯灣戰爭與第一次一樣迅速結束，只是這一回海珊政權垮臺，連同英軍在內的國際聯軍占領了伊拉克（英軍長期都會於該地區進行石油維安行動）。然而伊拉克的石油供應並未就此穩定增長，隨後的局勢發展也不如西方國家所願那般一勞永逸，反而開啟了一連串學者卡爾多（Mary Kaldor）所稱的「新石油戰爭」。這些戰爭的重點並不在於為了富國維護石油安全，而在於運用石油收入來滿足區域和地方利益。光是在伊拉克，就得面對來自各方的訴求：庫德族要求控制石油重鎮基爾庫克（Kirkuk）的收益和分配，伊斯蘭恐怖主義或反西方的武裝行動欲挪用石油收入作為資金來源，也有人欲透過波斯灣或土耳其來非法轉售石油以謀取私利。伊拉克估計有六十萬人死於戰後暴力。「新石油戰爭」背後有著政治、宗教與貪婪等各動機，所以伊拉克自二〇〇三年以來的長期「維穩」衝突並不單純是為了石油收入。就如同多數現代資源戰爭，對資源利益的掌控與實際發生的暴力之間並無單純線性的因果關聯。

尼日河三角洲的「新石油戰爭」情況類似，當地也擁有長久的種族衝突和政治分裂歷史。奈及利亞於一九六二年獨立後，長達三十年都處於暴虐、腐敗和無能的軍事統治。尼日河三角洲擁有豐富的石油資源，但大量收益都遭軍政權侵吞，在複雜的裙帶關係下落入私人口袋，幾乎沒有再投資到環境因石油開採而遭大面積破壞的三角洲地區。大型國際石油企業與政權合作，因政府需要前者的專業知識與投資。石油破壞了奈及利亞原本仰賴初級農產品出口的經濟，至二十一世紀初，該國的經濟作物生產幾乎遭摧毀殆盡，石油則貢獻了該國一半國內生產毛額（GDP）和九成五的外匯收入。[55]石油產業欣欣向榮，貧窮線以下的人口卻從一九八〇年的四分之一增加至一九九六年的三分之二。受石油工業衝擊最嚴重的地區接二連三發起抗議，因缺乏投資和服務而民怨四起。一九九〇年，一處村莊的居民在殼牌石油公司（Shell）的設施前示威遊行，警方介入後導致八十人死亡，四百棟房屋被毀。同年，受石油工業衝擊的奧戈尼族發起了「奧戈尼族生存運動」，其和平抗議也遭類似的強硬手段伺候而覆滅。一九九八年，三角洲的另一族裔伊賈族（Ijaw）也發表《卡亞馬宣言》（Kaiama Declaration），訴求三角洲落實經濟正義，並將石油收益重新分配給其原產地。然而，這群年輕人針對跨國石油公司的暴力行為再度招致新一輪暴力鎮壓。雖然奈及利亞已於一九九九年後轉向憲政統治，但在二〇〇三年大選前那段時間每年仍有一千人死亡。[56]餵養政治制度的石油收益之爭並未解決，三角洲現今依然是局勢最不穩定的石油開採區之一，油管及設施經常遭到襲擊，盜採石油牟利的犯罪行為也十分常見。

隨著石油和天然氣供應縮減，各國角力的局勢也可能因此重現。俄羅斯入侵烏克蘭的戰爭並非因資源而起，但隨著戰事擴大，北約以代理戰爭的形式介入也威脅到俄羅斯對歐洲的石油與天然氣供應鏈。這場戰爭提醒世人，「新石油戰爭」的範圍未必僅限於中東和非洲，而是可能出現在任何能源供應及收入有機會成為政治或軍事角力的焦點之處。人們在預測未來資源和衝突情勢時，大多著眼於供應與控制權之間的矛盾，包括不可再生資源的供應狀況，以及掌控資源者是屬於地方、國家或跨國層級。綜觀歷史，資源戰爭曾有過多種形式，導致衝突的資源也差距甚大，端看該資源為可掠奪資源還是固定資產。如同生態危機，人類未來也可能會藉以下方式來應對能源問題：若非取得供應技術突破，找出可廣泛替代稀缺礦物或金屬的資源，便是簽訂國際協議來調節生產與分配。畢竟，當今大多數資源交易依舊是和平進行。

資源是各式戰爭的直接目標，無論是在留有記載的歷史時期，或是更早之前的古代。我們可以合理推斷，早在有歷史紀錄之前，只要有值得爭奪或捍衛的動物、貨品或貿易活動，這些資源便肯定會成為暴力掠奪的目標。人口貿易也多半早在更有組織的酋邦和國家興起之前便已出現。因物質得失而起的部落衝突，也與現代資源戰爭具有若干共通之處。當今弱國也幾乎無力阻止各方勢力為了利益而爭奪國際需求穩定的商品。主張戰爭是物質野心的產物，最大的難題便在於如何辨別對利益的渴望與其他引發衝突的動機。儘管在正規軍人和政治領袖眼中，掠奪資源是戰爭的必然結果，往往也是維繫軍心的重要手段，但他們參與戰爭仍可能是為了爭取政治優勢、實現宗教訴求或王朝野心。在這種情況下，掠奪只是討人喜歡的贈品，而非產品本身。

某些特定類型的暴力，確實能直接歸咎於物質利益。舉例來說，維京人劫掠北歐若非為了搶奪落腳處，就是為了自利而奪取奴隸、妻妾、鹽與黃金等商品。《厄爾斯特年鑑》（*The Annals of Ulster*）便記載愛爾蘭沿岸頻傳的劫掠事件，好比維京人於西元八二一年「擄走大量女性」。布列塔尼也於九世紀遇襲，敵方目標在於搶劫人口與鹽。西元八四四年，伊比利半島的塞維亞有大量婦女和兒童遭人擄走，其中有些人後來藉由維京貿易網被轉賣到中東的阿拉伯和拜占庭。[57]我們或可稱此種類型的戰爭為「商業戰」。商業戰存在於各種時空，但只是歷史上戰事的眾多面向之一，應該一併考量意識形態、政治和戰略等其他動機。石油就是一項重要案例，它是一項資源沒錯，但它之所以重要仍是因為現代軍隊及民間的交通運輸工具都需要石油才能免於崩潰。換言之，資源對掠奪者的吸引力之所以歷久不衰，也是因為掠奪者在文化、經濟和政治上賦予它們價值。價值的建構過程解釋了戰爭為何會因資源而起，從古代奴隸掠奪到今天的鑽石和石油皆然。

第六章　信仰

信道者，你們應對抗周遭的不信道者，並以堅定的態度待之。請明白，真主滿懷敬畏之心。

——《可蘭經》〈懺悔章〉第一百二十三節[1]

若諸位不對我們同信基督的同胞伸出援手，那主又會如何大力譴責我們？那些習於因私怨而與信徒作不義爭鬥者，現在改為對抗不信教者吧，願你們凱旋而歸。

——教宗烏爾班二世，一〇九五年十一月二十七日[2]

古今戰事並非都有信仰在背後驅動，但綜觀人類數千年歷史，各時空背景下的戰爭決策卻時常與宗教、超自然信仰或政治意識形態有關。一〇九五年十一月，教宗烏爾班二世於克萊蒙會議上斥責與會者，稱基督教社群不應內鬨。教宗心裡盤算，希望呼籲眾人捍衛信仰，捍衛所謂已遭穆斯林「褻瀆」的巴勒斯坦聖地。十字軍東征便是在那年展開，此後持續數百年。而聖地周圍的穆斯林終究也比照《可蘭經》裡的教誨出手反擊。數百年來，人們時常將穆斯林的暴力傾向歸咎於其「吉哈德」(jihād)的觀念，誤將之解讀為「聖戰」。雖然「吉哈德」一詞於伊斯蘭教法中有不同解釋，但它確實允許信徒在遇到違反及威脅伊斯蘭者、不守信者，或不顧先知穆罕默德號召者等特定對象時，可以予以反擊。[3]綜觀歷史，無論是基督徒還是穆斯林，捍衛宗教利益已成為衝突主軸，儘管世俗欲念總是伴隨著宗教抱負出現。

世界歷史上最好戰的宗教就屬基督教和伊斯蘭，但為了宗教相爭的絕對不只有這兩者。無論是部落社會的世界觀，還是二十世紀的政治性宗教，信仰都能成為民眾投身戰事的動力，並能合理化動用暴行的必要。參戰者未必得抱持同樣強烈的信仰，但發動戰爭的領袖和其追隨者之間通常有著共同的理念。當然，信仰並不一定會招致衝突。無論是古代信仰或現代意識形態，人的信念具有可塑性。以信仰發動的戰爭很可能十分短暫，只是人們一時激情的產物，其暴力能量在一鼓作氣爆發後便會再衰三竭。被征服者可能會放棄原有信仰而皈依新信仰，打著神靈之名參戰的戰士若是看起來不受保佑便可能拋棄寄託，現代意識形態也有很快便無人問津之例，好比一九四五年後德國的納粹主義，或是一九九一年蘇聯解體後的馬列主義。

有部分也是因為這樣，以世俗觀點為主的現代西方歷史對信仰引發戰爭的觀點保持存疑，普遍認為信仰只是為了掩蓋背後的階級利益、政治野心、貪婪的掠奪欲望或物質需求，畢竟這些動機在自覺理性的後啟蒙時代更為合理真實。[4]英國歷史學家希爾（Christopher Hill）於一九八〇年代撰文，反對稱不列顛內戰為「宗教戰爭」。如同眾多歷史學家，他也更傾向從經濟和憲法角度來解釋不列顛內戰。希爾主張「宗教本身並不足以作為戰爭的驅動力」，宗教只是方便資產階級用來掩飾自身政治及社會野心的幌子。[5]信仰當然能受到有心人操弄，北愛爾蘭內戰就是如此。另一個例子是一九八三年爆發的第二次蘇丹內戰，政治菁英階級也用宗教來合理化衝突。儘管如此，宗教差異確實存在，並非人為造成。[6]

人類學家不太同意信仰只是人類用來自我偽裝的外衣，因為他們的工作就是從文化內部視角來理解文化，但人類學還是能顛覆我們對信仰的認知。歷來不斷有學者認為，阿茲特克之所以會有食人祭祀，若非墨西哥中部蛋白質短缺所致，就是用以象徵統治階級的權力。[7]然而，考慮到阿茲特克人擁有濃厚的戰爭文化，而且深受宗教信條支配，所以前兩種解釋都不夠周全。宗教信仰不僅只是人類社會的附帶現象，而是不同文化解讀世界，賦予萬事萬物（包括自然、超自然、精神及神祕現象）意義的橋樑。過去的人類社會都曾發展出某種形式的宇宙觀，當今許多社會亦然。無論信仰在現代人眼中看來是多麼奇特或荒誕，我們都應從群體的信仰內部去理解——也就是人類學家所定義的「主位」（emic），而非從外在、普世或「客位」（etic）的角度來評斷。許多信仰都伴隨對戰爭暴力的投入，而戰爭暴力又反過來與其根植的信仰、信念或思想脫不了關係。信仰具有動員群眾及正當化暴力的強大力量，唯有認知這點，我們才能理解更多類型的戰爭，給出更完善的解釋。[8]

要闡釋如何重建各方參戰者的心態和世界觀，大概沒有比中世紀十字軍東征更好的例子。傳統著作多半認為十字軍東征是出於物質野心，帶頭者的目的是爭奪土地和戰利品，其基督教信仰大多時候並不明顯，反而是物質動機和權力欲望更顯而易見。近來歷史著作已顛覆了這種看法。[9]十字軍騎士確實曾於所到之處掠奪財物，也在他們於近東建立的新王國爭權奪位，這些證據不容忽視，但現今研究更強調十字軍東征的宗教性質，幫助我們從當時的角度來理解。尤其是教宗烏爾班二世於克萊蒙會上發起的第一次東征。這位教宗身為十一世紀的教會改革人士，也有自己的動機：想讓歐洲表面上信奉基督教的王公貴族們放下衝突，引導這些人將精力用於對付外敵——也就是威脅到基督教世界存亡的異教徒和穆斯林。他的前任額我略七世甚至曾盼望基督教勢力能進入穆斯林統治的東方，這樣羅馬也能成為整個基督教世界（包括東正教拜占庭）的精神領袖。宣揚十字軍運動有助於教會實現其鞏固權威的更大志向，重振基督教傳統中的神聖戰爭理念。

基督教原是以愛鄰與棄絕暴力的和平主義為本，但在立教幾世紀之後，教徒卻開始支持用戰爭來捍衛信仰，這是根本的悖論。為了成就上帝旨意而全副武裝的聖戰士成為中世紀基督教文化的核心形象，至今仍可見於歐洲眾多基督教堂的肖像和窗戶。西元四世紀，君士坦丁大帝統治下的羅馬帝國皈依基督教，此後基督教信仰與戰爭產生了直接關聯。雖然戰爭在形式上仍屬有罪，但凡是為了正義理念而戰（例如捍衛信仰、打擊異教徒和異端分子的十字軍東征），便不會染上汙名。在羅馬皈依基督教之後，聖奧古斯丁寫道：「發動戰爭者若是以上帝權威行事，」便不算是違反《聖經》的殺戒。[10] 四世紀後期的米蘭主教安布羅斯（後來封聖）則是奠基早期教義的重要人物，他也不覺基督教與神聖暴力有何衝突。在他看來，基督徒幾世紀以來飽受迫害，所以全體教徒都有義務在受到挑戰時捍衛信仰。安布羅斯甚至認為，教會和國家負有發動聖戰的共同義務，而君王理應是尚武好戰的基督徒，如此才堪為典範。[11]

從這段時期起，早期修道會的許多基督教狂熱分子與苦行僧便會凌遲或殺害那些他們眼中的異教徒或偽君子，同時以正當暴力之名巡守宗教邊界。五世紀早期的希臘主教西尼修斯（Synesius）曾稱許地寫道：「施酷刑者聰明至極，他們善於揭穿虛偽。」[12] 舉凡基督教的戰士，無論實際上有多麼凶殘或世俗，都能成為捍衛信仰的英雄，被推崇為聖人或殉道者。好比九世紀戰死的東盎格利亞國王艾德蒙，他死於英格蘭與維京人的戰爭，很快就被追封為聖人。八至九世紀的卡洛林帝國時期，人們時常為了保衛及擴張基督教歐洲而發動聖戰。據九世紀教宗若望八世的說法，基督的戰士因為「保衛基督教」，所以一切罪孽都能獲得赦免。[13]在後來兩百年間，基督教便一直與敵人對抗，有來自東歐與北歐的異教徒威脅，還有從西班牙和法國地中海沿岸入侵的穆斯林。不過，「聖戰」的概念要到十一世紀中葉的教會改革時期才開始成為教會的中心抱負。等到烏爾班二世鼓吹十字軍東征時，歐洲早已醞釀出讓親王貴冑與戰士菁英一致向外的觀念。

第一次十字軍東征兼具軍事行動與朝聖目的。估計第一年就有七至八萬名歐洲基督徒「拿起十字架」響應號召，將帶有十字圖案的布料縫在盔甲或衣物上。東征對外宣告這是一場宗教戰爭，凡是拿起十字架者之諸多罪孽都將被赦免。[14]東征目標在於解放「撒拉森人」掌控下的巴勒斯坦聖地，「撒拉森人」一詞是用來指稱占領近東的阿拉伯人和塞爾柱土耳其人。西元六三八年，阿拉伯穆斯林攻占耶路撒冷，並將其變成伊斯蘭的聖城。一〇〇九年，開羅的穆斯林哈里發下令摧毀聖墓教堂。對基督徒而言，這座城市是基督受難及復活之地，末世論著作也指出耶路撒冷將成為《聖經：啟示錄》中預言的末日之地。占下這座城市便將迎來轉折時刻。克呂尼修道院院長曾向第一次東征的騎士說道，此役應驗了《舊約：以賽亞書》的一段話：凡想得救贖者，都應「前往耶路撒冷山」。當時的詩歌道出了這種末世氛圍，其中一首寫於基督教暴力解放後的耶路撒冷：「血流成河，此時此刻，謬族將亡，耶路撒冷，天地同慶！」[15]十字軍在前往聖地的路上也有牧師和僧侶隨行，由他們負責主持禮拜、祝禱、齋戒及彌撒，以示大軍的宗教使命。新的儀式也於途中形成（例如「發現聖槍節」），而十字軍每次圍城或上戰場前，都要禁食、祈禱、懺悔並參加彌撒。[16]而在奉行基督教的國度，教會領袖也會堅持要求基督徒藉著求神庇佑、禁食和行善來支持十字軍，凡此種種都是為了讓眾人相信十字軍東征是歐洲全體基督徒的義務。

耶路撒冷道阻且長，期間還不時發生大小戰役和圍城。十字軍和朝聖者飽受疾病、脫水及敵人伏擊詭計之苦。第一批十字軍的毅力充分證明了東征原本便是秉持著宗教使命，因為沒有其他明顯理由能夠解釋，為何這些人願意不計巨大傷亡與個人代價而遠離家鄉，辛苦穿越嚴峻的沙漠與山丘。十字軍終於在一〇九九年六月抵達耶路撒冷，並於短暫圍城後將之攻下。十字軍多年來接受反基督者降臨這座城市的宗教宣傳，於是開始有計畫地屠殺城中穆斯林、活活燒死耶路撒冷主要會堂裡的猶太人，同時折磨東方的基督徒，逼迫他們說出釘死耶穌的真十字架遺物流落何方。[17]十字軍攜回大量聖物，包括許多真十字架碎片。他們的英勇事蹟經由信件和講道流傳開來。博希蒙德伯爵（Count Bohemond，後來統治大軍攻下的安條克城〔Antioch〕）於返回法國後告訴一群信徒，《啟示錄》中的大天使米迦勒曾率領一眾天使前來援助十字軍。至於那些因東征而送命的人們，「米迦勒將歡喜地帶領他們進入天堂。」[18]這便是十字軍的思維模式，其所作所為都是為了服務上帝旨意，而天意也將耶路撒冷交到他們手中，他們的極端暴行也都會獲得救贖。這也是為什麼，解釋十字軍戰爭的起源、特徵及東征的終極目標時，絕不能忽視信仰的作用。

十字軍的動機無法為穆斯林所理解，大軍更是殺得伊斯蘭世界措手不及。那麼穆斯林是何時開始以宗教為名發動戰爭，欲驅逐十字軍於安條克、艾德薩（Edessa）、耶路撒冷及敘利亞沿岸的黎波里（Tripoli）建立的諸多新王國？這段歷史得要從十字軍實現教宗號召的幾十年後談起。就像十字軍東征，穆斯林戰爭的使命主要是為了阿拉真主收復耶路撒冷，此城是雙方宗教角力的象徵。在伊斯蘭世界，調和宗教與戰爭的矛盾相對容易，畢竟打從一開始，穆斯林領土的建立便有賴於穆斯林集體捍衛及擴張信仰的意願。根據伊斯蘭的傳統記載，先知穆罕默德在他人生中所謂的「襲擊時期」發動過二十七次戰役，並且授權自己的追隨者另外發動五十九次（某些資料為三十或三十八次）。穆斯林肩負參戰捍衛信仰的集體義務，此義務始於西元七世紀，接著在接下來幾世紀間由伊斯蘭法學家寫入伊斯蘭教法。[19]神聖暴力根源於《可蘭經》和《聖訓》這兩部伊斯蘭聖典，也就是先知穆罕默德生前留下的教誨。《可蘭經》第九章便囑咐穆斯林打擊偶像崇拜者：「與他們戰鬥！阿拉真主將藉諸位之手懲罰他們。真主將擊倒他們，予你們勝利。」《聖訓》也載有先知穆罕默德留下的這句話：「我奉命與不信教者戰鬥，直至他們說出：『唯真主方有權受人崇拜』。」另一句話則表示，最大的回報來自於捍衛信仰，因為「通往天堂之門即位於劍影之下。」[20]

穆斯林以「吉哈德」一詞來表示捍衛信仰，意指「為阿拉真主努力奮鬥」，但其含義也取決於上下文。「大吉哈德」表示個人為了成為更好的穆斯林而有的內心掙扎，「小吉哈德」則意味著與非穆斯林的鬥爭，是集體信徒的義務，以保衛伊斯蘭土地免受非伊斯蘭地區的侵擾。接下來兩世紀，伊斯蘭便是藉著「小吉哈德」橫掃中東、北非和西班牙。[21]穆斯林一邊於信奉異教的中亞及拜占庭帝國邊境展開捍衛信仰之戰，一邊打擊西南歐的基督徒。只有掌握權威的領袖才有資格宣戰，政治上為「哈里發」，宗教上則為「伊瑪目」。就像基督教的正義戰爭，穆斯林只有在伊斯蘭受到非信徒的威脅，尤其是伊斯蘭土地遭侵犯時，才能發動戰爭。然而，正如中世紀早期的基督教歐洲，穆斯林內部同樣常起衝突，特別是在七世紀穆罕默德死後互有芥蒂的遜尼派和什葉派之間。至十字軍東征時期，吉哈德的概念已然衰落，其虔誠的意義與作為戰爭正當理由的作用都日漸式微。儘管如此，伊斯蘭文化仍舊保有於宗教邊境上作戰的榜樣「加齊」（指忠誠的伊斯蘭戰士），而這一形象也隨著十字軍（阿拉伯世界稱他們為「法蘭克人」）的到來而再度興起。[22]

在分裂的穆斯林世界，捍衛信仰之戰花費了數十年才成形。巴格達的遜尼派哈里發和開羅的什葉派哈里發互相角力，加上塞爾柱土耳其人的入侵，都令穆斯林難以團結。雖然確實有些穆斯林領袖因抵禦十字軍而受到讚譽，例如一一二四年被殺害的阿勒坡親王巴拉克（Prince Barak），其墓碑上便刻有「聖戰者之劍……異教徒和多神教徒的征服者」，但穆斯林不曾集體發起吉哈德。[23]伊斯蘭領袖就像十一世紀歐洲的教宗，同樣將教徒無法發動捍衛信仰之戰的原因歸咎於缺乏虔誠及缺乏真正的宗教。這項觀念要待到贊吉（Imad al-Din Zengi）與其子努爾丁（Nūr al-Din）這兩位土耳其領袖出現才得以發揚光大。一一四四年，贊吉收復了十字軍最初建立的新王國艾德薩。而他的兒子為了統一近東地區，大多時候都在與其他穆斯林作戰。不過努爾丁後來也與穆斯林的神職人員結成密切聯盟，以淨化伊斯蘭並重振其使命，他最終成為了其他穆斯林領袖的苦行典範。

對穆斯林而言，奪回耶路撒冷是一項重大目標。耶路撒冷是繼麥加和麥地那之後的伊斯蘭第三大聖城，是穆罕默德「升天」之處，也是神聖的阿克薩清真寺所在地。正如基督教傳統，這裡也是穆斯林末世論的中心，復活和「末日」都將降臨此地。一一六〇年代，伊斯蘭開始重提「耶路撒冷的功德」此一傳統，將其作為宣傳收復聖城的手段。努爾丁最終不及發起吉哈德就去世，不過他選定的追隨者繼承其為信仰而戰的遺志，終於在一一八七年十月的希亭戰役（Hittin）收復了聖城，而這位繼承者就是庫德族領袖薩拉丁。薩拉丁的兒子回憶道，薩拉丁在這場戰役前曾宣稱「不容撒旦得逞！」而在聖城收復後的阿克薩清真寺布道大會上，阿拉真主被稱作勝利的源泉，薩拉丁的部隊則是阿拉的大軍。[24] 一二九一年，亞克港（Acre）陷落，十字軍終於遭徹底驅離。按照伊斯蘭法學家泰米雅（Ibn Taymiyah）的說法，強硬的吉哈德只會帶來兩種結果：「勝利與凱旋，或殉道與天堂。」[25]

耶路撒冷的攻占與收復皆是出於宗教野心的戰爭，是為了占有基督教或伊斯蘭兩者眼中的聖地。對雙方來說，戰爭都與復興神聖暴力的宗教傳統有關，也攸關形塑與復興相應的宗教認同。這場衝突還涉及外交、強權政治及個人野心，但終究只有信仰才能解釋十字軍前往該處及最終遭驅逐的原因。東征在近東和非洲延續了幾世紀，卻從未取得長期勝利。穆斯林的疆域則隨著日後的鄂圖曼土耳其拓展至東南歐，帝國更存續至二十世紀。到了十六至十七世紀，基督教世界還出現教會改革的重大問題，天主教和諸新教教派為此內鬥不斷。改革派挑戰既有的西方基督教，隨之而起的宗教戰爭也受到與十字軍東征相同的審視，學界長期探討宗教是否為引發衝突的主因，或是有外交、王朝政治和民眾叛亂等影響。但也如同十字軍東征，這一區別的意義並不大。那畢竟是篤信宗教的時代，政治、社會結構與宗教在時人的世界觀中密不可分。攸關宗教的戰爭與中世紀晚期其他衝突的不同之處，正在於信仰是暴力的主要動機。這些戰爭大多為內戰，敵我之分是以宗教上的信仰、習俗及歸屬為界，戰爭動員最主要還是仰賴以宗教身分織成的網絡。[26]

所謂的「宗教戰爭」一路從十六世紀中持續至十七世紀中葉。在法國是一五六〇年代至一六三〇年代，其間曾多次中斷。荷蘭的宗教戰爭自一五六〇年代起持續長達八十年。英國的宗教戰爭則體現於一六四〇年代的不列顛內戰。中歐的宗教衝突則屬於三十年戰爭的一環。由於神學上本來就存在嚴重分歧，王公貴族為保護特定教派或鎮壓宗教叛亂又為衝突添上政治色彩。除此之外還有對自身立場極度狂熱的地方宗教團體，他們互相敵視、不惜彼此暴力相向：在他們眼中，其餘團體都是異端、偶像或魔鬼崇拜。好比法國的新教徒（俗稱「胡格諾派」）就堅信《福音書》為真理，會上街遊行高呼「福音萬歲！」並諷刺天主教彌撒為「罪惡汙穢」。而在天主教徒看來，新教敵人只會製造混亂，玷汙社會秩序與瀆神。甚至還有誇張的傳言稱新教徒會於夜間瘋狂縱欲、喝酒作樂。在諾曼第和普羅旺斯，遭殺害的新教徒有時嘴裡還會被塞入《聖經》書頁，證明《福音書》根本無力拯救他們。在巴黎，有個為天主教團契做聖餅的麵包師被一群胡格諾教徒團團圍住，對方要他呼喚上帝，接著便把他毆打致死。教派分歧越演越烈，大部分內戰暴力不再只由菁英主導，天主教派和胡格諾派都開始自行執法。[27] 十六世紀法國的城市暴力還有其他根源，但如今多數歷史學家都同意衝突的核心還是信仰之爭。[28]

一五六〇年代末，天主教為對抗新教改革而組成「神聖同盟」。「我們真得在上帝和魔鬼之間保持中立嗎？」該聯盟的支持者拒絕妥協，而是將新教敵人視為《聖經》中末日的象徵，理當滅敵以免惹怒上帝。天主教傳教士還援引《聖經》戒律煽動宗派仇恨之火：「殺死假先知，一個都不留。」[29] 一五七二年八月二十四日的聖巴多羅買節，胡格諾派的領袖和追隨者齊聚巴黎，本欲慶祝法王之妹與喀爾文教派納瓦拉的亨利（Henri of Navarre）成婚。結果吉斯公爵竟率領神聖同盟屠殺胡格諾派。天主教群眾紛紛響應，凡是新教徒他們見一個殺一個。天主教對這場大屠殺的說詞與十字軍東征時如出一轍：「異教徒和異端之死讓天主教徒歡欣鼓舞，因為這是對上帝最大的禮讚。」[30]法國另外十幾處市鎮的天主教狂熱分子也比照巴黎屠殺胡格諾派。王室官員曾為了穩住局勢而將新教徒關進監獄，結果暴民卻破門而入，將囚犯處以私刑。[31]羅馬教廷則對這場大屠殺表示支持，將胡格諾派視為與穆斯林異教徒同等的敵人。當時自認為是忠實信徒的人都極欲揪出撒旦或反基督者，再現當初十字軍東征的末世氛圍。

荷蘭的宗教衝突更加激烈，當時西班牙國王菲利佩二世（Philip II）繼承了哈布斯堡家族在低地國的遺產，而他在宗教信仰上絕不讓步。當喀爾文教派的叛軍占領布拉班特（Brabant）和荷蘭的主要城市時，西班牙總督阿爾巴公爵（Duke of Alba）便批准手下軍隊每攻下一座城鎮，就大舉屠殺裡頭的居民。一五七二年十二月二日（與聖巴多羅買節大屠殺同年），納爾登小鎮（Naarden）的全體居民更不分男女老幼都被斬於劍下。[32]從低地及法國的暴力程度可見，教派間的差異確實能催生出對敵人的深仇大恨——眾人不僅視彼此為叛徒或政治死敵，更是真上帝的敵人，所以有必要將之鬥倒，以守住己方界線，就像中世紀早期基督徒、基督宗教底下的異端、不信基督的異教徒及穆斯林之間的分界。喀爾文派群眾曾於法國和荷蘭暴力破壞教堂聖像，以示其反偶像崇拜的立場。對他們而言，此種民眾為守住宗派界線而做出的行為「皆為上帝的旨意，而非人類的行為」。[33]

英國則是另一個例子。這場發生在不列顛的內戰表面上似乎是英國國王查理一世與國會之間因憲政與法律權利而起的爭端，但宗教信仰在背後的影響其實不亞於前述案例。研究不列顛內戰的歷史學家如今已逐漸認知到宗教在內戰爆發與過程中扮演的角色，並以此填補過去解釋衝突起因的缺口。反聖像崇拜的清教徒堅守自身信仰，認定英國有意重新引入羅馬天主教，於是在一六四二年參與內戰，以防當局的陰謀危害到喀爾文基督教改革派。就算在憲法問題似乎已接近平息之時，他們仍堅持戰鬥。當時也有主流新教徒懷疑國王是否真心願意捍衛一六四二年八月《上議院與下議院宣言》所稱的「真正的宗教」。[34]世俗權力與宗教事務幾乎沒有分界，例如時人就指控英國國教的主教破壞真正的改革宗派，不只斥其為神的叛徒，也視之為暴君幫凶，而國王亦未能維護早在十六世紀英國宗教改革時就已依法確立的宗教體制。[35]教派間的芥蒂因此而生，逐漸形成戰爭導火線。一六四二年二月，清教傳教士馬歇爾（Stephen Marshall）在國會上發表長篇布道，勸告聽眾加入這場拯救真正信仰的戰爭，否則就會淪落至《聖經》中米羅斯城（Meroz）的下場——上帝因城民未援手有難的鄰人而詛咒摧毀全城。馬歇爾講道的內容後來也印刷出版：「上帝不承認中立者……這是基督的法則：『不與我相合者，就是與我為敵。』」這次宗教演說還於全國各地宣講了六十多次。[36]

這項警告成了講道的主要內容，教士們鼓勵民眾支持國會對抗國王。後來有篇演講還稱國會是「征戰的教會，將戰勝惡龍」。清教徒指控國王破壞自由，而他們與國王抗爭的首要任務，就是捍衛真正的宗教——正是這個口號吸引支持者站在國會這一邊。曾有一名保皇派牧師詢問囚犯為何加入國會的軍隊，據牧師後來的講述，這名囚犯答道：他們是「為了抵抗敵基督與羅馬教會才挑起武器」。就像法國宗教戰爭裡的狂熱分子，英國人也採信了戰爭爆發前就廣為流傳的《聖經》末日觀：「巴比倫的淫婦將被火燒死，被斬於劍下。」[37]傳道士布瑞奇（William Bridge）於一六四一年出版《巴比倫的陷落》（*Babylon's Downfall*），並在書中主張：「凡上帝旨意，均無殘忍之事」，彷彿隨後戰爭中的無情暴行也是《聖經》授權，有些人稱之為「神聖的戰爭」。另一名傳教士巴羅夫（Jeremiah Burroughs）則於另一本小冊裡解釋道，一旦上帝拔出自己的劍，「就不會輕易讓劍回鞘，直到劍身浸滿、吸飽、沉醉於偶像崇拜者及不信神者的鮮血為止。」[38]一六四四年，《士兵教義問答》（*The Souldiers Catechisme*）告誡國會軍「永不將敵人視為國人、親屬或新教同胞，他們是上帝和我宗的敵人……我們的眼睛不會施以憐憫，我們的劍也不會予以饒恕。」[39]一如法國的情況，地方群眾於教士及小冊子的慫恿下對彼此暴力相向，只為實現洗淨政治與宗教的抱負。這是一場時常混亂凶殘的衝突，雙方都有諸多不敬神之舉，但衝突最初還是源自於人們對真正宗教信仰的追求。一本清教徒小冊子也解釋道：「上帝即……戰士。」[40]

一六四三年九月，蘇格蘭一眾領袖簽署《神聖盟約》援助英國清教徒，蘇格蘭長老教會總會宣布此舉是為了幫助「主耶穌對抗敵基督與其追隨者」。[41]宣誓立約人將「致力於根除天主教信仰與主教制度」，而此行動乃是為了個人的靈性改革，呼應當時復甦原始喀爾文主義改革宗的運動。我在此強調不列顛內戰的宗教面向，並不表示應將宗教與政治分開來談——英國的情形就像法國或荷蘭，宗教議題與政治訴求環環相扣，在奮力捍衛宗教立場者的心目中，政教往往不可分割。一六四九年，支持處決國王查理一世的庫克（John Cook）便寫下一本標題冗長的小冊：《君主制並非上帝所造：〈聖經〉與理性證明了君主政體違背上帝旨意……》，試圖解釋宗教和政治是如何兩相結合。[42]從十字軍東征到不列顛內戰，信仰的功能都在於令宗教使命成為凌駕於世俗野心的正當基礎。前述戰爭案例都是肇因於人們改革或淨化現有宗教信仰的渴望。在以末世論為核心思想的衝突中，罪惡、撒旦及救贖皆屬常見理念。若無信仰作為動力，耶路撒冷的居民就不會遭到屠殺、宗教異議人士就不會被火焚燒，宗教團體也不會慘遭血洗。

除了基督教和伊斯蘭之間及兩教內部的衝突之外，信仰與戰爭的關係還能追溯至多久以前？根據早期象徵文化留下的考古證據表明，古代社群曾建構一種超越物質層面的世界觀，只不過當時的世界觀早已失傳。現存最有力的證據就是智人出現以前的古老喪葬習俗，但我們卻無法從這

類習俗得知當時採獵群體的宗教信仰體系，好比是一神或多神，或者根本無神？至青銅器時代，政治領袖與戰士開始獲得精緻的墳墓，還有武器隨葬，但我們仍無法判定死亡是否為宗教衝突的結果。[43]新石器時代則出現了更多涉及信仰體系的考古與圖像證據，但對於這些證據該如何解讀依舊眾說紛紜。藉由部落群體和早期國家的當代民族誌觀察成果，搭配最早與歐洲接觸的紀錄，我們便能更確切重建當時文化的傳統世界觀，進而勾勒出這一世界觀與戰爭的關聯。

許多世界觀即使於不同文化中的表現各異，卻還是有些共通特徵。關乎宇宙的創世神話通常涉及太陽與大地，而要得到兩者的恩澤，就得舉行犧牲祭祀，可能是為避免天降災難，也可能是為祈求土地肥沃。某些亞馬遜部落認為，殺死敵人就能汲取對方的身分，進而提高戰士及其親屬的生育能力。衰敗與重生、萬象更新的概念都涉及須嚴格遵守的儀式，當時人常以活人或血祭來安撫諸神，確保神明的庇佑，戰爭與戰士也很常會成為神話的一部分。古代文明幾乎都有戰神或戰士崇拜，而戰爭的戒律都得受到神祇認可：歐洲有索爾、奧丁、馬爾斯、雅典娜，中美洲有維齊洛波奇特利（Huitzilopochtli），印歐亞大陸則有特里托，族繁不及備載。戰爭必定得在諸神祝福下進行，戰敗都是因為儀式不周而觸怒了神。用俘虜來安撫諸神也為戰爭添上一層神聖使命，藉俘虜的犧牲來保障宇宙更新的循環。在早期中國文化中，頻繁的小型戰事也根植於宗教習俗及包羅萬象的世界觀。當時人們相信社會秩序的維繫有賴於發動戰爭與將俘虜獻祭給祖先。中國河南省安陽市的墓葬群便曾出土一萬三千名獻祭的人類遺骸，來自長達兩百五十年的持續殺戮。宗廟是策畫戰事之地，裡頭也有用於祈求戰爭滋養大地的社稷壇。若是戰勝，戰敗士兵的左耳就會被奉上祭壇，作為血祭。戰鬥本身也有嚴格的禮儀管束，以順應決定勝負的天命。[44]

上一章曾介紹過印歐神話裡的戰士特里托，他的故事尤其能闡釋宇宙神話與戰爭之間的連結。印歐神話根植於一個破碎的宇宙，若要維持萬物運行，就得進行犧牲祭典。創世之初有一名祭司摩奴、一名國王葉摩及一頭公牛，祭司以國王與公牛為祭品，並用兩者的身體分別創造出有形的宇宙和人類。戰士的典範特里托也加入他們的行列，他的英雄試煉是戰勝一條外來的巨大三頭蛇，奪回牠從戰士手中偷走的牛群。在戰神庇佑下，特里托殺死了蛇——敵人「異己」的象徵。這個故事變成印歐神話的核心，化為數世紀掠奪和征服的合理依據。每次劫掠前，祭司都會祈求諸神援助，倒上祭酒，並以牲畜或活人為祭，藉此重現創世神話，接著分配身體部位，以保障物質世界得到滋養。據美國歷史學家林肯（Bruce Lincoln）的研究，這個神話可謂「世界史上最重要的歷史敘事」，因其催生出印歐民族的尚武文化，讓他們於西元前一千年間的遷徙過程中，征服了從印度到愛爾蘭的廣大地區。[45]

大多數已知文化都可能出現這類故事，但最常被引用來闡釋世界觀與戰爭關聯的例子，則要屬中美洲的阿茲特克帝國。諸多早期的美洲文化會藉特定世界觀及其起源故事來融合戰爭和犧牲儀式，阿茲特克人便借鑒了其中一部分觀點。西元一千年，祕魯的莫切帝國（Moche Empire）發動儀式性戰爭，希望捕捉戰俘用於獻祭，以連結自然與宇宙。他們會綁縛受害者、割開對方喉嚨，再收集血液至高腳杯中獻給神靈艾阿帕克（Ai Apaec）。當時的圖像描繪出戰爭、俘虜、斬首及肢解的樣貌，搭配宇宙意象來表現大地的饋贈與生生不息。然而，莫切發動戰爭的具體性質及象徵意義仍有待進一步闡釋。[46]相較之下，自稱「墨西卡」（Mexica）的阿茲特克人卻有個獨特之處：他們留下了豐富的紀錄與圖像，讓我們有幸能理解及重建其細緻的世界觀。阿茲特克文化長期致力於將戰爭融入日常生活，無論是社會菁英或親自參戰與目睹戰後慘狀的平民，都與戰爭密不可分。世界觀和戰爭發展出強大的共生關係，顯見於其複雜的儀式、行為模式和社會關係。[47]

傳統觀點認為，阿茲特克人會於特諾奇蒂特蘭（Tenochtitlán）的大神廟金字塔頂祭臺進行大規模獻祭，由此可見其暴力行為。神廟於一四八七年竣工，獻給維齊洛波奇特利，也就是阿茲特克人的太陽神暨戰爭之神。根據現代研究估計，當時人為慶祝落成的祭神儀式，總共殺害約兩萬名來自鄰近地區的俘虜。俘虜會逐一爬上金字塔階梯，由五位祭司迎接，其中四人負責壓制俘虜四肢，使對方躺在獻祭石板上，剩下一人再以燧石或黑曜石製的匕首刨出其心臟。祭司會將心臟高高舉向太陽，屍體則被推下階梯，滾過下一位正在往上爬的受害者，等著被剝皮、斬首及肢解，屍塊後續則會被分配給抓獲俘虜的戰士家屬。[48]這種犧牲儀式相當特殊，或許也正因如此才會受到如此關注，但此種習俗早在神廟建成前就已存在，甚至遍布中美洲全境。特諾奇蒂特蘭城中也散布著較小型的神廟或犧牲祭祀處，各個城區皆有，當地居民視之為自己與阿斯特克宇宙的連結。根據計算，城裡平均每四天就會有某處在舉行犧牲儀式。當西班牙人入侵並攻下此處時，還數出多達十三萬六千具展示用的頭骨。[49]如此龐大的受害者規模是阿茲特克戰爭的產物，而其戰爭又源自於阿斯特克獨特的世界觀。

阿茲特克的世界觀源自於對萬物終結的恐懼。根據神話記載，世界總共有五個紀元，其中四個已經過去，最後一個紀元則會於災變中終結。為阻止災變，凡人就得以人血（「最珍貴的水」）來滋養大地之神特拉索爾特奧托（Tlalteotl）的身軀和土地。第五紀元的主宰者是阿茲特克的太陽與戰爭守護神維齊洛波奇特利，凡人同樣得用祭祀生人的心臟來安撫祂，這個儀式在阿茲特克人的語言中意指「擴散」或「開始運轉」，表示流出的鮮血將令宇宙常動不息。阿茲特克的文化裡還存有諸多神靈和戰神，像是戰爭和生育之神希佩托特克（Xipe Totec），人們會將戰鬥中抓獲的第一個俘虜獻給祂，俘虜的皮會被剝下，披在當天的指揮官身上。另外還有戰爭暨狩獵之神米斯科瓦托（Mixcoatl）與祂的一眾手足米米科斯科（Mimixcoa），祂們都是勇敢的戰士，曾經犧牲自己來滋養太陽和大地。[50]這些神話確立了生命源於死亡的觀念——要讓萬象繼續更新，就得源源不絕獻上受害者。不幸的俘虜會先被綑綁再被活活扔進火裡，趁還未燒死再被拉出，隨即遭剖心獻祭，以祈火神能繼續供火。接著各城區的人會抓起火把奔向各地，以示火焰已重新點燃。[51]

戰士及戰士文化都是阿茲特克社會的核心，滲透其日常。所有男嬰都被視作未來的戰士，一出生就會被舉向太陽，以示象徵意義，臍帶則由戰士埋藏在戰爭的訓練場地。祭司會於男孩們身上印下傷疤，表示獻身給維齊洛波奇特利。男孩從此便得接受作戰訓練，也為未來將從事的其他職業做準備。他們會進入紀律嚴格的戰士團體，任何敗績都會導致降職。每個戰士的目標，都是在戰爭中活捉俘虜。新兵會以六人為一組進行戰鬥，若成功擄獲俘虜，資深戰士會將俘虜的身體部位分配給各位新兵，待獻祭完成後便可取回。戰鬥中表現傑出者可獲得新徽章或服飾，以示其勇氣非凡。祭祀結束後，各戰士家庭都會分食自家分配到的身體部位，但戰士本人依傳統並不參與食用。他們在獻祭之後會帶著一個盛滿鮮血的葫蘆，上面覆蓋從俘虜身上剝下的皮，奔至他所在的城區，接受族人隆重的致敬儀式。[52] 最堅毅的戰士會身穿美洲豹皮，加入美洲豹精銳戰士團。他們尊崇這種代表戰士力量和侵略性的動物，並信奉最高神靈特斯卡特利波卡（Tezcatlpoca），祂在夜間的化身正是美洲豹戰士。[53]

阿茲特克人的戰爭分為兩種，但兩種都服務於同一套世界觀。第一種是為了征服地方城市或地區，還有強徵貢品，其中可能包括獻祭用的俘虜。數千名戰俘會被押送回特諾奇蒂特蘭，關在各城區的牢籠，由當地居民看守及餵養，等待集體獻祭儀式。第二種名為「花戰」，交戰雙方來自不同城市，採一對一決鬥，目的是俘獲高階戰俘。花戰純粹是為了尋找夠資格的祭品來滿足太陽神深不見底的胃口。戰爭屬於正式活動，只會於阿茲特克曆法中的戰爭季進行，時間介於祈求豐收的祭典與首次播種的祭典之間，約為半個阿茲特克年。[54]花戰讓各階層的戰士都有出頭機會，藉此晉升自己的戰士排名。高階俘虜被迫與阿茲特克最精銳的戰士打至你死我活，直到不支倒地為止。隨後他們便如其他俘虜一樣被剖心獻祭給太陽神。[55]

阿茲特克的信仰體系錯綜複雜，但世界觀是阿茲特克戰爭模式的核心。這一戰爭徹底滲透至日常社會、經濟和宗教生活的現象，映照出該民族度過第五紀元及儘量推遲終結的渴望。在阿茲特克哲學中，人類的生命短暫而脆弱，這也解釋了他們為何會有系統地尋找犧牲祭品，還立下種種俘虜和殺人的複雜儀式。[56]戰爭是為了延續阿茲特克的宇宙。我們很難單純將這些信仰解讀為菁英階層維繫社會權力及帝國統治的政策，儘管這仍是現今的常見解釋——也許是因為這套解釋能有助於現代人理解當時的大規模血腥獻祭場面。但菁英階層其實也受制於這套體系，他們得通過嚴格考驗才能當上祭司或高階戰士；平民也能親身參戰，不僅是被動的旁觀者。戰爭和犧牲是阿茲特克社會的本質，帝國的擴張則又令戰鬥和殺戮成為支持天地運作恆常的必要手段。

一五二一年，西班牙征服者寇蒂斯（Hernán Cortés）率領一小支軍隊前往特諾奇蒂特蘭，準備攻占這座阿茲特克的首都。那時領頭的阿茲特克戰士裝扮成太陽神維齊洛波奇特利，孤身前往迎戰西班牙人。帝國隨即覆滅，倖存下來的阿茲特克人認為這就是他們曾試圖阻止的第五紀元末大災變。從那位戰士隻身出戰的舉動可知，信仰確實大大影響了阿茲特克乃至於整個中美洲的戰鬥文化。這正是他們在陷落前秉持了數千年的信念。

——

到了現代，信仰對戰爭的影響力已不那麼明顯，但並未徹底消失。十九世紀的民族解放鬥爭是以理想主義者為首，他們發展出民族賦權的意識形態，讓人民有了以民族之名發動戰爭的正當基礎。來到二十世紀，歐洲於第一次世界大戰後幾年興起了致力於推行有關重建社會的意識形態，強調嚴格的政治服從。共產主義、法西斯主義和納粹主義都逐漸被視為義大利歷史學家金蒂萊（Emilio Gentile）所稱的「政治性宗教」，這類思想對其追隨者的要求就如同清教教會一樣嚴苛。[57]它們如今都被歸類為「極權主義」，一心一意想掌控人民生活的各個層面。這類信仰是帶有實驗性質的體系，其象徵符號、神話及儀式皆模仿宗教，會區分真正的信徒與異議分子，讓統治菁英自恃能正當以恐怖手段來對付不信者。蘇聯審判其眼中異端（「人民公敵」）的程序便類似於中世紀手法，先是嚴刑考打再強迫囚犯承認自己是異端，最後處決。德國希特勒政權的宗教特質，則表現在人民須向世間救世主宣誓效忠，否則就會被排除於種族共同體之外。就連希特勒選定的頭銜「元首」(Führer),在德文裡都隱含引路人或先知之意。他聲稱自己將清除汙染種族共同體的猶太人、所謂的反社會者及「混血的」羅姆人,帶領純淨的德意志民族走向種族帝國未來的應許之地。各門政治性宗教應許的人間天堂不盡相同,但與主要的一神教類似,其運作都仰賴共同的政治信仰——可能是共產主義欲實現的烏托邦,也可能是純粹的「人民共同體」。這些理念都指向時間上的終點,或稱「終末」(eschaton),屆時世界將煥然一新。

學界力圖證明前述政治性宗教背後的意識形態勢必會引發對外戰爭,以打擊對新興信仰心生恐懼或憎恨的外敵。然而,相關證據充其量只能算是模稜兩可。第一次世界大戰之後,布爾什維克戰爭(尤其是一九二〇年入侵新建國的波蘭)背後的動力確實可謂是擴張共產革命的願望,但隨著蘇聯於華沙城外戰敗,就轉型成了防衛型國家,時時忌憚他國的戰爭計畫,導致一九二〇至一九三〇年代不時就會出現「戰爭恐慌」。蘇聯在一九三九年對波蘭和芬蘭發動的戰爭,不只關乎共產主義的傳播,背後也有戰略和安全意圖。至於對義大利和德國而言,戰爭及軍事化當然都屬於兩國鼓吹的法西斯意識形態,但德義兩國於一九三〇年代擴張至衣索比亞、阿爾巴尼亞、奧地利、捷克斯洛伐克及波蘭的舉措,目的並非是為了於維繫政治的神聖地位,而是出於建立新領土型帝國和經濟集團的物質野心,以彰顯自身的強權地位和身分認同。他們共有的殖民意識形態,幾乎無異於十九世紀末以來歐洲列強及日本的帝國主義。

在政治性宗教引發的戰爭上，希特勒的納粹德國恐怕是一個例外。他針對歐洲猶太人發動的戰爭具有非常獨特的不對稱性質。希特勒參政之初便培養出扭曲的世界觀，而他發動的這場戰爭正體現出這一觀念核心。一九二〇年代初，希特勒以納粹黨領袖之姿於演講中談及「猶太人和德意志人之間的生死鬥爭」，只有一方能夠勝利，另一方將會倒下。[58]這種末日幻想形塑了納粹政權及其眾多支持者的意識形態，令他們設法從德國拔除猶太人與猶太文化。這一意識形態特別控訴全球猶太人，認為他們預謀要挑起戰爭，藉此統治世界及消滅德意志民族——據稱這就是歷史上猶太人的所作所為。[59]這種將猶太人界定為歷史大敵的行為也帶有末世論色彩。一九三七年，德國市面上一本探討「猶太人罪狀」的書便聲稱：「與猶太人爭論就像是與魔鬼爭論。」[60]換句話說，若能一舉殲滅全球猶太人，便有望展開世界歷史上的新紀元。一九三九年九月二戰爆發，希特勒怪罪是猶太人慫恿英法宣戰。一九四一年六月希特勒派德軍進攻蘇聯，宣稱是要消滅「猶太布爾什維克敵人」。一九四一年十二月，希特勒向美國宣戰，這回目標則是對抗這個高層正受紐約猶太人奴役的對手。對希特勒和他身邊的極端反猶黨羽而言，德國發動的戰爭其實有兩場：一是針對同盟國，二是要將猶太人趕盡殺絕。德國欲殺遍猶太人（無論是在國內或是在歐洲攻下的新領土）的意識形態最終造就出以機槍和毒氣進行屠殺的大規模種族滅絕，彷彿猶太人真的是有組織的武裝勢力——實際上他們只是驚恐迷失又無力還手的受害者。從意識形態幻想至種族滅絕的轉變過程相當複雜，但希特勒發動這場猶太人之戰，確實是源自於加害者普遍共有的屠殺信仰。

意識形態也有助於我們理解，為什麼有些勢力會反對新興的政治性宗教。例如對以基督教為傳統的西方世界而言，政治性宗教帶來的挑戰時常會與既有理想產生衝突，最終成為雙方開戰的導火線。在歐洲的基督教派看來，新興的政治性宗教（也就是極權政權意識形態）直接挑戰到屹立數百年的基督教信仰，甚至是宗教本身。蘇聯的無神論與希特勒對德國教會的敵意，彷彿都證明了基督徒當時正面臨信仰史上的最大威脅。「階級、種族、血統、國家、武力及戰爭的神祕教條，」法國《社會基督教期刊》（*Revue de Christianisme Social*）的編輯在一九三七年寫道：「正於各地取代《福音書》的神祕教條。」[61]同年於牛津舉行的普世基督教會議決議一致反對「神格化任何民族或國家」，也反對近似於宗教的個人崇拜。沉重的不祥氣氛瀰漫於當時大部分的宗教討論，美國哲學家雷德（Melvin Rader）便於一九三九年寫道：「人類正面臨前所未有的巨大危機……各民族正逐漸墮入野蠻。」[62]溫徹斯特大教堂的法政牧師勞艾德（Roger Lloyd）則認為，《啟示錄》所預言的末日終戰即將由極權主義的敵基督發動。[63]值得注意的是，英國首相張伯倫（Neville Chamberlain）於一九三九年九月三日早晨向德國宣戰時，同樣援引道德聖戰的論述來作為宣戰決定的合理依據：「我們要打擊蠻橫武力、背信棄義、不公不義與打壓迫害的邪惡勢力，而我確信正義必勝。」[64]

認為必須對抗極權主義威脅及復甦西方世界的價值觀，源自於第一次世界大戰前興起的一項意識形態，那就是自由國際主義。這一思潮主張傳播民主、自由解放、資本主義經濟，還有最重要的和平。美國總統威爾遜（Woodrow Wilson）之所以帶領美國參與第一次世界大戰，部分動機便是源於這種對未來再無戰爭的憧憬。國際主義世界觀不完全是一種內在融貫的意識形態，好比許多自由國際主義者確實反戰，但他們也把戰爭視為防止進一步戰爭的手段（一九三〇年代下半或許更是唯一手段）。結果顯然相當矛盾。人們明白下一場戰爭只帶來大規模毀滅，但還是指望能藉此大破大立，以自由價值為基礎打造更美好未來。曾有人主張，這種矛盾反映出基督教長久以來的受難傳統，也就是認為苦難與犧牲是救贖的必經之路。在這種觀點下，就算戰爭即災難，可是為了保障未來的進步，人們仍然發動了戰爭。65

等到第二次世界大戰真的爆發，這一矛盾似乎就不那麼令人費解，因為敵人（尤其是希特勒統治的納粹德國）已被視為邪惡的化身，因此消滅邪惡就能展開新時代。自由主義國家便因此有理由對「異己」採取一定程度的暴力手段，哪怕得違反傳統戰爭法的嚴格規範。盟軍轟炸德國各城市的行動也帶有《聖經》裡不信神者受到嚴懲的色彩，從其軍事代號可見一斑——空襲漢堡的行動代號為「蛾摩拉」（遭上帝毀滅的罪惡之城），出動了一千架轟炸機空襲科隆的行動代號為「千禧年」，炸毀魯爾水壩的行動代號則是「懲戒」。落在廣島和長崎的原子彈更是鮮明體現出此種矛盾：那宛如末日懲罰，此後自由西方便會開啟新時代。自由主義西方始終堅信，持有核武是維護西方利益和價值觀的唯一途徑，儘管核武有帶來極度災禍之虞。與此同時，美國也開始在朝鮮半島、越南及諸多小型衝突中帶頭嚇阻共產主義，可見美國信奉以武力威脅來捍衛西方自由價值的意識形態。對美國來說，這些是放諸四海皆準的普世價值，而美國會不惜代價（無論是由哪一方承擔）捍衛這種深植於其流行文化的傳統思想。為了壓制共產主義而爆發的越戰，便因此犧牲了五萬名美國人和約莫兩百萬名越南人的性命。從一九四〇年代持續至一九八〇年代的冷戰，不僅關乎蘇聯會否發動戰爭爭取更多信徒，更關乎西方對共產意識形態的敵意。冷戰結束後，美國持續奉行國際主義意識形態，因其攸關美國的國家利益。二〇〇六年，小布希總統發表國情咨文，聲稱美國受到上帝和歷史的召喚，「要終結世界上的暴政。」這項承諾從此讓美國處於備戰狀態，而意識形態就是美國戰略及物質利益追求的核心特徵。66

西方持續在後冷戰時代動用武力的結果之一，便是讓伊斯蘭純淨派為了捍衛信仰，開始轉往更激進的吉哈德——這一傳統思潮原本在歐洲殖民主義、世俗化與現代化的浪潮下長期受到壓制。當然，吉哈德並非當代才有的現象，過去一百年來的好戰伊斯蘭派系，不僅與伊斯蘭律法及宗教生活的悠久歷史息息相關，其實也是延續伊斯蘭對基督教殖民帝國不斷擴張的反彈。大多數現代的吉哈德運動都具有創立純潔宗教的渴望，希望效法當初迎戰十字軍的伊斯蘭教徒，並且強烈受到十八世紀瓦哈比運動的啟發。該運動的發起人為阿拉伯神職人員瓦哈比（Muhammad Ibn Abd al-Wahhab），目的是改革伊斯蘭信仰。[67] 現代伊斯蘭的改革者便視瓦哈比運動為革新穆斯林世界的楷模，而激進伊斯蘭領袖也開始訴諸中世紀的鬥爭語言來為自己的吉哈德運動辯護，自稱「為阿拉真主而戰」，仿效努爾丁動員穆斯林的宗教熱情來對抗基督教十字軍。伊朗領導人何梅尼（Ayatollah Khomeini）便認為，與西方的衝突是「歷史上十字軍東征的最終階段」。一九五〇年代現代遜尼派伊斯蘭抵抗運動的始祖庫特布（Sayyid Qutb）也曾發起吉哈德，呼籲「抵抗流淌於所有西方人血液中的十字軍精神」。伊拉克與敘利亞伊斯蘭國的刊物亦反覆號召眾人打擊「十字軍聯盟」，盼望能拯救不幸生活在「十字軍底下」的穆斯林。[68]

吉哈德古老傳統的復興，至少可追溯至一九五〇至一九六〇年代，當時埃及的穆斯林兄弟會崛起，各地穆斯林也普遍對新建國的以色列與為之撐腰的西方國家抱持敵意。但一直要到一九七九年蘇聯入侵阿富汗及同年伊朗革命成功，捍衛伊斯蘭信仰的呼聲才廣泛傳播，遍地開花。全穆斯林世界的吉哈德志士都受到號召，以對抗蘇聯破壞阿富汗伊斯蘭信仰的野心，這是現代吉哈德精神首次真正展現的例子。暴力對抗獲得伊斯蘭教士和法學家的支持，他們引用古代文獻來說明暴力的合理依據，並解釋其使命。一九八四年，巴勒斯坦神學家阿扎姆（Aballah Yūsuf Azzām）頒布《捍衛穆斯林土地》教令，於當時影響甚巨。一九九三年，海卡爾（Muhammad

Khayr-Haykal）撰文談及穆斯林戰爭，其內容雖反對極端暴力，卻也在伊斯蘭世界掀起波瀾。阿扎姆認為阿富汗有望作為伊斯蘭立國的基地，可以從此出發，最終收復從西班牙南部到中亞等穆斯林統治過的土地。阿扎姆主張吉哈德本來就是所有穆斯林的使命，並藉由這一主張把捍衛信仰從集體使命轉變成了個人義務，繞過伊斯蘭傳統上只有宗教或世俗領袖才能發出戰爭號召的規定。阿扎姆就此奠定了個人無須等待官方號召便能發起吉哈德的基礎。[69]

更重要的是，伊斯蘭世界的各國政府及領袖往往也未能守住純正版本的伊斯蘭信仰，間接促成好戰分子與叛教者、現代西方的偶像崇拜者和多神論者的戰爭。伊斯蘭神學上的回應手段是公布叛教者，尤其是「非按真主之法來統治」的掌權者，意即「宣告某人之不忠」。假裝是穆斯林的統治者與異教徒無異，一樣會招致真主憤怒。[70]這也解釋了目前伊斯蘭戰爭為何多半是針對其他穆斯林及「多神教和偶像崇拜」的西方敵人。由於現代吉哈德不必經上級授權即可發動，所以欲爭取更純粹伊斯蘭信仰的團體也大量湧現：阿爾及利亞有「武裝伊斯蘭組織」，其宣布所有服務於阿爾及利亞政權的穆斯林都是異端。印尼有「伊斯蘭祈禱團」，埃及有「耶路撒冷支援團」和「沙里亞支援團」，索馬利亞有專門針對叛教穆斯林和異端敵人的「青年黨」。奈及利亞有「博科聖地」。阿富汗和巴基斯坦則有「塔利班」，其內部再分為不同群體。最後還有「蓋達組織」（又稱「基地組織」），從阿富汗到葉門都屬蓋達組織的活動範圍。[71]這些激進團體靠著由穆斯林志工及倡議人士組成的跨國人脈彼此接應，其中許多人來自一九七〇年代成立的世界穆斯林聯盟。該聯盟的成立宗旨在於讓全球穆斯林認識到穆斯林共同體正在面臨存亡威脅，同時宣傳與捍衛泛伊斯蘭主義活動。也就是說，吉哈德並非單一現象，而是由不同脈絡下對傳統伊斯蘭教法和神學的不同詮釋所引發的多樣化衝突。[72]

伊斯蘭戰爭為何在當代重新出現？如今大部分解釋都僅把宗教視為一種包裝話術，強調宗教背後其實還有更重大的政治及社會因素，因此並未直接將戰爭歸因於宗教。這有些類似於過去從物質角度來解釋十字軍東征的觀點。社會科學界大致認為，受激進伊斯蘭組織吸引的人可能是西方全球化進程的受害者，因為全球化使他們陷入貧困孤立且心懷怨懟的處境（許多人也確實是如此）。而這些人之所以被激進伊斯蘭吸引，可能只是因為需要一種獨特的身分認同來對抗西方的武力威嚇，或是因為他們更容易接受自己熟悉的穆斯林反抗意識形態。人們往往假設聲稱「捍衛伊斯蘭歷史」的運動只是以宗教為幌子，參與者的「真正動機」其實是社會和政治因素。然而，這樣的說法卻很難合理解釋那些發動吉哈德的組織為何會有各種不同的目標和極端行徑——除非我們認定世界所有信仰都只是其他動機的藉口。但如果我們淡化或忽略宗教動機，便將難以解釋這些人或這些團體的行為。人們確實會出於壓力或對社會不滿而支持某個宗教，但如果我們要解釋宗教戰爭，就不可能不把宗教動機納入考慮。[73]

這裡舉幾個知名案例，來證明宗教動機確實存在。例如奈及利亞的「博科聖地運動」（意指「禁止西方教育」），通稱為「致力於傳播先知教義和吉哈德之士」，其宗旨正是參考十八世紀伊斯蘭改革家福迪歐（Sheha Uthman Dan Fodio）的著作——這一著作界定了何謂穆斯林不忠之舉，以及忽視真主律法的統治者如何構成叛教。博科聖地也參考西非伊斯蘭復興主義的傳統，而這類運動在英國統治下逐漸發展成一種末日願景，認為伊斯蘭世界必將與西方一戰，必將打擊穆斯林眼中的墮落叛教者或背棄信仰者。博科聖地發起吉哈德是為了淨化宗教、推行伊斯蘭教法，以及懲罰真宗教的叛徒，成員通常會採取極端暴力手段對付那些「不虔誠者」。[74] 隨著蓋達組織及伊斯蘭國先後興起，對不信教及叛教者發動戰爭的思想也達到鼎盛。這兩個極端組織都奉行原教旨主義，致力於奪回曾屬於穆斯林的土地及推行伊斯蘭律法。兩者也都是遜尼派穆斯林，所以他們不僅敵視「十字軍」世界及叛教的穆斯林同胞，更與什葉派作對（儘管什葉派的吉哈德組織在第一次波斯灣戰爭後也對西方發起了自己的宗教戰爭）。一九九六年，蓋達組織首腦賓拉登（Osama bin Laden）發表《對美宣戰書》，兩年後再發表《世界伊斯蘭前線反對猶太人和基督徒的十字軍宣言》，為宗教戰爭和恐怖暴力賦予具體的政治目標。後來出現的伊斯蘭國野心更大，力圖建立新哈里發體制作為新伊斯蘭國的核心，藉此推動伊斯蘭的真正改革與復興。

伊斯蘭國奉行一種從《可蘭經》與《聖訓》解讀出的伊斯蘭純粹主義——就像前述所有宗教

戰爭，伊斯蘭國支持者自認為是真正的信徒。他們同樣抱持著末日觀點，認為伊斯蘭國與異教徒或叛教者的世界水火不容，這也呼應了從十字軍東征到不列顛內戰的末世論想像。伊斯蘭國建立了哈里發國，重啟其心目中的穆罕默德征戰社會，同時號召所有穆斯林為全球的伊斯蘭土地而戰。伊斯蘭國成員相信，《可蘭經》預言的末日終戰將會發生在敘利亞的小村莊達比克（伊斯蘭國的傳聲雜誌便是以此命名），等到與撒旦勢力的最後末日鬥爭爆發，爾撒和馬帝（「救世引路人」）都會現身幫助擊敗不信教的敵人與所有穆斯林異端。[75]只有神才能揭曉末日的時刻，而根據《可蘭經》的說法，屆時吉哈德將由「奇塔爾」（qitāl）取代，那才是真正的戰爭狀態。伊斯蘭國對於殺害其他穆斯林的暴力行為（如人肉或汽車炸彈）也有一個荒謬的合法依據——他們宣稱穆罕默德也曾在西元六三〇年帶兵圍攻塔伊夫城時，使用投石機無差別攻擊城中居民。[76]伊斯蘭國的領袖斷定，在真主阿拉的神聖調解下，他們創造的征戰社會將擊敗不信教者。對於在衝突中犧牲的伊斯蘭戰士而言，他們的賞賜就是天堂，而天堂的應許來自於伊斯蘭宗教著作立下的悠久傳統。[77]

眾所周知，世界上絕大多數穆斯林始終都不認同這種在未來打造全球伊斯蘭國度的憧憬，也

不認同為達願景而訴諸極端暴力的新一代伊斯蘭戰士（就像中世紀的加齊）。伊斯蘭與基督教一樣，都擁有寬容與和平的神學傳統，儘管這種傳統可能時常顯得脆弱。但未來的歷史學家將會回顧這場持續了五十年的現代吉哈德，視之為又一段因宗教而起的戰爭時期，無論其中摻雜何種政治、社會或經濟動機。伊斯蘭的好戰精神並非異常現象，卻是其悠久傳統的一環，可追溯至穆罕默德本人在世時及第一個征戰社會的興起，就像基督教也存有代表某種信仰派系的好戰傳統。

從十字軍東征到伊斯蘭國的出現，學術界在剖析前述案例的成因時，多半仍相信人類並非受到宗教、意識形態或超自然現象的驅使才發動戰爭，而是為了物質利益、政治野心或社會抗議等可為現代西方觀點所理解的原因。學界大多仍不願放棄「理性行為者模型」，不願接受某些發動戰爭者可能確實信奉另一種現實觀。[78]誠如文學評論家李明（David Leeming）所說，現代人普遍習慣「科學理性主義訓練」，往往輕易便將各種宗教和世界觀的中心「神話」駁斥為「偽信仰和迷信」。[79]但在過去幾十年來，歷史學家和社會科學家也開始主張，某些案例確實是奉宗教或意識形態為最高宗旨，所以在剖析這類戰爭時一定得重新考量信仰的重要性——而我們幾乎可以斷定，許多參加「宗教戰爭」的人都會這樣解讀自己的動機。人類學家很久以前便觀察到，少數人類社會確實仍憑藉古老的超自然觀念來解讀周遭世界，對於依信仰而生的人來說，這些信仰並無異於現實。儘管現代觀察家時常傾向於視信仰為無關「真正」物質動機的外在因素，但在特定時空背景下信仰確實仍為暴力起因，往往還手段極端。當然，信仰並非必然招致暴力，但信徒若有感於受到威脅，或認定應藉征服或犧牲來捍衛信仰時，信仰絕對有可能成為戰爭的主要驅動力，無論如何都無法用理性解釋來否定。

第七章　權力

諸位請牢記：你們若戰勝敵人，不僅將成為非洲的主人，也將為你們與羅馬掙得不容置喙的領導地位與統治權，從此主宰全世界。

——據波利比烏斯所載，此為大西庇阿的演說[1]

西元前二〇二年，號稱「非洲征服者」的大西庇阿（Scipio Africanus）率領羅馬軍隊於札馬擊敗迦太基，從此北非成為世上又一聽羅馬號令的地區。至此，羅馬共和的勢力已覆蓋地中海地區大半。據希臘歷史學家波力比阿斯後來寫成的羅馬史第十五卷，大西庇阿於戰爭前夕曾向大軍述說自己的願景，稱勝利將讓羅馬成為世界強權。羅馬從西元前六世紀的小城邦，逐漸壯大為橫掃地中海沿岸的共和帝國，而無論波力比阿斯所述真偽，札馬之役都是羅馬長久崛起歷程中的巔峰——波力比阿斯更說那是「人類史上無與倫比的」成就。[2]至西元前二世紀，羅馬已將巴爾幹半島西部的伊利里亞和希臘納入勢力範圍。雖然還有其他動機也能用來解釋羅馬為何征戰不斷，但我們很難不如此推斷：羅馬興起後的頭六個世紀，為了追逐權力而犧牲其他大小政體正是羅馬戰爭的動力。

權力（Power）顯然是一個保持彈性而難以衡量的概念，在各種語言都有多樣化的定義。權力的語義解讀非常複雜。一九五〇年代權力概念的科學研究先驅、美國政治學者道爾（Robert Dahl）便論定：對一些學者來說，「有關『權力』的研究簡直是一片無底沼澤。」[3] 儘管如此，權力仍是現代所有攸關戰爭與國家政策討論的關鍵概念。此概念在十八世紀初首次用於指稱「國家權力」，如今這種語言上的轉變已為人熟悉，例如在討論國際關係及各國發生戰爭的可能性時，強權、崛起強權、衰落強權、權力平衡、權力轉移及軍事力皆已成為不可或缺的主題。即便如此，權力的核心定義依舊源自於羅馬詞彙「imperium」（發號施令的權力），這一概念既可指治理內部社會，也可指支配鄰國或遠方敵人。這就是道爾所界定的權力本質：「稱甲對乙擁有權力，便表示甲能下令乙去做某件乙原本不會主動做的事。」[4] 這完全不必涉及戰爭或軍事壓力，因為道爾舉例是為了解釋美國參議員在影響政策時所擁有的「權力」。在討論國際場域中的權力時，更常用的方法是區分「硬實力」和「軟實力」。硬實力表現在軍事武力，軟實力則屬於藉政治壓力、社會階級、經濟勢力或文化帝國主義來行使的權力。在解讀戰爭與權力的關係時，前者往往更能派上用場：利用戰爭或武嚇來擴大及行使對他人的權力，即所謂的「強制型權力」。[5]

這種權力形式正是第一批酋邦、王國及帝國能夠興起的關鍵。人類學界另一項影響深遠的貢獻要歸功於人類學家卡內羅（Robert Carneiro），他主張國家的起源，在於戰功卓著、自封為酋長的男子憑藉武力，擴展部落共同體對其他部落的影響力。卡內羅指出，從「村落自治走到跨村落整合」是奠定這一基礎的關鍵，後續從酋邦到王國再發展成帝國的過程則只是程度差異，性質不變。各程度權力的演變幾乎完全是由戰爭推動，而造就戰爭潛力的，則是人口成長與集中之後所創造的經濟盈餘。卡內羅總結，武力是將人類從村莊拓展至國家的推手。[6] 但卡內羅沒有只把戰爭當作角逐權力的手段，而是同時把戰爭視為人們為了應對生態壓力或資源競爭而採取的作為，只不過過程中規模與武力勝出者將戰勝實力較弱者。換言之，權力是指**獲取**某物（如更多的土地、貢品、奴隸、資源）的能力。權力不是商品，而是一種狀態，權力界定了指揮者與被指揮者之間的關係。擁有強制力才有可能發動戰爭，但行使這種權力的動機，無論是物質、意識形態或政治動機，才能解釋人們為何選擇訴諸衝突。

綜觀大半人類歷史，小型平等群體原本不存在這種權力觀，因為人類不時遷移，所以一個群體不太有機會實質統治另一群體，但這並不排除各族群會為了物質需求而發生衝突的可能。正如卡內羅所述，人類社群逐漸轉型為社會分層更複雜的大型政治體系，而這個過程主要仍是由資源的取得與競爭所推動。不過，對於新興菁英階級來說，手握權力就表示自己能按心意強迫他人接受不平等的社會地位和物質財富分配，使被統治者接受權力菁英統治的合法性。這種意義上的權力在戰爭方面的表現分為兩種。首先，戰爭始終是擴張對外權力的手段，從第一批部落酋邦至留有歷史紀錄的國家都曾這麼做。此種權力也是保衛自己人免受外人宰割的能力，這可能是強制型權力最重要也卻常遭忽視的一面。第二種則是小型酋邦或大型國家皆有的對內施展的權力。有時候，甚或在諸多情況下，此種權力的鞏固都有賴於酋長、國王或各種菁英群體藉戰爭來自證領袖風範，才能獎勵戰士及追隨者、滿足子民期待，並於必要時安撫神靈。[7]古代和前現代社會中的領袖普遍面臨征戰的壓力，文化習俗使得不打仗成為不可接受的選項。在阿茲特克，掌權者於登基後理當立刻發動戰爭來證明自己的合法權威。羅馬統治結束後，歐洲各小型酋邦和王國的領導權也大多取決於打仗能力，領袖通常會親自領軍。[8]未能向外征戰就與打敗仗無異，兩者都有損於領袖的統治權威。掌權者不應僅享受權力，更該展示權力。而過去五千年的歷史中，展現權力時常就代表征戰鄰國，往往還須頻繁定期地征戰。

比起因物質資源、意識形態或政治野心而起的戰爭（也就是權力在此為達成目標的條件而非動機），我們更難找到單純為擴大權力而發動的戰爭。歷史上大多數的戰爭裡，角逐權力的野心雖然多少發揮作用，但權力得失往往只是戰爭成敗的結果。要理解以追求權力本身為目的案例，我們便得回顧大西庇阿與迦太基敗北的故事。在描述羅馬勝利時，波力比阿斯特別要讀者思考：

羅馬為什麼能在幾十年內就稱霸「幾乎整片有人居的世界」？歷史學家也問過相同問題。長久以來的傳統觀點認為，羅馬自西元前五世紀起的擴張主要是為了自保，彷彿羅馬之所以會建立起龐大帝國，都是因為受到外部壓迫。但這項說法卻難以服人，就好比說大英帝國是在數世紀帝國主義發展期間不小心建立起來的。這種觀點難以解釋羅馬為何不斷征討四方，勢力席捲整片地中海地區、北非、巴爾幹半島、小亞細亞及大半的西歐與中歐，這根本遠遠超出合理的「防禦」範圍。這麼說並不是要排除羅馬曾為應對外侮而征戰，而是大多數戰果確實讓羅馬人得以號令新民族。換句話說，認為羅馬是受權力欲望所驅使才發動戰爭，應該是更有力的解釋。他們力圖主宰「寰宇」（orbis terrarum），也就是已知世界。至西元一千年初，羅馬全境子民都已能誇耀「imperium Romanum, sine fine」，意即「羅馬統治無止境」。[9]

要進一步理解這種權力如何影響羅馬擴張，不妨先探討羅馬社會的本質及羅馬菁英與公民是如何看待羅馬社會。西元前一世紀，「imperium popoli romani」（羅馬的指揮權）一詞首次出現。那時地圖尚未普及，故羅馬人征討四方並非為了擴大領土，而是為了征服更多「聽我號令」的民族。這些人可能包括被迫納貢但在政治上仍然獨立的族群，但在羅馬語境底下這些人同樣聽羅馬**號令**，就像迦太基在敗於札馬後長達五十年一直受羅馬支配，直至西元前一四六年遇襲滅亡為止，原因至今不明。[10]同年，羅馬人洗劫希臘的科林斯，從此將希臘半島納入勢力範圍，隨後出兵占領小亞細亞，直搗近東。羅馬社會的一項重要特色，就是為權力和榮耀而戰被視為光榮之舉。羅馬貴族及軍事高層主要也是憑藉戰爭來享受國內權力，例如在西元前一世紀征服高盧的凱撒與同時代的龐培都是如此。龐培還留下一篇銘文，稱自己在征服西班牙和近東時將一千五百三十八處城鎮及堡壘歸入羅馬治下。[11]這並非有預謀的擴張，而擴張帝國也沒有標準流程。然而，羅馬共和一旦掌控權力，就幾乎再也不曾鬆手。這種權力到頭來還是源自於羅馬的軍事力——至西元前四世紀，羅馬軍隊的先進組織、科技和戰術已使其能夠獨占鰲頭數百年。[12]

羅馬共和國每年任命的兩位執政官都有義務發動戰爭，不然便得解釋不發動戰爭的理由。羅馬人會舉行盛大的凱旋慶典，來表揚立下戰功的執政官或將軍，俘獲的酋長或國王會被上銬押至廣場，大多時候也接受公開處決，以彰顯羅馬人的力量勝過其他民族。掌權的文化象徵是營造羅馬權力形象的基石。羅馬指揮官亦會建造拱門來紀念自己的成就。現今還有至少三百座拱門留存下來。成功便意味著繼續拓寬現有勢力範圍，所以國內外的權力總是同步演進。人們逐漸以為羅馬擴張將永無止境。西元前一世紀，詩人維吉爾（Vergil）也於《伊尼亞斯紀》（*The Aeneid*）寫下神靈朱比特賜予羅馬「永恆的權威」。至西元前十四年，奧古斯都成為第一公民與首任「元首」（拉丁語principes），羅馬又打下不列顛與多瑙河畔的達契亞，此時擴張幾乎已到盡頭。他的墓誌銘開頭刻著：「神聖的奧古斯都，其功績便是使世界置於羅馬人民的統御之下。」[13]我們可以從羅馬精密的道路網來跟隨其擴張腳步：道路每隔一段距離便設有標誌，起初是沿著義大利半島鋪設，然後穿過希臘進入小亞細亞。標誌的語言為拉丁文，並附有希臘語小標。在沒有精確地圖的情況下，道路便代以標記羅馬認定的勢力範圍。羅馬人相信權力能無限拓展，因為他們受到眾神恩寵，而他們也背負傳播文明的使命。時人以為受羅馬統治是一種福氣，而忠於羅馬權力者也確實享有優勢。然而，想脫離羅馬者也會慘遭懲罰。

羅馬是古典時期積極向外擴張最成功的強權，但並非唯一案例。不單是羅馬懷抱著建立普世單一世界體系的想法，許多帝國也抱持這樣的夢想。希臘人便曾構想出「世界之都」（kosmopolis）的觀念，而這一理想至西元前二世紀時已由羅馬實踐。[14] 來到東亞，中國戰國時期的各國也懷有「普天之下」的憧憬，隨後的秦帝國還開創了「皇帝」（始皇帝）稱號，以天子的身分統治整片時人已知的世界。[15] 日本皇室（歷史據說可追溯到西元前七世紀傳說中的天皇）則提出「八紘為宇」的觀念，由皇室主導打造日本帝國。後來成吉思汗的蒙古帝國於西元十三世紀初征服了大半歐亞大陸，也自稱掌控天下——「成吉思汗」這個詞彙的意思就相當於「天下共主」。蒙古帝國和羅馬帝國一樣，會為了鞏固權力而定期訴諸破壞型戰爭來對付不服可汗權威的人。成吉思汗自稱受天神騰格里的委託統治草原，但隨著帝國擴張，受託範圍也擴及全世界，「從日出之處至日落之處」。有道詔書宣稱，普天之下「只臣服唯一共主，也就是成吉思汗」。蒙古的意識形態將世界分為兩部分，一部分是已征服之地，另一部分則尚待征服。[16]因此蒙古帝國大業的宗旨就是持續征戰，我們所知的帝國在其國祚之內都在不斷發動戰爭，號稱「日不落」的大英帝國也不例外。

羅馬等多數帝國泰半是由歷代領袖、軍人及官員逐漸建成，但成吉思汗的案例則突顯出另一種追求權力的特殊形式。我想最為貼切的描述便是「狂妄型權力」，也就是關乎個人野心成就的權力欲，如同成吉思汗藉征戰來打造他龐大卻短暫的帝國。古希臘文的「hubris」（狂妄）一詞係指區區凡人竟膽敢挑戰眾神，所以注定淪落至悽慘下場。但若稍稍延伸語義，這個詞卻也適用於眾多歷史事件。[17]有別於本書絕大部分對於戰爭的解釋，所謂「狂妄型戰爭」是取決於個人性格，無關制度、背景及文化。這些強人乘著特定歷史局勢，藉由戰爭來奪取權力。他們往往獲得軍隊襄助，也會為自己包裝各種貌似正當的動機。即便實際上促使他們發動戰爭的動機，就只是個人狂妄的野心。

狂妄型戰爭最為人知的案例，就屬亞歷山大大帝、拿破崙和希特勒。儘管三人之間相隔漫長歷史，職涯卻都有些或可借鏡的相似之處。三人都來自未來征服之處的邊陲：亞歷山大來自希臘北部的馬其頓、拿破崙出身科西嘉島，希特勒則出身奧地利。三人都在短時間內建起幅員遼闊的

帝國：亞歷山大費時九年、拿破崙十年，希特勒五年，但隨著核心人物去世或敗北，三座帝國也各自土崩瓦解。三人在發動戰爭後都不知該何時收手，卻都怪罪他人逼得自己不斷征戰。他們的野心催生出最殘暴的大規模戰爭，他們的個人權威則使手下軍隊不惜代價地戰鬥。他們若懷疑身邊有人欺瞞或有心違抗，往往會生出無濟於事的怒火。三人都自覺是天選之人，背負神賜使命。亞歷山大明白，眾人若相信自己是眾神之王宙斯之子，便能證實他有征戰四方的天命。拿破崙則是於一八〇四年，在「天意賜予我的王位上」接受加冕為皇帝。希特勒從政早年便覺得可能是上帝挑中了自己，要他憑一己之力拯救德國。儘管三人都佯裝低調，卻都著迷於個人權力的展現與象徵：亞歷山大於王帳內要求臣民跪拜，拿破崙雖支持共和卻仍建造奢華宮廷，希特勒坐在新總理府的巨大辦公室，用此種立體的權力意象震懾所有訪客。三人的帝國大業雖然都已瓦解，事蹟卻得以繼續流傳，因為世人對他們的歷史充滿興致。歷史學家在亞歷山大英年早逝之前便已提筆紀錄其生平，希臘和羅馬時期也有人持續書寫，直至今日。早在拿破崙從政之初，便有人為他寫下五十本傳記。有關希特勒的歷史書籍，現在也擺滿世界各地書店的書架。

然而，這三人的歷史如何有助於我們理解權力與戰爭的關係？答案尚須仔細審視。他們彼此顯然存在諸多差異，主要是因為掌權的歷史脈絡各有不同。亞歷山大大帝是異常早熟的征服者，出生在希臘北部的馬其頓王國（當時人都稱其為亞歷山大三世）。西元前三三六年，二十歲的他繼承父親腓力二世的王位，不出十年便打下兩百萬平方英里的領土，卻於西元前三二三年六月辭世，年僅三十二。亞歷山大的相關資料並不多，多數是於他死後幾世紀才寫成，取材自往往存有出入的早期歷史記載。但只要審慎運用，我們也能探索亞歷山大的個人經歷與征服之路。亞歷山大的功績多半得歸於父王腓力二世奠定的基礎：統一馬其頓、擊退國境之外的威脅並培養出強大軍隊。這支軍隊是由雙手持薩里薩長矛（長五至六英尺且配有厚重鐵刃）的重裝步兵方陣組成。[18]腓力二世利用這支新部隊打下希臘城邦，並於西元前三三六年策畫出兵攻打波斯的阿契美尼德帝國，表面上的目的是要解放位於現今土耳其海岸的希臘城邦，實際上則是為了報復波斯人於一世紀前傷害希臘。他派出馬其頓將軍帕曼紐（Parmenion）率領一萬大軍渡過博斯普魯斯海峽，但腓力二世還來不及參戰就遇刺身亡。於是亞歷山大繼承馬其頓王位，承繼父親入侵波斯的遺志。我們無法確定腓力二世最初的意圖為何，但亞歷山大發動的看來不單純是復仇之戰，更是一場試圖徹底摧毀龐大阿契美尼德帝國的戰爭。傳言他在登陸赫勒斯滂海峽（Hellespont，今達達尼爾海峽）的亞洲一側之前，曾將一把長矛擲入地裡，象徵自己即將征服亞洲這片「以長矛掙得之地」。[19]亞歷山大先於特洛伊遺址參拜了阿基里斯和小埃阿斯的陵墓，以新王身分緬懷過往的希臘英雄，隨後便派兵攻打今土耳其的格拉尼庫斯河（Granicus River）與伊蘇斯（Issus），最後再憑美索不達米亞平原的高加米拉（Gaugamela）關鍵一役大勝大流士三世的波斯軍隊。他同時還攻下地中海東部沿岸地區（圍城歷時七月摧毀泰爾城，屠殺男人並奴役女人），占領埃及。[20]

歷來對亞歷山大的野心有過諸多臆測。他成長於一個充滿軍事活動的世界，自幼受到軍事神靈與英雄文化的薰陶。據說他母親是阿基里斯後人，父親有海格力士（Hercules）血統，甚至還有傳言說亞歷山大的父親是宙斯本人。他一出生便有預兆顯示他將「天下無敵」、「戰無不勝」。亞歷山大的宮廷預言家亞里斯坦德（Aristander）日後也順勢為他占卜，令亞歷山大更堅信自己所向披靡。後來的古典傳記作家阿里安（Arrian）認為亞歷山大「熱衷光榮」，對榮耀的「渴望永不滿足」，這與他外顯的征服欲十分一致。[21]他是厲害的戰場指揮官，正是自己兒時崇拜與效仿的英雄典範。每次勝利都讓他更有感於天意如此，而這場從波斯統治下解放希臘城市而起的戰役，逐漸演變成一場征服大半已知世界的狂妄戰役。待他抵達小亞細亞的哥迪姆（Gordium）時，他還直接用劍斬斷難解的「戈耳狄俄斯之結」，盼能實現預言（據說解開此結者，便能成為「亞洲之王」）。[22]當亞歷山大抵達埃及並被擁立為新法老時，他的恢弘野心更是清楚易見。他橫越沙漠來到位於當今利比亞的錫瓦神諭，表面上是為了確認自己是否出生時即非常人。傳言祭司還尊他為宙斯或阿蒙（埃及的眾神之王）之子。有些資料指出，他並不想被尊為神明，只想成為像神一樣的人，這樣便足以與普通凡人區隔。[23]儘管他是否曾追求神明地位尚存爭議，但今人已普遍認為，當他到達錫瓦時已有意追逐亞洲之王的大位，以取代波斯王朝。亞歷山大在攻克波斯阿契美尼德帝國後，又進攻中亞的巴克特里亞（Bactria）和粟特（Sogdiana），隨後還夢想遠征印度。此時他與手下軍隊已距離馬其頓超過一千英里。

亞歷山大明顯醉心於自己的征服欲念。傳記作家阿里安於西元二世紀寫道：「亞歷山大從不畫地自限，絕不安於迄今所有……他總會前往遠方探索未知。」[24]然而，事實證明，對於身處異鄉且精疲力竭的希臘軍隊來說，征服印度的戰役實在太過辛苦。亞歷山大抵達希達斯佩斯河（Hydaspes）後，確實擊敗了當地國王波魯斯（Porus），但麾下軍隊已達忍耐極限，拒絕繼續東進。亞歷山大的意圖至今仍有爭議，但當初若有機會，他對征服權力的痴迷很可能會帶他走得更遠。有記載指出，他對於自己在「世界盡入掌中之前」被迫回頭憤恨不已。他獻祭了一頭羊，發現內臟裡出現不祥之兆，便認為那是自己失敗的理由。就這樣，他率領疲憊的軍隊往南跋涉印度河流域，一路恣意屠殺任何反抗他的部落。他抵達當時代表世界盡頭的海洋，並向海神波塞頓獻祭了公牛。士兵們跟隨國王的野心卻一無所獲，回程穿越格羅西亞沙漠（Gedrosian）的遙遠路途又讓他們吃了極大苦頭。[25]當亞歷山大返回從波斯人手中奪下的巴比倫和蘇薩城時，他似乎已在思考如何征服阿拉伯或裏海地區，甚至進軍中歐及西歐。至於馬其頓人與亞歷山大麾下背景各異的聯軍是否還願意跟隨他？答案就不得而知了。

此時亞歷山大炫耀權力的舉止已經疏遠了許多人。在他的征服歷程中，他建造了至少二十處名為亞歷山卓的城鎮或堡壘。其中以埃及的亞歷山卓城最為知名，還有中亞的絕域亞歷山卓——意指「最遠處」，位於與斯基泰游牧民接壤的動盪邊境。特別的是，當時希臘文化圈尚無城鎮是以凡人名字命名，但亞歷山大甚至用愛犬和自己名為「布西發拉斯」（Bucephalus）的馬來命名城鎮。[26]大流士戰敗後，亞歷山大於巨大營帳裡布置波斯風格的宮廷，據說裡頭用了五十根金柱、一百張沙發和一大群衛兵。他在這裡穿著波斯服裝，也不讓他人近身（過去他待人更平等親和），並於西元前三二七年意圖引入波斯的「伏拜禮」（proskynesis），讓臣民於自己跟前匍匐。[27]這對亞歷山大的馬其頓隨從而言實在太過分，但他竟毫不留情追捕反對者，並處決相關人士。這位馬其頓國王現在更像是亞洲之王，也越來越自命不凡。亞歷山大的千秋幻夢最終隨著他於西元前三二三年驟逝而終止，我們幾乎能肯定他是死於疾病而非中毒。由於沒有指定繼承人，不出幾年，他短壽的帝國就分裂成多個彼此為戰的王國，身後留下的唯有那份非比尋常的個人野心。

年輕的拿破崙肯定對此一野心瞭若指掌：同時代人的記載都指出他如飢似渴地閱讀古典時期各個偉大將軍的經歷，尤其對希臘和羅馬的征服者傳奇手不釋卷。亞歷山大早年享有的優勢拿破崙幾乎都沒有。他是科西嘉島一個小貴族家庭的次子，小時候在法國布列納（Brienne）的軍校度過辛苦的十年。他在學校曾被同學欺負，因為大家覺得他脾氣暴躁又孤僻，喜歡閱讀而不喜歡參與遊戲。當時有關拿破崙早年生平（指他成為將軍且在一八〇四年加冕為皇帝之前的經歷）的大部分史料儘管豐富，卻都是二手文獻居多，只不過還是比亞歷山大的史料更為可靠。當時的人一致同意，拿破崙年輕時就與常人極為不同。他態度傲慢，偶爾會脾氣失控，夢想未來能成就一番大事業。權力似乎一直是他人生的重心。一七九三年，他擔任砲兵司令打贏了土倫圍城戰，於戰鬥中表現出果決勇敢的特質，但戰功並未替他帶來任何獎勵。一七九四年是他從軍生涯的低谷，他曾告訴哥哥約瑟夫：「在這世上唯一能做的，就是不斷獲得……權力，更多權力，其餘一切毫無意義。」[28]一七九五年十月，他積極協助巴黎革命政府鎮壓葡月起義，從此人生迎來轉捩點。他獲任為少將，一年內便說服政府讓自己率軍進攻義大利，挽救在當地與哈布斯堡軍隊苦戰的法國革命軍。一七九二年開始的法國大革命戰爭波折不斷，卻恰好給了拿破崙大放異彩的機會。[29]從拿破崙的輝煌戰果可見他是天生的作戰能手，他也憑藉連串勝利躍升為巴黎眾所周知的英雄和救世主。他後來聲稱，自己對未來改觀的契機，是一七九六年五月在米蘭附近的洛迪一役打了勝仗：「直到洛迪戰役當晚，我才相信自己是個優秀的人。我產生了成就大事業的念頭，在那之前我心心念念的一切不過都是妄想。」[30]這位總在乎自己成功與否的指揮官明顯有些狂妄。「我的權力，」他後來聲稱：「取決於我的榮耀，我的榮耀則取決於我的勝利。」[31]

拿破崙就像他的前輩亞歷山大，以永不停歇的精力拓展帝國邊界。法國的掌控伸入義大利、德意志、低地國家、瑞士，後來也進入西班牙。一七九九年，拿破崙構想出入侵埃及的計畫，也許是在響應當初的亞歷山大（「我們必進軍東方，所有威名都來自該處」）。儘管他於海陸皆吞下敗仗，仍能成功說服法國人相信，那是又一場光榮的冒險。[32]多數歷史學家都同意那時法國並無特定的征服計畫，這點大概也不足為奇，畢竟法國的盟友、附庸國與敵人的聯盟政治動態總是變動不斷。拿破崙時常抱怨，是他人的頑固不化逼得自己不得不開戰，這從他的角度來看或許站得住腳。但事實是法國勢力持續擴張，拿破崙也拒絕讓他國約束自己，所以才招致他人的反抗。一七九九年，他成為第一執政（新憲法體系的行政首長），從此一手掌握了戰或和的決定權。他抱持嚴重的仇英心態（因為英國人始終反對他的帝國大業），對歐洲各國君王的態度也是懷疑與輕蔑參半。一八〇二年，英法這兩個打得筋疲力竭的死對頭簽下了《亞眠和約》，但合約很快就被撕毀，戰事繼續延宕。一八〇五年，法國於奧斯特里茲（Austerlitz）擊敗奧地利與俄羅斯，隔年於耶拿—奧爾施泰特戰役（Jena-Auerstädt）戰勝普魯士。一八〇七年，法國再度擊敗俄羅斯，連串勝利讓拿破崙重整歐洲的政治版圖，將他的兄弟們推上附庸國的王座。法蘭西帝國至一八〇八年已達鼎盛，但拿破崙不打仗便不滿足。他那時仍在與英國交戰，還不忘想辦法將西班牙納入帝國版圖，開闢新前線。四年後，拿破崙與俄羅斯再度爆發慘烈戰爭——他其實本無必要宣戰，只是他無法容忍有人蔑視自己的權力。

拿破崙享受著擺弄權力的快感。「凡我所到之處，皆已聽我號令，」他這麼告訴自己的宮廷顧問羅德雷爾（Pierre Roederer），「我就是為此而生。」[33]從他掌權初期，他便懂得營造自己外在的領袖形象。拿破崙在義大利米蘭郊外的蒙貝洛宮有處基地，這裡實質上已成為皇家宮廷。在這裡，他開始與同僚保持距離，與副官分開用餐，並控制他人與自己會面的形式。「在我眼中，他位高權重，周身環繞著敬意與榮光，但我們不再平起平坐。」他的軍事祕書布里耶納回憶。一七九〇年代，拿破崙在義大利的那兩年間，便有不下七十六本專門談論拿破崙戰功的小冊出版。有人聲稱他媲美羅馬名將大西庇阿，政敵則稱他難與亞歷山大、漢尼拔或凱撒相提並論。[34]拿破崙在法國不斷擴權時，始終主打獨裁統治風格。他起初擔任十年的第一執政，然後在一八〇二年成為終身執政，最後在一八〇四年五月登基為帝。這樣一來他便能與歐洲各國皇帝平起平坐了。不過，拿破崙更在乎的也許是自己的帝國很快便廣為人比作偉大的古典帝國。他的加冕典禮辦得鋪張奢華，連教宗也親自出席——教宗將王冠交由拿破崙自行戴上，以此表明他的權力是自己一手掙得，絕非他人恩賜。[35]次年，他決定於米蘭將自己加冕為義大利國王，使用中世紀神聖羅馬帝國皇帝巴巴羅薩時期流傳下來的倫巴底鐵王冠。值得玩味的是，他也不再稱人民為「公民」，而是「臣民」。[36]

拿破崙本人多少掌控他自己的個人崇拜宣傳。拿破崙政權嚴密監視出版品，審查對帝國的批評，同時控制一切能影響輿論的資訊，手法毫不留情。法國在一七八九年原有一百三十本出版期刊，到了一八一一年卻只剩下四本仍在印刷。[37]救世主和英雄的形像不斷被美化。一八〇六年，法國參議院更投票決定為「拿破崙大帝」豎立紀念碑，此後這項頭銜也變得更常見普及。一八〇二年，「聖拿破崙」一詞首次出現。一八〇六年，拿破崙的生日八月十五日正式成為聖拿破崙日，特意要壓過落於同一天的天主教聖母升天節，對此許多神職人員都表示抗議。一八〇六年，當局命人起草天主教教義問答的增訂內容，並依規定傳授給全帝國境內的兒童，內容指出拿破崙是神意所歸，就如同亞歷山大也與宙斯命運相連。孩子們會被問道，他們為什麼要追隨拿破崙？答案只能是「他是上帝創造的……天選之人。」[38]「普世帝王」或「世界霸主」的稱號廣為當時人所知，拿破崙也樂意順水推舟。至於他是否曾想過擴權至更遠處，例如中東與印度，甚至是歐亞大陸？這點倒是有待商榷。一八一一年，他告訴教士普拉（Dominique Dufour de Pradt）：「不出五年，我就會主宰世界。如今只剩俄羅斯，我會打得他們潰不成軍。」[39]

拿破崙於帝國各地招來六十一萬兵力入侵俄羅斯，彷彿在響應亞歷山大的征印之旅，而兩份狂妄雄圖最後都以失敗收場。歷來人們都在揣測拿破崙為何干冒大險征討俄羅斯，畢竟俄羅斯幾無可能併入法蘭西帝國，所以這在戰略上說不太過去。有一種說法是，拿破崙渴望在歐洲擁有至高無上的權力，而擊敗俄羅斯能為自己鋪路，有助於之後再擊敗英國或與英國簽訂協議（這是他一統歐洲的重點野心）。這一觀點算是有理，卻很難證明。表面上看，拿破崙的動機是要逼俄羅斯沙皇亞歷山大一世禁止英國貿易，但我們很難不把此役看作拿破崙本人的野心表現——他想斬去威脅自己皇權及帝國大業的強權。他以古典時期為喻，說自己的大軍團「猶如薛西斯的軍隊，表現也將如亞歷山大的將士一樣優秀。」旁人警告他討伐俄羅斯有眾多危險，除了後勤問題外，招募自各民族的軍隊其實良莠不齊，很多人還對法國懷恨在心。指揮官和普通士兵皆不明白，他們為什麼會在缺乏物資又沒有冬裝的條件下被叫去進攻遙遠的俄羅斯。拿破崙卻只惋惜於「很少人真正懂他的雄圖大業」。[40] 結果這場戰役一敗塗地，軍隊只剩六分之一從俄羅斯狼狽歸國。拿破崙料想得沒錯，他的權力確實取決於個人戰功，那也是他打造帝國權力的基礎。結果就是俄羅斯一役同時削弱了他自己的權位與帝國權力。各國重組聯盟，於德意志擊退法軍。儘管拿破崙於一八一三年夏季背水一戰（只是計畫不周全），重奪主導權，但反法聯軍還是攻入了法國。[41] 一八一四年三月，巴黎放棄抵抗，拿破崙被送去厄爾巴島，仍獲准自稱為皇帝。他於一八一五年返回法國，但終究於滑鐵盧戰役敗得全面徹底。他被終生流放至南大西洋的聖赫勒拿島。拿破崙曾設想，若自己成功征服俄羅斯會有何等不同的命運，只不過語氣依舊妄自尊大：「我當初若能成事，就能以晝時代的頂尖偉人之姿死去。我原是一介無名小卒，但憑自身努力成為世間最強大的君主。」[42]

比起亞歷山大和拿破崙，希特勒起家掌權和打仗的條件就更少了。雖然他曾於第一次世界大戰服役，爬到下士軍階，但從未有過親自帶兵打仗的軍旅經歷，也不曾體會戰役中的凶險。他只是個業餘戰略家。他在第三帝國時期唯一一次與暴力擦身而過，便是一九四四年七月差點遭到暗殺，而他也馬上宣稱自己的倖存都是天意。此時他已是武裝部隊的最高統帥（一九三八年二月就任），並一直擔任此職至第三帝國國祚盡頭。希特勒如同亞歷山大和拿破崙，同樣全權掌握戰爭決策，他擘畫的獨裁權力結構絕不容許其他選項。希特勒為了擴張德國勢力而發動戰爭，而他的戰功越多，他就越是想讓自己在歐洲打造的新德意志帝國掌握更多權力。他的個人權力造就了戰爭，而戰爭也鞏固德意志帝國的權力和他個人的威權。希特勒就如同拿破崙，從不懷疑戰爭就是展現權力的必要手段。正因如此，兩人的戰略對全世界的威脅才會如此之大，尤其因為他們還吸引到一大批支持自己四處征戰（有時也從中受益）的士兵和平民，這些人的支持不可或缺。

有關希特勒早年生平的史料不多，無法預示他未來怎麼會成為軍事獨裁元首。當時人對他的印象，大多是舉止笨拙又自我中心，而且喜歡說教，對各式各樣的議題都喜歡表達外行意見（哪怕部分有所鑽研）。這一作風也讓他於一九一四年前至戰時的維也納與同僚格格不入。一九一八年，德國戰敗，此事讓他對自己眼中「背刺德國」的人生出深深恨意。我們如今已很難斷定希特勒是何時認定自己是天選之人，要於戰後的水火之中拯救被剝奪權力的德國人民。他起初似乎只自視為喚醒民眾的鼓手，義務是替未來德國的救世主鋪路。但當他在一九二〇年成為一個邊緣小黨的領袖後（也就是納粹黨），便開始相信自己注定要拯救他的第二母國。這個抱負相當自戀，畢竟他渴望當個不受旁人限制的領袖，眾人只有聽他吩咐與拍他馬屁的份。黨內若有人挑戰他的權威，就會被冷落，甚至遭到謀殺（一如一九三四年的例子）。[43]他從掌權之初就選定「元首」這一簡潔頭銜，一直用到他從政生涯結束。這個詞彙並非隨機挑選，因為其背後隱含「特殊召喚」、「獨到的領袖風範」之意，這種領袖不會容忍任何敵手，要求被領導者的絕對忠誠，代表領袖擁有超凡的個人魅力。[44]他取的書名也不稀奇：希特勒針對威瑪共和發起政變未遂後，於獄中寫下《我的奮鬥》，稱他的個人經歷在某種程度上代表德國人民面臨的更廣大挑戰。希特勒在一九二八年寫下續作《第二本書》，還堅稱戰爭是種族競爭的自然結果：種族若不為生存而戰，就是退化的象徵。「想生存就必須戰鬥。在這個鬥爭永無止境的世界，凡是不盼望衝突者就不配活。」[45]在希特勒的世界觀裡，戰爭是種族生存與演化的關鍵。至一九三九年他上臺掌權之時，戰爭也主導著他對德國未來的願景。

希特勒在政壇崛起有很大部分要歸功於機運，就像拿破崙，只是希特勒很擅長自稱是天命所歸。在獨裁統治期間，他經常搬弄這套說詞，稱自己是受到命運召喚與眷顧。希特勒在成為總理後召開了幾次會議，並於一九三三年二月三日的會議上向軍事高層闡述他本人對權力的理解：對內建立統一民族、消滅德意志民族內部的敵人，對外擴張德國勢力，意思就是訴諸戰爭。希特勒狂妄異常地向將帥們解釋：「我盡我所能堅守目標，都是為了拯救德國，各位再也找不到像我一樣優秀的人了。」[46]很大程度上，希特勒實現了他早年的誓言。他於一九三四年八月掌握絕對權力，那時年邁的總統興登堡（Paul von Hindenburg）過世，他便趁機將總統與總理職權併入單一頭銜「元首」之下。而他為達政治統一，也不惜動用殘暴的恐怖手段來對付政敵。一九三八年，他成為武裝部隊最高統帥，幾週內就開始依當初承諾擴張德國。他首先進軍奧地利，將之併入了大德意志帝國。希特勒明白，要維持領袖魅力，就得持續立下功勞。雖然沒有明確的藍圖指引，但他上臺後仍憑著薄弱基礎建立了龐大軍力，以便繼續擴張。拿下奧地利之後，希特勒便打算征服捷克斯洛伐克，卻因慕尼黑會議上英國干涉而未能動手，只能暫時接受只吞併該國一部分德裔人口占多數的地區。他視這次經歷為失敗，自此決心不再讓他國勢力阻撓自己的遠大目標。希特勒盼望戰爭，於是在一九三九年三月出兵占領捷克斯洛伐克的其餘領土，隨後又下令準備對波蘭開戰。他沒有料到的是，這個決定會在六個月後讓英國和法國兩大帝國加入戰局。他戰勝波蘭的心得可想而知：「上帝下達了最終旨意，為我帶來成功……唯有與命運抗爭者才能獲得上帝恩寵。這幾年來，我已多次體會到天命昭彰。」[47]

一九三九年九月，德國入侵波蘭當日，希特勒對全國演講，他誓言自己只盼能成為「德意志帝國的第一軍人，再無其他。」他為鞏固德國權力而許下戰爭承諾，認定退讓或和平都不能阻撓這份野心。他怪罪他人逼迫自己動手，尤其是來自「國際猶太人」與「可恨英國人」的惡勢力。但事實上，大英帝國、蘇聯與美國之所以會在一九四一年十二月聯手對抗德國，都是因為希特勒好大喜功。希特勒本來有機會避免此事，但對美蘇兩強權宣戰都是他自己的抉擇。根據一九四五年的紀錄，他在德國徹底戰敗之前曾有過反思，宣稱拿破崙的命運也映照出自己的命運：「我大概比任何人都能想像拿破崙受了多少折磨，他一心渴望贏得和平，卻被逼得持續征戰，無法停歇。」[48]我們恐怕很難理解希特勒（或拿破崙）那近乎無止境的軍事野心背後，究竟藏有何種道理，不過兩人之所以不罷手，肯定是為了打造及防守帝國作為權力來源。希特勒和身邊的政治及軍事菁英說得很明白，他無意放棄自己打下的任何一寸土地。這是他的戰爭，他無法容忍下屬出現任何示弱或失敗主義跡象。希特勒的軍事策略經常不考慮現實，所以不時便會與前線指揮官起爭執。隨著戰事演進，他也越來越不聽從建議，只能更加仰賴上天指引。在希特勒眼中，自己肩負著帶領德國走向勝利的重任，他將憑一己之力解救德國於戰敗的命運，不然便是像羅馬帝國的尼祿皇帝一般讓德國傾塌於火海之中。

希特勒的權力多要歸功於不斷演進的個人崇拜，這不僅鞏固他在國內的威權，更維繫著他作為帝國「第一軍人」的地位。領袖與被領導者的關係參雜著幾分宗教般的信仰。希特勒欽定的接班人戈林（Hermann Göring）甚至於一九三四年的演講中宣稱：「在需求最緊迫之時，天主賜予德國人民一位救世主。」後來擔任波蘭占領區總督的法蘭克（Hans Frank）也於一九三七年的日記寫道：「哦，上帝！您讓我們幸福無比，竟讓這舉世無雙的偉人成為我們一份子。」[49]有些神學家還視希特勒為「上帝顯靈」，並將希特勒的權力意志界定為新生德國健康精神生活的基礎。[50]「希特勒日」（他的生日四月二十日）與希特勒受任總理週年都有專屬慶祝活動，而一九二三年十一月八日因政變失敗而遇害的「殉道」黨員也有紀念儀式。全國通用的問候語「希特勒萬歲」日日都在提醒民眾這名領袖的特殊地位。所有軍人都得宣誓效忠於最高統帥希特勒，而非像以前一樣宣誓保家衛國：「我向上帝發誓，我將無條件服從元首。」[51]希特勒也刻意迎合種種大型集會、慶典鋪張場面中的天命領袖形象。他避免像拿破崙或亞歷山大一樣高調，反而強調自己衣著的樸素和日常生活的簡約。「想像一下……我乘坐鍍金馬車穿越慕尼黑的街道，那將成何體統，」有人聽見他這麼告訴晚宴賓客，此前他還在批評拿破崙稱帝的行徑。[52]然而，他依舊不時被拿來與亞歷山大與拿破崙相比，更不客氣的批評家則會說他宛如成吉思汗或匈人阿提拉，或是其他野心勃勃的暴虐君王。[53]希特勒渴望建造能與古羅馬或古希臘匹敵的宏偉新城市，其廢墟甚至在千年後仍會由後人參觀——從這點最明顯能看出，他對自己在世界歷史上的定位懷有一定期許。希特勒連多處元首城市都規畫好了，從挪威北部的特隆赫姆（Trondheim）到奧地利的家鄉林茨（Linz）都包含在內，作為他非凡歷程的紀念碑。所有規畫都造好精緻的模型，存放於帝國總理府的「模型室」，以餵養他的權力幻想。[54]

希特勒、拿破崙及亞歷山大都是所謂「破壞型領袖」的典型化身，原因也很明顯：他們追逐目標時從不徵求他人同意，也不考量人民的長期福祉（儘管他們理應為民喉舌）。這三人為了展現個人權力而無節制地追求戰爭，這種行為不僅是個人意志所致，追隨者也負有一定責任，因為他們選擇接納魅力型領袖與隨之而來的代價，而歷史情勢也給了這些領袖出頭的機會。領袖、追隨者與歷史情勢，這樣的「有毒三角關係」正是狂妄野心得以滋生的原因。此種領導模式體現出極度的自私。[55]這三人讓數十萬人為了自己的野心而送命，而目前也幾乎沒有證據能推論他們是否曾經感到後悔。拿破崙原想將在俄國敗北一事包裝成光榮成就，大肆宣傳大軍團在最後是如何壯烈渡過別列津納河（Berezina River）。他與殘餘部隊一同後撤，自己險些被俘，但他對撤退途中的同袍死屍卻毫不關心。希特勒更是惡名昭彰，他竟然還責怪德國人民未能如他期望秉持「種族意志」，使德國獲得應有的地位。一九四三年十一月八日，希特勒為政變週年紀念日錄製廣播時突然大發雷霆，說德國若戰敗，他一滴眼淚都不會留，因為德國人民只能怪自己——這句話在廣播版本中被小心翼翼地刪掉了。「在這方面我是不會留情的，」他有一回說道：「德國人民要不好好支持保家衛國的行動，那德國人就該消失。」[56]掌權者肆意濫權，打著天意之名發動戰爭。從古典時代到二十一世紀，最危險莫測的戰爭都是因此而起。

不過，就算權力是這三人的野心所在，就算領袖本就妄自尊大，但「為權力而追求權力」卻還稱不上是萬全的答案。拿破崙戰爭結束後不久，普魯士將軍克勞塞維茨（Carl von Clausewitz）曾寫下這段知名的結論：「戰爭不單是在執行政策，也是貨真價實的政治手段，是政治交流的延伸，只是換了種做法而已。」[57] 這個廣受吹捧的說法算是道盡一切，卻也欠缺實質意義。因為這句話幾乎無助於我們理解因領袖狂妄野心而起的戰爭。人類歷史上戰爭的起因五花八門，有些確實是出於政治目的，但很多案例卻並非如此。「換了種方式」一說，似乎只是將戰爭簡化為受掌控的治國手段，可是就連在克勞塞維茨的時代，戰爭也不完全是這個面貌，而是大規模的暴力動盪。為擴張政治權力而（犧牲其他人的權力）而蓄意發動的戰爭，雖然可能有物質或意識形態動機，但用克勞塞維茨對現代戰爭的看法來形容或許更為貼切：「政治目標才是重點，戰爭是實現政治目標的手段。」（不過細緻的歷史解釋必定比他的簡易公式複雜得多）。[58]

克勞塞維茨所理解的權力鬥爭，如今已成為討論國際秩序興起的常見主題，甘迺迪（Paul Kennedy）於一九八八年出版的開創性著作《霸權興衰史》（*The Rise and Fall of the Great Powers*）便對此有詳盡闡述。甘迺迪主張，要解釋大國興衰，不妨先探討其經濟實力與軍事能力是否相符（這大概也能解釋許多較小國家的崛起和衰落）。甘迺迪的論點和克勞塞維茨一樣，都很適合用來解釋十七世紀末以來歐洲興起至納入美國的國際秩序。當潛在霸權國（例如路易十四的法國、威廉二世或希特勒治下的德國）的權力主張受到其他大國挑戰時，彼此就會發生所謂的「霸權戰爭」，這通常會使得國際權力階級重新洗牌。[59]強權會盡可能嘗試在勢均力敵的國家或聯盟間取得「權力平衡」，以預防或推遲軍事權力鬥爭。霸權戰爭很可能是當今所謂的「權力轉移理論」的產物。這套理論認為，由於崛起中的大國不會滿足於自己在國際體系中的地位，衰落的大國則急於維護自己的優勢，於是兩者會為了自身權力目的而發動戰爭。這套理論要可行，就有賴於有效衡量「權力」，否則就無法驗證權力的轉移。這也是為什麼過去半個世紀以來，人們不辭辛勞地調整與比較權力的衡量標準，為了就是衡量戰爭的可能性。

一九六三年，政治科學家辛格（J. David Singer）於美國密西根大學發起了「戰爭相關因素研究計畫」(Correlates of War Project），這也是權力評估標準最具代表性的例子。過往評估權力的方式，大多是以GDP與軍事開支的比例為指標。但辛格的計畫開創了更全面衡量國力潛能的「綜合國力指標」，這也是目前最常為人引用的衡量標準。這一指標分為六項衡量標準：總人口、城市人口數、鋼鐵產量、初級能源消耗、軍費支出及從軍人數。六項「評分」加總再除以六，便能得出相對實力的排名。[60]測量結果可用於顯示一段時間內的權力轉移情形，主要是針對排名較前面的國家，並據此推測這些國家可能是衝突的潛在引爆點。最常被援引來證明權力轉移與戰爭因果的資料，就是古希臘歷史學家修昔底德的記載。他記錄下雅典與斯巴達之間的戰爭，指出雅典崛起讓斯巴達備感威脅，於是後者為了保住地位而選擇開戰。今天的國際關係術語「修昔底德陷阱」（Thucydides Trap）指的便是兩強相爭，終將一戰。人們普遍認為這個陷阱難以逃避。修昔底德也相信，兩個希臘城邦之間的戰爭是「勢所必然」。[61]

當然，這一權力指標有很多缺點，「權力轉移通常涉及戰爭」一說在歷史上也有諸多反例。用GDP當作指標之所以有失精準，原因在於人口數及經濟體龐大的國家儘管軍事能力有限，仍有可能衝高GDP數字。要衡量經濟實力，人均GDP通常更為可靠。綜合國力指標評分也招致類似批評，例如許多擁有先進軍力的國家如今已不再大量生產鋼鐵。拿總資源來當衡量標準，更難以說明戰時資源調度效率，同時也沒有考量到聯盟共享權力的情形（這會大大改變一國的能力）。軍費支出總額和武裝部隊規模都無法充分呈現部隊現有的作戰、戰術和技術能力。相較之下，軍事化的性質和程度或許較能反映戰爭的可能性，尤其是在軍事及工業能力難分軒輊的國家之間發生軍備競賽時。單純統計國內資源的總量，也低估了強權的全球影響力。好比美國的軍事基地遍布全球，美國在海外的投資和產權創造出驚人數字——全世界有四成一的家庭資產掌握在美國人手中。[62]

權力轉移理論很難從歷史來驗證。根據這套理論，霸權國家會受另一個崛起大國挑戰，而當後者實力達到前者一定比例時，崛起國就可能為奪取霸權而訴諸武力。然而，我們也能舉出兩項重要的反例。第一個例子是十九世紀下半葉，大英帝國的霸權地位受美國崛起挑戰。美國GDP在一八七〇年代與英國持平，一八九〇年代超越英國。但就算此後兩國關係常常劍拔弩張，卻從未真正爆發軍事衝突。至二十世紀，英國經濟和軍事力相對衰退，而美國崛起為超級強權，兩個民主國家都始終維持同盟關係。第二個例子則是一九四五年以後，美國受到蘇聯崛起的挑戰。雖然蘇聯的GDP從未超過美國的四成五，但其綜合國力指標分數卻於一九五〇年代和一九六〇年代領先美國。另外，儘管中國早在一九九〇年代中期的綜合國力指標評分中超越美國，但這幾個案例至今也尚未發生直接軍事衝突。[63] 綜觀歷史，許多現代戰爭的起因都是大國對弱國出手，於是引發其他大國或陣營的干涉。好比一九一四年奧匈帝國攻打塞爾維亞，一九三九年德國入侵波蘭，這兩次都引發了世界大戰，但兩場戰爭的導火線都無法用權力轉移理論來解釋。弱國挑戰霸權的例子也不少見，即使從資源層面來看，對霸權宣戰根本無道理可言——日本就是很好的案例。日本在一八九四年擊敗中國，一九〇五年擊敗俄羅斯，後又於一九四一年十二月對美國發動全無勝算的戰爭。同樣的，若是單純看綜合國力指標，北越根本不可能戰勝美國，阿爾及利亞反抗軍也根本不可能戰勝法國本土政權。現代衝突中的權力涉及種種難以估量的因素，因此也很難精準評估對手的潛在實力。

當前國際關係界最關注的權力轉移問題，就是美中兩強之間爆發衝突的可能性：一是相對衰落的霸權國家（有人這麼主張），另一則是正在崛起的潛在霸權。雙方潛在的衝突情勢取代了一九九〇年代蘇聯垮臺後一度成為主流的「單極世界」論點。一九九一年後有幾年時間，美國都認為自己是唯一的全球強權，也應能守住這個地位。一九九二年，五角大廈於華盛頓起草《國防規畫指南》，該指南的結論寫道：「我們必須維持一套機制，以嚇阻潛在競爭對手，使其永遠不敢企圖擴張其區域或全球角色。」雖然最終草案並未納入這點，但這種念頭仍然存在。一九九二年，老布希總統宣布，由美國主導的「新世界秩序」已經展開。美國擔心當時僅次於自己的兩大經濟體德國和日本可能會重燃成為霸權的野心，於是夥同各國再度努力確保這兩國都不能持有核武。[64]從當時的世界軍費開銷統計來看，便能明顯看出單極世界確實存在：一九九八年，美國的軍費超過世界其餘國家的總和。儘管國際體系中還有各種行使權力的手段，但戰爭的風險終究取決於軍事力。

許多人都認為，中國經濟和軍事實力的崛起，理當成為權力轉移理論的經典案例。中國GDP原本在一九八〇年代表現平平，從一九九〇年代開始便呈指數級成長，導致能用於投資軍事的盈餘增加。至二〇一四年，中國的GDP和軍費開銷已僅次於美國。根據權力轉移理論，中國應該會不甘心身處次於美國的權力地位，於是考慮藉戰爭來改寫國際體系，為中國爭取上位；美國也會考慮對中國宣戰，以維護自己的國際地位。西方媒體一直異常關注兩強之間是否有可能因權力之爭而爆發戰爭，中國媒體也常拿美國衰落與中國崛起之說來大做文章。就連修昔底德也加入了辯論。哈佛政治科學家艾利森（Graham Allison）於二〇一五年出版《注定一戰？中美能否避免修昔底德陷阱》（*Destined for War: Can America and China Avoid the Thucydides Trap?*），書中主張美中兩國很有可能發生戰爭。哈佛大學貝爾福中心的「修昔底德陷阱」資料庫也收錄眾多歷史案例，以供對此主題感興趣的研究者參考。中國領導人習近平曾經公開表示，由於這一概念目前在國際廣受關注，所以更應當避免落入陷阱。[65] 考慮到單極世界似乎已被多極格局所取代，我們究竟應該多鄭重看待戰爭風險？學界對此仍眾說紛紜，有人認為多極世界能夠穩住新的全球秩序，也有人認為不能。還有學者把中國視為「區域大國」而非「全球大國」，認為中國崛起所造成的權力轉移僅會影響亞洲局勢，因此不大可能與美國爆發軍事衝突。然而，臺灣地位的議題依舊是個例外，因為其牽涉到的國際影響更加廣泛。考慮到有許多專家都對中國實際上的經濟和軍事潛力進行批判，也發現美國依舊維持遙遙領先的軍事實力，要在這種情況下談論權力轉移，講好聽點是言之過早，講難聽點便是欠缺深思熟慮。[66]

由於有關美中之間潛在衝突的討論皆以實力為考量，這就讓人不得不問：目前擁有核武的各國是否可能爆發大規模戰爭？二〇一九年，英國戰略思想家佛里德曼（Lawrence Freedman）論定強權戰爭已成過去，因為核戰風險會讓戰爭代價遠遠超出任何可能的收益，而這是早期霸權國家不必面對的殘酷現實。在他看來，各強權將改為訴諸代理人戰爭或經濟制裁，而不是毀滅彼此。[67]這個結論的前提是，現代政治家都必須是理性的行為者。從歷史來看，新的權力之戰更有可能是由狂妄型領袖引發，這類領袖的崛起與影響就如同拿破崙或希特勒一樣難以預料。戰爭可能成為獨裁領袖在面對內部危機、國際聲望喪失或受到威脅（無論威脅是否真實存在）時祭出的手段。戰爭也可能是藉由挑起民族主義言論、煽動情緒、挑起恐懼與對外仇恨來動員國內民意的手段。海珊當年的戰爭和普丁目前的烏克蘭戰爭都屬於此類，宣戰的領袖都視戰爭為解方而非問題本身，並且能夠贏得夠多的民意支持。這些變數有時為特定歷史情勢所趨，有時則來自於權力飢渴的領導人野心，無法納入相對實力的公式計算。縱使有所謂權力轉移理論，實際上卻不存在能夠預測權力戰爭爆發的實證。只不過，我們似乎也沒有理由相信這種戰爭不會再發生，更不用說不會在強權之間發生。這或許也是為什麼我們得繼續藉由權力的統計參數來計算此類戰爭可能發生的時間與地點，繼續想像戰爭。

綜合前面所述，當我們在分析戰爭起因時，其實很難以「權力」為操作工具。權力有各式各樣的行使方式，未必都要到開戰的程度——施加經濟壓力、推動文化優勢，甚至藉由威逼手段來維持和平，都屬於權力的運用。權力的概念本身，指的往往是手段而非目的。戰爭無論守攻，都存在權力關係，這仍不足以說明是何種動機促使人們行使權力——但這些動機才是衝突真正的起因，不能單看權力的分布狀況。若侵略方察覺局勢對自己有利，讓他自覺戰爭成本降低（不管判斷對錯），那麼握有權力（尤其是軍事權力）的侵略者就更可能鋌而走險。無論是部落、聯盟、酋邦或國家之間的戰爭，此種為爭權而戰的情形在大多數歷史脈絡和地理區域都可見其蹤跡。但大多數戰爭仍是為了土地、財富、戰利品、資源，或為捍衛或宣揚信仰，或為追求榮耀與聲望而戰。當然，歷史上那些打造世界性帝國的戰爭或許是例外。這類戰爭往往不是出於物質或意識形態動機，而是追求權力的欲望成了新的動力。就如同羅馬人的觀點所認為的，戰爭是眾神的意志，是為了給追求戰爭者帶來名譽和榮耀。羅馬藉由持續擴張來維持自我意象，以展現國力或「指揮權」。狂妄型戰爭則是另一種權力戰爭，指的是掌權者不惜一切代價只為提升地位和聲譽而發動的戰爭。這類戰爭在歷史上相對罕見，所以人們才會如此關注亞歷山大、拿破崙和希特勒，希望理解三人為何不只是發動戰爭，而是持續多年四處征戰，未能意識到收手才是上策。希特勒很清楚拿破崙征俄失利，但他自以為能表現更好；亞歷山大盼望能與海格力士齊名，甚至想以征服印度來建立起超越海格力士的成就。我們並不曉得普丁在嘗試征服烏克蘭時，是否自覺是在扮演彼得大帝，但前述動機無疑都是權力欲。從各種歷史案例清楚可見的是，這類戰爭都以災難作結，從未以勝利告終。無論野心勃勃的領袖有多麼難以抗拒征服執念，用戰爭來追求權力往往只會自取滅亡。

第八章　安全

儘管人人彼此互相為戰的時代未曾存在，但無論在哪個時代，國王與掌握主權者始終會因為缺乏更高權威而相互猜忌，如角鬥士一般隨時擺好戰鬥姿態。他們持武器對準彼此，雙眼緊盯對方不放。他們總會於自家王國邊境部署堡壘，派駐軍隊，裝設火炮。

——霍布斯（Thomas Hobbes），《利維坦》（*Leviathan*），一六五一年[1]

為了解釋戰爭的起源，人們經常援引政治哲學家霍布斯的觀點，援引他有關人類本性和人類生存不安全感的論述。霍布斯最為人熟知的，便是他以「孤獨、貧瘠、齷齪、野蠻及短暫」定義生命的自然狀態，因為沒有人能保障自己永遠高枕無憂。就算是在由王國或國家組成的體系，各國之間仍「始終相互猜忌」，永久處於「備戰狀態」。霍布斯認為，各方即使暫時相安無事，也會因持續忌憚潛在敵人而破壞和平狀態，進一步「彼此征戰」。個人或政治體的安全始終意味著他者的不安全，這樣的狀態會令各方為了保障安全感而引發新一輪暴力競爭。霍布斯不是在為戰爭辯護，也無意為戰爭背書，而是欲解釋這種情況的起因。事實上，他秉持著「尋求和平、遵循和平」的基本自然法則。人們唯有在保障不了和平時，才有權動用「戰爭優勢」來抵禦威脅。[2]當今的新現實主義國際安全研究學派在解釋國家為何必須隨時確保自身安全時，也會援引霍布斯的自然狀態。安全盟約可能有助於降低衝突，但國際聯盟或聯合國這類組織則相對難以完全勝任這份任務。現代國家多半擁有大規模武裝來抵禦安全威脅，阻撓內憂外患，但也正是當代這種「備戰狀態」引發了上世紀的兩場世界大戰。所以今天人們才會投入大量精力，試圖理解何謂安全，安全的歷史，以及安全究竟有多麼脆弱。

綜觀歷史，凡是政治體無疑都處於霍布斯所謂的「自然狀態」。無論是部落、酋邦、王國、帝國或現代國家，始終都力圖自保以免受威脅，因為各方之間與之上並沒有絕對的權威能保障領土和人民安危不受戰爭進犯。藉由聯盟、條約或機構合作或許能免去衝突並強化安全，但關鍵仍在於各方是否能夠放下對彼此意圖的猜忌。霍布斯指出，在自然狀態下，人人最重視的仍是自身而非他人的利益。即使有強大的霸權國家出現，一些較弱小的國家仍有可能聯合起來推翻霸權；但即便霸權遭到推翻，這些小國仍會一如既往地為了安全而彼此競爭。引用「攻勢現實主義」學派重要學者米爾斯海默（John Mearsheimer）的話來說：「國家若要在無政府狀態下生存，最好的辦法就是利用其他國家，犧牲他國來獲得權力。」[3]目的不在於權力本身，而是為了更有保障的安全狀態。因此自然狀態總是不斷波動，偶爾達到平衡，卻時刻伴隨著不確定性。誠然，人類歷史上已有無數國家因為缺乏安全感，為了先發制人或防範潛在敵人而發動戰爭，未來也可能會繼續出現類似案例。當代觀點認為，只要國家行為受到焦慮、懷疑或恐懼支配，衝突就時時可能爆發。這種「認知偏誤現實主義」就成為了「無所不在的戰爭動機」。[4] 在霍布斯式的無政府狀態下，無論是國家或個人，無一不為權力汲汲營營，以免失去安全。所謂權力，「從根本上來說，就是發動戰爭及打贏戰爭的能力。」現代現實主義思想家先驅、荷蘭裔美國人史派克曼（Nicholas Spykman）如是說。[5]

儘管安全困境的理論定義是現代的發明，我們也能主張這種安全困境自史前以來就已經存在。無論是早期採獵族群，還是後來的國家體系，都必須面對信任與否、不確定性及威脅性等課題。現代民族誌證實，當人們感知到威脅或憂心鄰近氏族部落不懷好意時，便會訴諸暴力。不過，這樣的行為模式很可能自遠古時期便已存在。無論求得的安全多麼短暫，每一場戰事多少都是以追求安全為目的。無論疆域是如過去那般模糊，或是如當今一樣畫界分明，求戰者可能都懷有保護領土與人民的意圖。一項統計數據指出，一九四〇至二〇〇〇年間有七成三的種族衝突係因邊界爭議而起。另一項研究則顯示，一八一五至一九四五年間有六成五的「雙邊」戰爭（兩個對立國）與領土爭端有關。然而，由戰爭相關因素研究計畫產出的第三組資料顯示，自一八一五年起已有八成國際戰爭是發生在邊境相鄰的國家之間，而這個數字在一六四八至一八一四年間則是九成一。[6]相鄰的國家未必會彼此交戰，但戰爭絕大多數是發生在鄰國之間，因為對這些國家而言，安全可能更為脆弱。[7]

各政體或民族的邊界會成為潛在動盪及衝突地區，原因也很明顯。與他國接壤並不能保障安全，而大多數戰爭都發生在邊界缺乏自然屏障的鄰近社區或國家之間。正如霍布斯所言，邊界不穩定向來是危機引爆點。一九〇七年，英國駐印度總督寇松勳爵（Lord Curzon）在牛津大學羅曼講座選定「邊疆」作為講授主題。他聲稱邊疆就像「銳利刀鋒，刃上懸著尚未解決的現代戰爭與和平問題」。[8]歷史學家湯恩比（Arnold Toynbee）於二十世紀中葉寫成六冊套書《歷史研究》（*The Study of History*），試圖觸及所有已知文明。而他的結論也指出邊界是戰爭的主要起因：當有國家進犯他國邊界，被侵犯者便加以防衛。現實主義思想家史派克曼將邊界定義為「至關重要」的區域，是戰略與地理交會之處，政治家將以此為核心設法保護國家免受潛在侵略者威脅。[9]自一九四五年起，獨立民族國家於全球各地興起，保衛疆域安全隨之成為普遍現象，而存在領土爭議或防守不力的邊境也順勢成為衝突引爆點。就算是在爭議領土缺乏寶貴資源或戰略意義的情況下，這類爭端依舊棘手無比。爭議可能是因象徵意義而起，也可能是對外展示強悍形象的手段。還有研究表明，若爭論焦點是被畫入邊界另一側的少數民族，那爆發武裝衝突的機率就會大增。[10]

直接導致戰爭的，當然不是邊界本身。占領土地、搶劫、奪回昔日國土等野心，或者僅是為鞏固安全，這些動機才是戰爭的導火線，也才能解釋古今人們為何特別恐懼邊界遭到入侵。如今，我們已能從大量考古學和人類學證據中，得知史前社會如何應對他人進犯的安全威脅。方法之一就是雙方同意於部落之間設立緩衝區或無人區，雙方都不得在此狩獵或覓食，也不得違反規定。考古學家曾於墨西哥南部的瓦哈卡州（Oaxaca）發現一處介於各政權中間的無人居住區，年代可追溯至西元前七百年至五百年。這很可能是當時人為了分界而設立，儘管劫掠行為似乎並未因此絕跡。在歐洲人到來之前的五百年間，密西西比河流域的各酋邦之間也畫立長達三十公里的緩衝區，只是邊界仍不穩定，持續不斷的暴力衝突使得這些本應提供表面上安全的界線也失去作用。[11]歐洲考古學界也發現了證據，證明在西元前七千至六千年間，遷徙至歐洲大陸的定居型農耕民族與北、西部的採獵社群間也存有中立區。然而，新石器時代的歐洲大約有十萬個小政體，所以明確畫定領土不太可行，彼此間也難免會發生衝突。[12]

還有一種增強安全的方法，就是建立物理屏障來抵禦潛在威脅。前國家社會確實曾修建防禦工事，經常藉助山川或沼澤地等天險處來加強防禦（參見第三章）。在西元十三至十四世紀的美洲，隨著東部部落的遷徙，北美大平原也開始暴力頻傳。地方社群紛紛蓋起防禦工事，人們選擇定居於地勢較為險峻之處，並修建溝渠和木柵欄來加固防衛。在這類部落分界上，防禦工事雖能嚇阻侵略者，卻仍會招致衝突。[13] 現今有大量證據顯示，在新石器時代的歐洲，凡是存有遷移活動之處，以及不同文化因競爭土地和資源而邊界動盪之處，都可見人為屏障的蹤跡。大約在西元前六千五百至一千年期間，大半歐洲都在尋找強化防禦之法，但其中最明顯之處則要數東歐、中歐及巴爾幹地區，因為當地人面臨著來自東部草原的強勢遷徙者。[14] 在青銅器時代的西班牙，西北部的卡斯楚（Castro）文化在地理上本來幾乎與世隔絕，但他們仍會設法築城設防、運用天險地勢來防範周圍的戰亂區域。[15] 來到西非，在歐洲勢力進入這片大陸前的幾世紀間，防禦工事便已相當普及。例如貝南王國（Benin）起初只有在宮殿和王室禁區周圍修築平均高度十七英尺的城牆，但王國全境最終還是蓋起長達一萬六千公里的驚人防禦工程，以保護王室領土及各鄉鎮的安全。位於現今奈及利亞的奧約王國（Oyo）與努佩王國（Nupe）之間的邊界，也是典型的邊境區。這條建於十六至十七世紀的邊界是一道高度可觀的土石屏障，努佩邊境沿線還設有較小型的哨所，王國會於該地帶試圖與當地部落首領結盟，請對方協防邊境，共同抵禦外侮。[16]

在前述非洲案例的時代，各類國家已成為舊世界及中南美洲十分普遍的政治組織形式。人們之所以建立組織更完善的大型政體，動機之一顯然就是為了自保，因為集體軍事力量比分散的氏族或部落更能有效防守地盤。當然，這種安全充其量只是相對的。西元前一千年，不安全感於中國先後造就出所謂的春秋與戰國時期，各邦國衝突不斷，「戰國」一詞更道出了當時的動盪不安。

在中東和歐洲的古典時期，不時也有國家因境外威脅而崩潰瓦解。鼎盛時期的亞述帝國是當時史上最強大的帝國，但該國的北方邊境（今伊拉克與土耳其）卻時常受到烏拉爾圖王國（Urartu）的威脅。該邊境在地理位置上並不如現代邊界那般固定，但亞述人也為了阻止他們眼中的野蠻人侵門踏戶而打造邊界區。西元前七三八年，烏拉爾圖人開始遷徙至底格里斯河的上游河谷，於是亞述國王提格拉特帕拉沙爾三世（Tiglath-Pileser III）便發動戰役將之驅逐。為了穩定邊境局勢，亞述人開始在各處築城設防，同時吞併駐有部落盟友及附庸的緩衝區，以便將大敵阻隔於遠方。邊境防守的短期成效良好，卻還是太過容易滲透，無法阻擋蠻族入侵。亞述帝國最終仍是在西元前六百年土崩瓦解。[17]

亞述帝國的案例顯示，要因應大規模人口遷徙究竟有多麼不容易。這些民族於遷徙過程中推擠著中東或歐洲本就脆弱的文化或軍事邊界。隨著騎馬的游牧民開始主宰歐亞草原，邊境這個概念也幾乎失去意義。他們時時刻刻威脅著習於定居的鄰人，不是持續搶取食物、牲畜及婦女，就是大舉入侵，將原有文化向西驅趕，或將之徹底消滅。游牧部落缺乏穩定的國家結構，不只會與其他既有的政體爭鬥，內部也彼此衝突。在這樣的背景下，無論是對於飽受大小侵襲之苦的人而言，還是對於在典型無政府狀態下爭搶權力的草原酋邦來說，不安全感都是現實生活的一部分。

綜觀歷史，不受軍事暴力、威逼脅迫及經濟剝削的安全狀態多半轉瞬即逝。大多時候邊界並無實質意義，既無法真正築起藩籬，也無法守護人民——戰爭畢竟再三跨越政體與文化的象徵界線，領土也可想見不時易手。然而，這則鐵律卻有兩個長壽的例外，一是以各種形式存續了一千五百多年的羅馬帝國，二是兩千多年來多次改朝換代的中華帝國。兩個案例都始終處於一種緊張狀態，兩者都為求帝國穩固，一連數世紀提心吊膽地守護綿長脆弱的邊境。

拜中國邊疆相關考古資料大增之賜，這段歷史的研究深度已有長足的進步。這類考古調查探討了早期中國諸邦國乃至後來的中央集權帝國，與東方及北方草原游牧社會之間綿長邊界（位於今蒙古、滿洲及俄羅斯東部）的演變歷程。雙方至少自西元前七世紀起便有互動，但並非總是暴力相向。早期草原也存在些許定居農業，但氣候衝擊改變了定居模式，主要仰賴動物為食的游牧社會於焉形成。至西元前四世紀，游牧民已懂得騎馬，新的機動能力也令他們得以調整戰爭模式。游牧民若決定出手劫掠，中國北方諸國便備受威脅。兩個天差地遠的世界主要是藉貿易來交流。游牧民需要穀物、茶葉、鐵製品及布料；中國商人則帶走毛皮、馬匹（供應給為對抗游牧民而設立的騎兵部隊）及牲畜。這段關係是建立在雙方對彼此的防備之上，長達數百年。中國各邦國急欲防範他們眼中的蠻族，游牧民則不確定中國的貨物是否能穩定流通，畢竟這些貨物不僅為日常生活必需，還是地方首領權力的重大象徵（他們負責分配貿易來維護內部和平）。貿易要是因故中斷，游牧民就會訴諸武力，出手劫掠他們想要的東西。而中國各邦在遭遇劫掠時，因應手段則分為兩種：一是嘗試以財物換取和平，二為訴諸戰爭來將之驅逐，同時擾亂對方的社會運作。然而，戰爭也反過來加深了不安全感。[18]也難怪中國史書常用「侵掠」、「入寇」、「犯邊」、「犯境」、「深入」等種種詞彙來描述邊境之易攻難守。[19]

邊境地區始終存在衝突的風險。戰國時期，中國北部與中部諸多政體間持續不斷的暴力衝突則讓局勢更為動盪，而中國正是在這時期築起了第一批「長城」。長城有多種潛在用途：保護國境、掌控商路、徵收貿易稅、監控人民流動，同時作為入侵鄰國的跳板。雖然眾人常以為所謂「長城」是秦始皇嬴政在西元前三世紀晚期沿著整片北部邊境建成，但從考古學及相關紀錄來看，無論是在當時或之後，「長城」都並非一次修築的單一結構。這些長城至少是從西元前五世紀開始陸續建於不同時期，總長度約兩萬公里。根據近期考古紀錄，第一道長城似乎可追溯至約莫西元前四四〇年，長六百公里，從泰山山脈一直綿延至海邊，旨在保護齊國不受其他戰國侵擾。不過也有紀錄顯示，秦國在西元前四六七至四一七年間便已沿黃河修建了長城。戰國七雄皆曾建邊牆，設堡壘，興哨站。直至西元前二二一年秦國勝出後，北方的城牆才連接在一起，形成一道更長的護牆以防範內亞的游牧部落。這道城牆主要係由夯土砌成，所以殘存至今的部分不多。[20]秦長城設有堡壘和派駐守備的城門，而它與早期長城不同之處，在於秦長城還納入鄰接東亞草原的鄂爾多斯沙漠北部大片疆域，以防沙漠之外的草原游牧民來襲。

此舉激起了所謂「胡」或「狄」（中國眼中的外來蠻族）的第一次強烈反彈，可見新中華帝國為求安全而採取的措施，反而有可能激起新的敵意。西元前二〇九年之後，游牧部落結合成鬆散聯盟，中國統稱之為「匈奴」，最初由首領冒頓單于統治。這個聯盟很快就掌管現今的蒙古和滿洲地區。漢高祖為了保護西元前二〇六年開始的漢帝國，於是出兵至長城之外，卻於西元前兩百年慘敗，顏面盡失。中國人不得已只能向邊境的游牧民族提供物資，但只要匈奴覺得絲綢、葡萄酒、糧食及武器的數量不足，便會繼續南侵劫掠。後來的漢武帝（西元前一四一至八一年）因摸不透游牧民是否懷藏野心，也對進貢安排深感不滿，於是對匈奴發動一場大規模戰爭。西元前一三三年，漢朝雖然擊敗匈奴聯盟，暫時緩解了威脅，但邊境地區依舊衝突不斷，直至西元前四十八年，中國才徹底打敗匈奴。從此匈奴聯盟瓦解。有些部落被驅逐至內亞更深處，有些則留在遭中國吞併的地區接受漢人統治。[21] 中國王朝建立了這樣一套邊疆戰略模式：有時採取綏靖政策安撫游牧聯盟，有時則定期征戰以穩定北方局勢。這種模式一直持續到十三世紀蒙古入侵，直到蒙古人建立的元朝在一個世紀後由漢人的明朝所取代，中國才重拾這套戰略。[22]

明長城是現代「萬里長城」概念的起源，砌長城的理由又與蒙古邊境動盪帶來的安全危機有關。蒙古帝國瓦解之後，蒙古領袖返回草原和鄂爾多斯沙漠，於邊疆繼續覬覦著再度興起的中華帝國。一四四九年，年號正統的明英宗意圖降伏新任蒙古領袖也先，不料於土木之變兵敗被俘。

唯有在蒙古各汗時不時內鬥之際，大規模入侵的威脅才得以緩解，但游牧民如今也於鄂爾多斯地區放牧牲畜，掠奪食物和資源的手段越演越烈。打仗動機同樣與貿易商品的需求有關，導致頻繁暴力入侵的現象。為了解決這一南、北安全困境，顯然無法繼續仰賴雙方耗費資源跨境厮殺，明朝皇帝與眾臣於是在一四七〇年代決定於鄂爾多斯沙漠南部修築一系列重大防禦體系，最終發展為「長城」。這道防禦體系的前兩段於一四七四年完工，全長一千一百公里，沿途設有八百多處關隘、烽火臺及堡壘。隨後又繼續增修，至十六世紀中葉，長城已形成兩條綿長的防線，觀察哨、墩臺及駐防部隊不計其數。[23]

然而，這道防線依舊無法徹底阻止游牧民進犯，尤其是在中國停止供應所需物資時。主要原因是當時這條防線尚未覆蓋整片北境沿線，因此在後來的一世紀裡，人們意識到現有城牆不足以保障邊境安全，於是又築起更多的城牆、塔樓及堡壘，希望遏止短期劫掠。即便如此，與邊境游牧社群的關係仍是摩擦頻傳的根源。至一五七一年，中國開始認為持續衝突不是辦法，綏靖政策比較可行，於是與當時的蒙古首領俺答汗達成協議，雙方恢復正常貿易——這位蒙古可汗在鄂爾多斯沙漠附近建立的城市還在四年後更名為「歸化城」。但中國人對游牧民的偏見仍有損於雙方信任，前者以蟲子、山羊等蔑稱後者，稱其「人面獸心」。蒙古游牧民則用源自於「撒謊」的各種詞彙來形容中國商人。[24]不道德的官商有時也會操縱長城沿線的商市，企圖欺詐游牧民。也有中國人會於邊境中心設下陷阱誘捕沒有戒心的使節或商人，甚至殺害對方；游牧民偶爾則會為了報復而奪取貨物及掠奪當地資源。中國皇朝會將罪犯流放邊疆，同時將貧困農民遷居至長牆周圍的土地。這樣的政策又助長了動盪局勢，許多孤立的邊境地區時常是衝突一觸即發。[25]最戲劇性的轉折，則是滿族成為長城以北的主要勢力，於多年入侵未果後終於闖入中國北方，並在一六四四年建立清朝，就此「解決」長久以來的安全困境。舊邊疆也隨著明朝覆滅而消失。

羅馬帝國與中國的國安處境有些共通之處。兩者的擴張都創造出綿長的邊疆，與首都相距遙遠而難以抵禦外敵，因此不定期便會出現安全危機，使國家訴諸戰事作為解方。主要差異在於地理條件：中國的課題在於穩定自家領土與西北方游牧社會接壤的主要邊界；羅馬於帝國全盛時期則同時鄰接西歐、北歐及中歐，還有巴爾幹、小亞細亞、近東與北非。學術界對羅馬邊境的濃厚興趣是近年才有的現象，這有部分是受到軍事史家魯瓦克（Edward Luttwak）的啟發。一九七七年，魯瓦克發表了一份研究，主要著墨於羅馬的邊境衝突，從更現代的戰略理論角度來爬梳羅馬帝國的大戰略。[26]雖然「羅馬領袖有一套長期連貫的大戰略」一說向來受到強烈質疑，但魯瓦克提出的「帝國如何保障邊境安全」之問業已成為羅馬史學的研究核心。

羅馬共和持續擴張時期，基本上並不存在穩固的疆界線，直到奧古斯都皇帝（屋大維）治下才正式確立與鞏固，大致奠定了此後四百年的基礎。羅馬帝國的第一個世紀再添兩個省分：分別是西元四十三年皇帝克勞狄烏斯將大部分不列顛收歸羅馬，以及西元一〇六年皇帝圖拉真攻下多瑙河達契亞（Dacia）的最後一片土地。征服後者的目的，在於保護帝國不再受來自多瑙河邊境之外的頻繁侵擾。羅馬帝國鼎盛時期，整片帝國疆土的最大周長估計介於八千至九千公里。[27]邊境的安危也依時間和地區而有很大差異。也就是說當時並不存在統一固定的邊境，當時人反而是依賴當下感知到的威脅性質而畫定不同的邊境地帶。羅馬人就有四個用來界定邊界的詞彙，箇中差異可見一斑：「clausura」指的是黎波里塔尼亞由溝渠、木壁壘及瞭望塔形成的防線。「fossatum」代表位於更西邊處非洲行省的溝渠網路。「fines」為羅馬文化與省界外原住民文化雜揉的邊境地帶。「limes」則用於指稱更穩定的邊界，而這種由堡壘、城牆及道路組成的邊界在羅馬統治的最後幾世紀裡很常見。[28]國境內甚至還存在內部邊境，因為要永久平定達爾馬提亞、阿爾卑斯山、庇里牛斯山及茅利塔尼亞的山地部落十分困難，於是便有畫定內部邊界之必要。[29]前述不同的邊疆界線通常都只是概念性質，從未有過確切標記。所以最能反映實際範圍的，就屬羅馬行政管理與商業活動所達之處了。

羅馬各省分的邊疆大多門戶敞開，因而成為境外各部落或酋邦虎視眈眈的對象，既可掠奪物資或奴隸，也能排除羅馬威脅以保部落安全。為應對小規模入侵（大多數都是小規模，至四、五世紀才出現大舉入侵的危機），羅馬於各地布下大小堡壘與瞭望臺並派駐軍隊，必要時還有更大型的軍團駐紮。分布廣泛的小型哨站可用於控制各省人口，監管貿易與人員流動，還能方便追捕及懲處在帝國疆土附近流連的襲擊者和土匪。[30]雖然學界就羅馬邊境的具體功能仍有諸多爭論，但監控情勢、掌握商貿路線、打擊土匪或海盜及維護腹地安全等種種用途，與防守邊境的任務並不衝突。綜觀羅馬帝國的種種作為，目的都在於維護國安，抵禦外侮。正如皇帝哈德良於西元一一七年登基時所說，羅馬的核心使命是「保護帝國完整」。

保障安全的方法有好幾種。正如中國帝王，羅馬應對威脅的策略也是在攻守之間交替。對境外採取綏靖政策的風險，在於若安撫敵方不成，非但無法鞏固國安，反而有損自身安全。一個為人熟知的例子便足以說明其中涉及的風險。隨著羅馬開始往萊茵河彼岸推進，各日耳曼部落的領地也受到擠壓，邊境局勢自然也以動盪出名。西元九年，萊茵蘭軍隊司令瓦盧斯（Publius Quinctilius Varus）率領三個軍團（人數介於一萬五千至兩萬）跨河駐於邊境之外，以鞏固羅馬對當地塞魯西部落（Ceruschi）的影響力。其中一名部落領袖阿米尼烏斯（Arminius）曾為羅馬軍隊效力，他曾以輔佐之名從屬於瓦盧斯的護衛隊。阿米尼烏斯似乎對羅馬的帝國野心深感不滿，不願見羅馬深入自家領土，於是協同鄰近部落密謀政變，欲推翻瓦盧斯。等到瓦盧斯率領軍團及作為軍隊支援的平民家屬返回更後方的冬季營地時（萊茵河的羅馬一側），塞魯西人便與盟友發動了致命伏擊。學界在傳統上原本推測戰役的地點位於條頓堡森林，靠近當今的奧斯納貝克市

（Osnabrück）。然而，最近的考古成果則發現真正的地點其實位於城市更北處。那裡有一條狹窄的通道，一側為沼澤，另一側為樹林。塞魯西戰士便以樹林為掩護，多次出手襲擊不知前方有詐的羅馬軍人與平民。這種地形使得排成狹長隊伍的羅馬軍團無法凝聚戰力。經過兩天戰鬥之後，羅馬部隊中的男女老少幾乎都被屠殺殆盡。同時代的羅馬史學家維萊伊烏斯（Velleius）寫道，此前羅馬人總能把敵軍「當作牲畜般屠宰」。此次敗北讓奧古斯都大為震驚，於是他下令停止往日耳曼地區擴張。就這樣，萊茵河大抵上成為了永久的北方邊界。[31]

並非所有境外戰役都遭遇如此重挫。在不列顛，羅馬北境遠方的部落持續威脅南方，於是羅馬將軍阿古利可拉（Gnaeus Agricola）帶兵北上，摧毀了由喀里多尼亞（Caledonia，蘇格蘭地區的古稱）領袖卡加庫斯（Calgacus）建立的部落聯盟。根據羅馬史學家塔西佗的記述（儘管該書大半內容可能都是虛構），卡加庫斯曾為了鼓舞士氣而發表一次知名演講，懇請部落民眾起而反抗羅馬帝國、鞏固自身的獨立地位，同時警告眾人若戰敗會有何種下場：「他們為燒殺擄掠的行徑冠以帝國的虛假之名。他們造就出一片荒蕪（拉丁語原文直譯為「孤獨」），卻稱之為和平。」[32] 他的呼籲成了徒勞。西元八十三年，喀里多尼亞聯軍於格勞庇烏山戰役（該山據信位於蘇格蘭東部，位置卻從未被證實）落敗，男人可能遭到殺害，女人和兒童則淪為奴隸。然而，不列顛北境一如萊茵，成了羅馬帝國擴張的極限。四十年後，皇帝哈德良建造了艾利烏斯邊牆（更常見的名稱為

「哈德良長城」）來保護羅馬行省。後繼的安敦尼皇帝曾於更北處再修建第二道牆，但很快就遭廢棄。西元二〇九年，皇帝塞維魯斯為鎮壓起義的喀里多尼亞人和邁塔伊人（Maeatae）而御駕親蘇格蘭，但隨後便離去，留下哈德良長城繼續防範著凱爾特北境。唯有在沒有重大軍事威脅時，羅馬才有可能維持最偏遠邊境的安全。[33]

羅馬帝國還用了其他許多方法來建立守護省界的安全保障，像是將當地部落或酋邦併入邊境區，作為羅馬駐軍及大部隊的隨附單位，或是拉攏邊界上的王國或部落聯盟，但此法有賴於足夠的信任。信任要是被打破，羅馬幾乎總會採取殘忍的報復手段，以達殺雞儆猴之效。羅馬領袖也如中國王朝一樣，都明白賄賂和補貼有維護邊境和平的效果。不列顛總督盧普斯（Virius Lupus）便懂得利用這點，他於西元一九七年向邁塔伊人提供了一大筆錢，以換取對方的臣服。據說就連五世紀蹂躪歐洲的匈奴聯盟領袖阿提拉也曾收到羅馬贈送的黃金。[34]外交手段不管用時，羅馬也不惜綁架或暗殺對自身構成安全威脅的部落首領或國王。夸迪人（Quadi）的領袖加比尼烏斯（Gabinius）就曾抱怨羅馬侵占自己的多瑙河領土，結果當地的邊境指揮官馬塞利亞努斯（Marcellianus）便邀他共進晚餐，再趁機將他暗殺。這個陰謀很快就弄巧成拙：夸迪人為了報復，便攻入羅馬的潘諾尼亞行省四處劫掠。還有一回，四世紀的羅馬皇帝瓦倫斯因為對盟友亞美尼亞國王帕普起了疑心，便邀請他參加又一場鴻門宴。在約莫西元三六〇至四五〇年間，我們確定至少有九起可能的戰略暗殺案例——堪稱「現實主義」的早期實踐。[35]

長遠來看，綿長邊界的安全與否往往取決於軍事力與防禦工事。羅馬帝國總共有四十萬名士兵，大多數都分散駐紮於邊境上或邊境附近。至西元四世紀，這些部隊已被人稱為「邊防軍」。西元二世紀開始，隨著帝國面臨的威脅加劇，保護邊境的戰略也隨之擴展。儘管部分邊境之外的威脅從未嚴重危害國安，其風險卻仍足以讓羅馬覺得有必要採取保護措施。羅馬的北非行省雖然廣大，但因為南面有沙漠作為屏障，不需要投注大量軍事資源。至西元三世紀中葉，居住在該處名義省界的部落似乎只會不定期劫掠，而且規模很小，因為少有回報紀錄。當時有堡壘和烽火臺便足以保障和平。而在衝突風險更高之處，例如廷吉塔納茅利塔尼亞行省（今摩洛哥）的山區附近，這類設施就更為密集。羅馬帝國在非洲的疆域直到西元四世紀才面臨更重大威脅。柏柏王子菲爾穆斯和柏柏將軍吉爾多分別在西元三七二至三七三年與三九七至三九八年發起叛亂，兩者都令羅馬出動大軍鎮壓。近東的邊界則時常變動且界限不清，只能以駐有軍隊的城市而非堡壘城牆作為分界。羅馬為應對來自中東的勁敵（尤其是西元三世紀以降的波斯薩珊王朝），便於此地強化防禦工程。雙方都沒有強大到足以消滅彼此，所以東部邊境縱使偶有暴力情事，局勢卻相對穩定。對羅馬帝國而言，最大的威脅來自於歐洲的萊茵河、多瑙河沿線與英國北境。

因應威脅的方法之一，就是更徹底加固防禦城池。當然，羅馬不可能比照中國，橫跨整個中歐來建造城牆，但還是可以沿著邊境地區及處於敵人入侵範圍內的城市大興防禦工事。哈德良長城算是例外，因為英格蘭北部的狹長地帶寬度僅有一百一十七公里，因此能沿著地形興建固定的邊城。城牆不只有防禦功能，還能作為發動報復打擊的跳板及掩護，方便跨境追擊入侵者。還有些邊境區的作用是嚇阻可能的入侵者，進而掌控對方的動向。[36]哈德良長城以道路與更南邊的堡壘和駐軍網路相連，以便在必要時加速增援。部分哨站設於城牆另一側。雖然凱爾特部落會定期南下劫掠（在西元一六〇至四〇〇年間，羅馬曾記錄到至少十一起入侵），但這道安全網仍能遏阻大規模進犯，保護其餘不列顛行省。[37]要防守萊茵河和多瑙河邊境則相對困難。兩條河流沿線都設有多座堡壘、溝渠、堤岸及塔樓。萊茵河上每隔五公里就設有一座邊境堡壘，方便鄰近駐軍相互馳援或示警。西元三世紀下半，在前騎兵軍官戴克里先皇帝治下，堡壘又進一步強化，築起更高也更厚實的城牆。守住邊境安全成為西羅馬帝國最後幾百年的主要戰略。皇帝通常是高階將領出身，負責指揮龐大的野戰軍。軍隊時刻待命，以便在邊境內外安全有變時出馬穩住局面。[38]但隨著邊境部落開始合併成更大型的聯盟，其構成的境外威脅也開始有別於前幾個世紀。儘管羅馬十分重視安全，但過於綿長的邊界顯然不足以防止外族大舉滲透或入侵，畢竟這些部落的東部邊界也持續受到游牧民西移的擠壓。當時羅馬帝國已分為東西兩半，原本企圖將入侵者納入羅馬體系，但到了西元五世紀時已擋不住外來壓力：汪達爾人、哥德人、法蘭克人和匈人橫掃舊有邊界，聯手推翻了羅馬帝國在歐洲和非洲的行省。[39]正如中國，外敵聯合起來決意進犯，使羅馬數百年為維護安全而投注的心血付諸流水。

——

其他為數眾多的領土型帝國也有相同的故事。其安全與否，往往取決於帝國是否有能力打造足夠堅固的邊界，並且以必要時得以動用的強大軍事力為後盾。[40]歐洲那逐漸擴張的海外帝國也是一樣。其遠方領土的安危，往往取決於原住民是否因土地遭殖民或既有文化受挑戰而心生不安而反抗，或是其他虎視眈眈地帝國競爭者是否出手干預。北美洲長久的殖民史便是明顯的例子。自十七世紀起，在美洲原住民和歐洲殖民者之間的動盪邊界上，殖民者就展開了邊疆歷史學家所稱的「滅絕戰爭」。[41]在這一脈絡下，邊境時常烽火連天，安全往往只是戰略上的妄想。

在海外帝國主義擴張的幾百年間，歐洲也逐漸發展出固定國界，各國公認但凡違反者便是在明目張膽地挑戰國家安全。但也因為如此，我們在過去兩百年來目睹無數因邊界或邊境領土而生的爭端，尤其是當人們懷抱著以共同民族或文化認同為基礎來打造新國家的願景時。十九世紀的希臘、義大利及德國即是，而隨著哈布斯堡、俄羅斯、德意志及鄂圖曼等帝國在一九一七至一九一八年瓦解，眾多新興國家也紛紛出現。美國總統威爾遜為了穩定局勢，本來希望能在國際聯盟盟約中新增一項條款，允許讓國境內的種族和文化「趨於一致」，但協約盟國卻因現實考量而難以接受。這也表示第一次世界大戰後的政治安排勢必引發領土爭議，因為特定的民族群體被畫入了不屬於他們的新邊界之內。[42]一九一九至一九二二年的希臘與土耳其、一九二〇年新生的蘇聯與波蘭，還有一九三〇年代末期希特勒德國重畫中、東歐民族邊界的野心，都屬於因邊疆而起的爭端。

要等到一九四五年，歐洲邊界才真正塵埃落定，而這多半是人口大規模遷徙或直接吞併的結果。在二十世紀全球邊界領土的更迭中，多達一百一十二次涉及軍事衝突，儘管並不是所有變動都能歸類為安全議題。非洲與亞洲的幾個前殖民地獨立之後，相對較少出現領土變動，因為人們傾向於保持現有領土之完整，哪怕原本的邊界是由歐洲列強不顧民族及文化分界而任意畫定。[43]在這些殖民地的案例中，各國奉行的領土原則是古羅馬的法律概念：「誰占有土地，誰就擁有該地。」西屬拉丁美洲殖民地便曾於十九世紀引用這項原則來主張領土主權，同時防止歐洲列強重新殖民。到了一九六〇年代，非洲統一組織也秉持此一概念來主導當地的去殖民化過程。一九八六年，國際法院就布吉納法索和馬利之間的爭端作出裁決，此後「誰占有土地，誰就擁有該地」就被廣泛視為保護新興國家邊界與避免衝突的通用原則，於南斯拉夫及蘇聯解體時也曾派上用場。然而，這項原則卻未能保障烏克蘭領土免受俄羅斯侵占。[44]

一九四五年後的世界，已經越來越難從邊境的角度來解釋安全與戰爭的關係，尤其是因為轟炸機與飛彈很輕易就能跨越邊界。當代的邊境領土之爭通常以小規模戰鬥的形式呈現，但依舊存在所謂的「凍結衝突」，* 使得安全隱憂持續存在。舉例來說，以色列與阿拉伯鄰國長久以來紛擾不斷的關係，該區域的邊境戰爭映照出以色列常年處於敵國環伺下的不安全感。北愛爾蘭內戰也曾威脅英國安全，即便英國脫歐，雙方至今仍難以就愛爾蘭邊界談出結果。最危險的莫過於中國、印度及巴基斯坦的長期邊界爭議，自第二次世界大戰結束後的幾十年間一直處於「衝突凍結」的狀態，更糟的是如今這三個當事國都擁有核武。三者間的角力曾引起間歇性戰爭、小規模入侵、叛亂及恐怖主義暴力。儘管三國都視這些問題為不可讓步的國安底線，但這片偏遠多山、人煙罕至且真正「冰封」的領土為何會讓三者長久僵持不下？此時邊境安全僅剩象徵意義，重點已不完全是地理分界，而是牽涉到更廣泛的政治問題。

深入來看，印巴之間的克什米爾衝突始於一九四七年兩國分治，而中印衝突則始於一九四九年共產黨統一中國。北印的查摩與克什米爾邦原本是由印度教君主統治，但人口大多卻是穆斯

* 譯註：指直接衝突雖然告一段落但雙方都沒有正式締結和約，也沒有建立一套政治框架來處理衝突後的情況，導致未來衝突再起的可能性依舊存在。

林。印巴一分治，兩國馬上就因為克什米爾主權而爆發短暫衝突，結果是巴基斯坦拿下約三分之一的土地，印度則保有其餘部分。雙方都不願善罷干休，經常為了邊境爭議而發生小規模戰爭及軍事對峙。在印度政界人士眼中，查摩和克什米爾應比照英國當初離去時的打算歸屬於印度；巴基斯坦則認為，該地穆斯林同胞理當融入新建的穆斯林國度。兩國儘管在國際壓力之下同意停火，卻都不願意信任彼此。一九九九年，《拉合爾協議》（Lahore Agreement）承認巴基斯坦對該邦三分之一地區的主權，但雙方卻又幾乎於同一時間因所謂的「控制線」（兩國的軍事分界線）大動干戈而爆發卡吉爾戰爭。[45]隨著克什米爾地區爆發反對印度統治的叛亂，加上伊斯蘭恐怖分子不定期針對印度發動攻擊，雙方歧見持續加深。隨著秉持印度教民族主義的總理莫迪（Narendra Modi）上臺，兩國短期和解的希望更趨渺茫。印度也對克什米爾實施嚴格的安全管制，並於二〇一九年廢除其憲法自治地位，由新德里直轄。對巴基斯坦而言，克什米爾如今是處於遭印度「非法占領」的狀態。然而，巴基斯坦在過去十年來與中國越來越密切的政經交流，也加深了印度的不安——時不時出現的軍事衝突正是這份不安穩的表現。[46]

英國撤離印度時不僅留下了印巴分治的局面，也留下了畫分不清的印中邊界，這也是往後兩國爭端的起因。從西部的克什米爾拉達克山脈，途經中國占領的西藏，再到東部的新疆維吾爾自治區，印中兩國始終沒有在這片綿長的共同邊境上明確協議出邊界。印度依據英國強加的兩條粗略分界線：一是一八六五年強生（William Johnson）於西北邊境畫定的「強生線」，二是一九一四年麥克馬洪（Henry McMahon）與西藏在東部邊境協定的「麥克馬洪線」，但中國當局從未同意這兩條界線。[47] 一九五〇年代，雙方曾短暫入侵彼此的非正式邊境。接著中國先是在一九五九年吞併西藏，後又於一九六一年占領克什米爾邊境的阿克賽欽山區，宣稱擁有該地主權。印度表示異議。一九六二年十月，印度總理尼赫魯（Jawaharlal Nehru）下令印度軍隊驅逐中方，「否則就將繼續進軍。」[48] 雖然印度在這場短暫戰爭中落敗並且讓中國占領該區，但雙方從未明定任何協議——這點顯然與中國過去和平化解十七處領土爭端大相逕庭。[49]

印中雙方都設法明定邊界，但兩國也都想奪得軍事優勢，包括占領更高的山脊或建立哨站與掩體，結果總是有其中一方不斷出手進犯。[50] 兩國都欲保護邊境安全，但正如克什米爾衝突，邊境問題已成為兩國在南亞地緣政治角力上更深層的導火線，更不用說印度正在與美國改善關係。雙方在二〇一七年爆發軍事對峙，幸好未演變成公開衝突。但在二〇一九年克什米爾憲法地位變更之後，印度卻主張原先由中國軍方占領的阿克賽欽如今已被納入印度所屬的拉達克聯邦屬地。二〇二〇年，印軍越過邊界進入加萬河谷，中國士兵則用臨時製成的棍棒武器暴力反擊（對一九六〇年代的不開火協議以示尊重）。這也是自一九六二年起，雙方首次爆發有人員傷亡的重大暴力事件。[51] 如今，印度、中國及巴基斯坦的三方衝突已成為亞洲更大範圍的潛在動盪因子，因為三國都持有核武，也沒有任何制度能予以約束。三方的爭端談判經常破裂，可見彼此有多麼缺乏互信。這也是人類悠久歷史中，邊境不安全感可能引發重大衝突的最新案例，有些人甚至認為該區域有爆發核戰之虞。[52]

安全研究領域的職責，就在於探究這些包括棘手領土議題在內的現代衝突。這門學科於一九四五年後興起，也很快就確立宗旨為「研究戰爭的原因，探討預防戰爭的可能解方」。雖然早期中國或羅馬等歷史案例也有助於解釋所謂的「安全困境」（如何同時追求安全又避免衝突），但安全研究的重點仍放在冷戰與後冷戰世界，希望藉由當代理論基礎來判斷戰爭爆發與否的可能原因。理論的解釋重心仍以國家安全為主，無論是國家感到足夠安全或缺乏安全。

安全研究領域的根源，來自於一九二九年經濟大蕭條後國際體系的崩潰，以及一九三一年後日本、義大利和德國暴力打造新帝國的過程。當時歐洲人試圖意圖理解與闡釋這類變革所代表的安全挑戰，但美國在安全領域的投注更加豐沛，不僅希望藉研究來解釋危機成因，也是為了思考美國在這個戰爭情勢日益高漲的世界中該如何自保。其中一位先驅研究者就是萊特（Quincy Wright）。一九四二年，美國剛加入第二次世界大戰之後，萊特便發表開創性的《戰爭研究》（*Study of War*）探究戰爭起源，其論述奠定在一項可追溯至一九二〇年代的長期研究計畫。他認為戰爭是一種病症，必須找到藥方。他亦於著作中提問：在戰爭因各種動機而橫行的時局下，人們該如何止戰？如何營造更安全的世界？[53]另一位關注安全研究的學者是歷史學家厄爾（Edward Mead Earle）。厄爾任職於剛成立的普林斯頓高等研究院，並於一九三三年主持了一場高階研討會，以「研究戰爭之歷史地位」為題說明美國應採取何種戰略來維護國家安全（簡稱「國安」，這個詞於世界大戰爆發前便已為人使用）。厄爾所見與小羅斯福總統身邊的顧問略同。他們都認為守護國安的關鍵在於追求權力，唯有如此，「民族國家才有能力保衛自身領土、權利、政治獨立地位及國家利益。」厄爾雖然對史派克曼「強權政治式」的現實主義主張不以為然，但他也同意美國要生存就得成為「強權」，這點依舊與現實主義不謀而合。[54]

隨著第二次世界大戰結束後的新興核武威脅，「安全研究」這門學科領域也迅速發展，在紐約哥倫比亞大學、耶魯大學及普林斯頓大學都設有研究中心。一九五二年，美國社會科學研究理事會成立了專門的「國家安全研究委員會」。那時的新一代年輕學者，包括初出茅廬的季辛吉（Henry Kissinger），都開始視安全為一門須有堅實理論基礎的課題，並且應將研究成果上達決策者——畢竟戰爭威脅始終存在，是緩解或加劇都取決於這些人的決策。[55]學界一致認同「現實主義」就是國家安全的典範，此一理念可追溯到馬基維利和霍布斯。對現實主義而言，關鍵在於為了生存不擇手段，無論是否合乎道德；權力則是生存安全的關鍵，而現代權力就等同於軍事實力。因此國家外交政策應以現實主義為指導原則，即便導致戰爭也在所不惜。

安全研究最在意的，始終是國家在經久不衰的戰爭議題前如何管理自身安全。最重要也最常被強調的核心準則，就是理解「軍事力的威脅、運用及控制」——而這在第二次世界大戰後的數十年間基本上就等同於應對核子武器。這已不是只有軍方高層需要在意的課題，而是民間學者都同樣看重的研究。在最初二十年裡，最主流的論述便是國安建制派發想出的「嚇阻理論」。直到一九六〇年代，隨著軍備控制及冷戰局勢趨於低盪，嚇阻政策的重要性才開始不如以往緊迫。自一九七〇年代以降，安全研究已不再固守原有的國安議題，更轉向分析各國在更廣大國際安全秩序之下該如何行事。歐洲正是此一新路線的先驅，因為他們也特別不滿於粗陋的霍布斯式「現實主義」。一九五九年，英國一群歷史學家與國際關係學者成立了英國國際政治理論委員會，由劍橋歷史學家巴特費爾德（Herbert Butterfield）擔任主席。該委員會定期就國際秩序議題及維持秩序的方法進行辯論，一路持續到一九八〇年代中期。國際關係學者布爾（Hedley Bull）也是該委員會成員，他於後來出版的《無政府社會》（*The Anarchical Society*）一書主張，國際秩序向來是取決於戰爭與戰爭的後果。「戰爭與戰爭的威嚇，」他寫道：「一同影響著特定國家的存亡與興衰，攸關國家邊境是穩定或動盪。」[56] 儘管如此，布爾等人依舊設法解釋如何在無政府狀態下的國際關係中避免戰爭，並於近代國際關係史尋求答案。他們認為現代世界縱使經歷兩次世界大戰，但有序的狀態仍然比無序狀態更為常見。也就是說，就算戰爭是國際架構的產物之一，但更重要的還是學習如何保障和平。這一思想被人統稱為「英國學派」。一九六三年，巴特費爾德的同代劍橋學者辛斯利（Harry Hinsley）同樣就此議題推出了新書《權力與和平追求》（*Power and the Pursuit of Peace*），讓人更理解現代國際秩序如何可以作為「動盪國際局勢的解藥」。[57]

這種強調國際體系而非個別國家行為以解釋戰爭成因的分析取向，後來也傳到了美國，並在美國戰略學界變成了另一種樣子，也就是所謂的「新現實主義」。* 加州大學柏克萊分校教授華爾茲（Kenneth Waltz）一九七九年出版的《國際政治理論》（*Theory of International Politics*），則是公認的新現實主義奠基之作。表面上看來，華爾茲這套論述有別於冷戰初期的兩極對立國安理論，但在實際上，華爾茲仍認為國際體系是各國的總合，而所有國家都期盼能憑實力自保。他的結論因此與布爾或辛斯利截然不同。華爾茲推斷，衝突和競爭本身就是國際體系的特徵。「處於無政府狀態下的各國，」華爾茲寫道：「都必須保住自身安全，因為安全威脅與隱患隨處可見。」他繼續指出，國際體系的結構正好能解釋戰爭反覆發生的原因。「在無政府狀態下，」華爾茲主張：「和

* 作者註：勿與研究個別國家外交政策的「新古典現實主義」混淆。

平是脆弱的。」[58]

讓這套理論架構更為複雜的是，新現實主義者後來又分裂為「攻勢現實主義」和「守勢現實主義」兩個不同的思想流派。前者是強硬的現實主義派，認為國家在與他國關係上永遠不得鬆懈，應該養足軍事實力，隨時準備好於必要時採取主動攻勢，應對可能發生的侵略。對攻勢現實主義者而言，各國皆應努力厚植實力以自保，就如同共和國時期的羅馬。追求力量不是為了力量本身，而是為了讓自己更加安全。[59]為了維護秩序，就得時時守住權力平衡（冷戰時期兩個全副武裝的超級大國正是處於此種平衡）。另一方面，守勢現實主義則與英國學派所見相同，主張採取更溫和的立場，更以防守為主的軍事手段，認為這才是維護安全的良方。各國還能藉由合作、結盟、簽訂公約甚或裁軍來化解安全困境。這一學派更加注重和解與合作的結構，以及強調這套結構能施加的約束力，降低戰爭發生的可能性，而這確實也是現代國際關係的特徵之一。他們認為這類「結構調節因素」可以緩解無政府狀態，讓國際體系得以正常運作。[60]

兩個學派都未能真正解決的問題在於，當任一現實主義提倡的做法失靈時反而有可能導致戰爭爆發。這聽起來可能有些矛盾，但攻勢現實主義確實有可能同時破壞安全，而非鞏固安全。軍備擴張助長軍備競賽，進而提升戰爭風險。而根據這套霍布斯式理論，採取攻勢現實主義反而可能會鼓勵其他國家聯手以軍事例對抗試圖擴張權力的國家。[61]守勢現實主義也有相同的問題。各國若承認自己放棄採取軍事姿態，開始單方面裁軍，或是清楚揭露自己的外交政策目標，也都同樣都有害安全。畢竟這樣一來，有侵略傾向的國家就可能會試圖擴大權力，趁機犧牲掉那些採取溫和守勢的國家。[62]這種情況下最有可能爆發的戰爭，就是源自於對他國意圖的誤判，而這正是兩次世界大戰爆發的緣由——彼時德國當權者誤以為英國政府會對危機袖手旁觀。各國反覆揣測彼此動向的過程，加劇了局勢的不確定性，導致危機迅速升級。儘管可能沒有人一開始就打算全面開戰，但最終仍是釀成一場強權大戰。大多數現代國家都會為了自保而刻意掩蓋真實的戰略意圖，但這也可能反而導致他國為了先發制人而開戰，或是進行所謂的「預防性戰爭」。[63]有一種說法是，冷戰結束後的多極化的國際秩序反而增加了戰爭風險，因為誤判的可能性提高，各大國都焦慮於自身安危。反觀冷戰時期藉助於「相互保證毀滅」原則的兩極國際秩序卻被視為能有效避免大戰與維持長期和平的結構，這點不能不說十分矛盾。

安全研究為解釋戰爭而提出的理論基礎，確實存在許多易受批評之處。畢竟人們經常讓歷史來配合理論，削足適履。好比新現實主義就會在解釋安全困境時會刻意保持一定的抽象程度，因為這項理論的目的並不在於指導各國如何行事，而在於界定國際體系如何在穩固與不穩固之間移轉。當代有許多掌權者都未能通過現實主義的考驗，希特勒對美國宣戰就是明顯的例子，造就了為追求戰略幻想而犧牲安全的局面。新現實主義探討的安全面向也僅限於軍事，未能觸及環境安全、經濟安全或人道安全等，但這些層面自一九九〇年代起都已於安全研究中扮演要角。[64]持平而言，新現實主義最有說服力的一點，就在於對他國意圖的評估如何導致戰爭。因為無論是高估或低估，評估威脅的誤差空間都可能會大大動搖一國是否願意冒險開戰，或是否為了避戰而選擇加強軍備。就算鄰國對己方幾乎不構成安全風險，國家仍會持續編列軍事預算，以應對可能來自他處的意外威脅，無論是虎視眈眈的敵國，或是非由國家主導的暴力運動，甚至於狂妄型領袖的居心叵測。新現實主義者堅信，在動態的國際秩序中，安全始終是相對的，所以國家才不能放鬆警惕或全盤指望信任關係。美國新古典現實主義者塔利亞費羅（Jeffrey Taliaferro）便曾在冷戰結束十年後寫下：「安全困境是無政府狀態最棘手的特徵。」[65]

今天依然存在核武威脅的安全困境，一如於一九四〇年代催生出安全研究的大環境。當年在美蘇的兩極體系下，嚇阻策略確實發揮了效用，儘管不能完全阻止兩大強權進行常規戰爭。到了一九九〇年冷戰結束後，華爾茲便主張擁核國之間爆發大規模戰爭的機率已「趨近於零」。這項觀點在當時背景下是站得住腳的。[66]當時核武大國一共有五個，分別是美國、蘇聯、英國、法國及中國。但後來情勢改變，巴基斯坦、印度和北韓也加入擁核國行列，以色列據信也是核武國家，但該國並未公開其擁核狀態。而儘管前五個擁核國於一九六八年簽訂《不擴散核武條約》（美國更曾在一九六〇至一九七〇年代阻止西德、南韓和臺灣自行研發核武），四個新興核武大國卻無意加入。[67]時至今日，九成以上的核彈頭仍掌握在美國與蘇聯的後繼者俄羅斯手中，原有的冷戰安全僵局並未完全消失。話說回來，儘管當今世界已有九個核子大國，但政界人士、軍事領袖及廣大公眾仍普遍認為，這些國家的掌權者並不會在一怒之下動用核武，因為徹底毀滅彼此的可能性太高。然而，這一假設又讓人不禁要問：如果永遠都不會有人真的動用核武，那印度、巴基斯坦、以色列和北韓又為什麼需要核武呢？事實是，這四個面臨區域安全問題的國家都確實可能會動用核武，無論是為了先發制人，或是為了最後一搏。

核衝突可能會在何種情況下爆發？為了探討這個問題，學界最近審視了現已解密的美國核戰兵棋推演紀錄。這些資料記錄了一九六一年，美國參謀長聯席會議成立聯合兵推控制小組，每年定期進行五到六次戰爭模擬，包括美國與擁核國家的對決與無核國家的對決。在核武兵推中，分為藍隊與紅隊的兩支隊伍會於不同房間內發想戰爭策略，並由一名控制員負責監督。而在一九六〇至一九七〇年代初進行過的一系列兵推中，只有兩次曾有隊伍提出使用核武。其中一次就是一九六七年的BETA I兵推，由具備軍事、政治和戰略智庫背景的九十六人參與。當時這場兵推的決策情境，其實非常近似於危機管理失靈時可能造成的實際後果。當時的劇本是蘇聯（紅隊）占領西柏林，而美國（藍隊）設法應對。局勢之艱難使得藍隊選擇動用戰術核武，紅隊隨即報復，用核武一舉消滅了藍隊六個師。藍隊開始動用遠程戰略核武，而紅隊則認定藍隊有意轉向全面核戰，遂下令發動核武第一擊，藍隊也報復以核武二次打擊。這場兵推結束後的檢討會議上，藍隊抱怨說當下面對突發危機的權衡時間不夠，只能決定率先發動戰術核攻擊。紅隊則表示自己並未被核戰風險嚇阻，畢竟核戰結果大概不會比蘇聯在第二次世界大戰中的處境更糟。[68]這場兵推的案例顯示，危機管理不善（誤判情勢、自亂陣腳、臨時無法全盤考量戰略等）確實有可能導致緊張局勢升溫。而這種情況在二十一世紀仍有可能發生。

二〇二二年二月，俄羅斯總統普丁下令入侵烏克蘭，真實降臨的衝突瞬間將核對抗涉及的安全風險表露無遺。當西方宣布支持烏克蘭時，核戰風險就立即升溫，因為有三個透過北約提供烏克蘭援助的國家均擁有核武，與擁核的俄羅斯和厭惡西方介入的中國對峙。普丁不時要脅使用核武，只要俄羅斯的安全受到嚴重威脅。此話虛實難判，卻不容輕忽。幾十年來，安全研究都認為相互嚇阻是有效的策略，可是普丁這種流氓政權卻有可能不顧國際體系的約束。入侵烏克蘭也是邊境安全的又一例證。俄羅斯曾於一九九四至一九九六年攻打車臣，一九九九年後再度開戰，二〇〇八年進犯喬治亞，二〇一四年起再以保衛烏克蘭南部的俄羅斯人為由發動領土收復戰——這些全都出自於俄羅斯欲拿下邊境、維持領土完整與民族團結的渴望，為此不惜入侵鄰國。無論是克什米爾或烏克蘭，都證明了安全與領土議題密切相關。這點也呼應了幾世紀以來邊界兵家必爭的地位。但也正如以往，追求安全有時會適得其反，而我們也始終難以徹底排除其中一方訴諸核武的可能性。

——

人類對安全的亙古追求，確實是導致戰事不斷的原因之一。霍布斯所說的「戰爭狀態」幾乎是歷史上所有已知社會的特徵，亦可廣泛見於未留下書面歷史的人類群體。安全並非抽象概念，而是氏族、部落、酋邦、國家或帝國為免受內憂外患而採取的具體自保行動。若有其他保障安全的途徑存在，那未必得動用戰爭暴力。若真得訴諸戰爭來保衛安全，那攻擊與防守皆在選項之內。以安全為目標的戰爭也可能混合著其他動機，例如奪取資源和領土，鞏固政治權力，拓展信仰體系，不過安全仍是首要之務。先有安全，才能保全其他。在歷史上的諸多時期與地區，人類確實找到了維持承平狀態的途徑（儘管只是暫時），否則霍布斯所說「所有人對抗所有人」的戰爭局面只會不斷出現，人類便不可能好好生存。

無法迴避的一項事實是，即便歐洲各國於一九一九年秉持著對永久和平的企盼，成立了國際聯盟，可是世界史上規模最大也最血腥的衝突卻仍於二十年後爆發。關鍵因素在於信任：即便沒有任何決策依據，光是對鄰國動機與行為起疑或不信任便有可能引爆戰爭。由此可見，當我們從安全角度來解釋戰爭根源時，邊界（無論是概念上或實質的）具有舉足輕重的地位。歷史殷鑑，安全始終難以捉摸，是一種具備條件與前提且不斷變動的狀態。在現代，安全的維繫有賴於現行的軍事技術和健全的國際協議或組織機構。不過安全的概念自古已有，早在幾千年前的羅馬帝國和中華帝國便已布下長遠的防禦措施。隨著太空與網路在二十一世紀成為潛在的新戰場，新邊境於焉而生。這兩種邊境皆是現下安全問題的挑戰，甚至攸關核武安全。畢竟這類新邊境仍屬於開放邊境，因此也充滿了更多變數。

結論

戰爭是常態，這是歷史學家都知道的事，卻也是政治理論家試圖解釋之事。

——華爾茲，一九八九年[1]

有關戰爭成因的理論繁多，令人不禁懷疑根本不可能得出令人滿意的解釋。眾多理論催生出各種複雜想法的大雜燴，無法提供愛因斯坦原本想向佛洛伊德問出的清楚解答。我們能從前面幾章看見，人文社科領域在過去一百年來嘗試解釋戰爭成因時，確實無法達成共識，因為沒有任何單一原因能夠說明人類歷史上為何戰事不斷。然而，這不代表我們無法解釋戰爭，只是發生在不同時空背景下的戰爭有各自不同的解釋。畢竟，無論是舊石器時代的致命小規模戰鬥，還是本世紀的熱核戰毀滅風險，集體暴力（我們所界定的戰爭）的性質在歷史上的不同時期也截然不同。

即便未能達成共識，但各學科皆有學者力圖證明戰爭是演化上的異常現象，假定戰爭並不存在於國家形成前的人類社會。對他們而言，和平才是常態，即便進到了信史時期，戰爭仍舊是擾動和平的例外。人類學家米德就主張，戰爭是一種文化發明，人類只要願意努力，就能「取消發明」。此項主張也反映在和平主義者的論述中：過去一百年來的人類已經歷過世界史上兩次代價最高昂的戰爭，如今各種制度和規範持續發展，已使戰爭難以為人接受或不太可能發生。這套論述也有走向極端之虞，好比政治科學家穆索（Michael Mousseau）就曾推斷，世界各國在五百年來逐漸奉行自由市場導向的規範和價值觀，使得戰爭傾向逐漸歸零，「最終有機會實現永久的世界和平」。[2] 多數主張和平是人類演化正常現象的學者很少會講得這麼誇張。另一位擁護人類歷史（相對）和平論的重要人物是人類學家佛萊，他贊同米德的說法，認為「戰爭就像過往的奴隸制一樣是**可以**廢除的。」佛萊主張進一步修訂法律和制度來管轄國際事務，以便在衝突升溫前穩住局面：「我們眼下的課題，在於如何將警長和法官引進全球的『西部荒野』。」[3] 這顯然是人類迄今尚未解決的挑戰。然而，眾多主張和平是人類終極目標的論點都面臨一個問題，那就是希望幫戰爭找出單一原因。在他們看來，若能梳理出戰爭發生的確切原因，便有望消滅戰爭，就好比為所有癌症找出終極療法。但這項假設實在不難反駁：因為戰爭的種類太多，戰事在歷史上層出不窮，根本沒有任何單一可行的療法可言。就算是警長和法官，也只能以槍枝來馴服西部荒野。

誠如新現實主義理論家華爾茲所說，戰爭對歷史學家來說就是常態，對其他人文社科的學生亦同。「常態」表示它並非異常現象，而是人類悠久歷史中固有的環節之一。再者，無論是何種情況造就了大小規模的集體暴力，世界各地都發生過戰爭，戰爭形態亦隨著社會及政治組織而多有變化，表示戰爭的起因理當找得到某種通用解釋，否則人類社會就會選擇採取不同手段了。人類（主要是雄性）是唯一在漫長演化過程中大量殺害同類的動物。人類也時常對他人蓄意施暴，且手法殘忍，對象不分性別與年齡。幾千年前的人類如此，二十一世紀還不過四分之一便已上演的野蠻衝突亦然。有些人主張，人類（尤其是現代人）厭惡殺戮，但歷史卻已給出反證：第二次世界大戰中的各國有能力招募到一億人，這些人來自社會各個階層，只要經過稍許訓練後便能令他們轟炸、砲擊與殺害無數同類。

我們可分出幾個層次來解釋人類為何會有異常暴力的表現。第一層為影響人類演化的整體原因，可再區分為內在與外在。從生物角度來看，為了保護基因庫與成功繁衍，人類已懂得在必要時訴諸暴力，這似乎是解釋物種內衝突的第一塊基石。這樣解讀的話，戰爭並非由基因**注定**，而是為了**保護**基因。人類不只是依原始本能行事，我們的行為也受意識影響。心理的演化過程讓人類將世界畫分為「異己」與「我族」，這樣的心態與前述在必要時進行戰鬥的生物本能相輔相成。兩者也為同類相殘提供了合理依據，同時創造出將集體暴力視為規範及社會責任的心理傾向，男性尤其顯著。隨著古代人類群體發展出語言和象徵文化，戰爭也漸漸被賦予更多意義，彰顯出特定社會視戰爭為必要、看重戰爭的世界觀或文化。在悠久的人類歷史中，文化與生物共同演進，讓人類漸漸習得在有必要或有利可圖時訴諸暴力，這一傾向是由先天和後天因素共同形塑而成，不只是兩者其一。當生態資源枯竭導致資源競爭加劇時，人類須設法適應的自然環境也成為了採取暴力的外在動力。前述原因橫跨時空，普世皆準，不僅在不久的過去有跡可循，甚至也可見於現今的氣候變遷與武裝文化。在人類走出非洲的過程中，全球各地戰爭的演進可能是各自獨立，然而結果卻有項共通點：因應內外部需求而發動戰爭，正是人類生存的方式之一。

討論完造就戰爭的大環境之後，第二層解釋則要從行為的具體動機說起。先前已概述過影響人類古今行為的各種外部因素，但人類選擇做出戰爭這一行為依舊是出於有意識的動機。這些動機又可大致歸類到第二部探討的四大主題之下：資源、信仰、權力及安全。這些動機彼此並不互斥，好比追求權力的同時也有鞏固安全的效益，並可能帶來額外的資源。信仰之戰亦有機會帶來資源優勢，如十字軍便曾在守護自身信仰時短暫奪得資源。即便如此，探討古今大多數戰爭案例時，我們仍有可能找出特定衝突背後的主要動機。戰爭偶爾也會有機緣巧合的原因，像亞歷山大或拿破崙這等野心家也可能成為戰爭的驅動力，難以納入一般性理論框架或常見的動機範疇。這些動機如同第一層次的普遍因素，也是放諸四海皆準而非歷史上的偶然。對於安全的追求，對於權力的汲營，對於他人資源的貪婪，為了信仰或意識形態發動的戰爭，都深植於人類的天性。要達成這些目標確實未必只有戰爭一途，但在窒礙難行或有文化限制的情況下，人類還是會選擇用暴力來排除阻礙，就如同古代襲擊中國王朝邊境的游牧民，還有當今進犯烏克蘭的俄羅斯軍隊。

一旦分別從兩個層次（整體原因及具體動機）探討戰爭成因之後，我們就可以歸納出戰爭其實是各股驅動力交織而成的產物。儘管對不同案例的影響程度各異，但在人類歷史上卻相當一致穩定。自然法則與人類力量共同形塑出戰爭的樣貌，這一過程相當複雜，表示我們得放棄為戰爭找出單一解釋的念頭。誠然，以色列學者加特所說的「導致戰爭的因果序列」仍然存在。[4] 這也是為什麼我們依舊需要歷史學家，畢竟每場戰爭都有著尚待釐清的敘事及角色。但若要替「人類為何戰爭？」這個問題給出整體答覆，我們還是能歸納出普遍規律的因果關係。

但凡討論戰爭成因，幾乎都會帶出另一個問題：未來是否會持續出現戰爭？許多人都在探討戰爭是否已經過時或有所減少。自一九九〇至一九九一年蘇聯解體之後，我們就時常聽到「大國之間不會再爆發戰爭」的戰略論述，但類似的想法也曾經盛行於第一次世界大戰之前（也就是歐洲歷史上第二次「三十年戰爭」的開端）。[5] 即便中國崛起與美國的不安全感都在攪動國際局勢，促使各方敲響警鐘預告衝突在即，我們依舊很難確實預測未來戰爭的走向。二〇一三年一項統計資料預測，全球各地和各國在二〇五〇年的國內衝突（而非國際衝突）將減少五成左右。這份資料的預測細節相當具體，甚至直言坦尚尼亞這個國家在二〇三〇年發生衝突的機率為二成一。然而，有鑑於該報告是引用嬰兒死亡率和教育發展程度來推斷衝突的趨勢，其可預測能力還不如向十六世紀法國預言家諾斯楚代馬斯（Nostradamus）討教。[6] 另一項更新的研究則指出，「出奇不意」會是本世紀強權戰爭中的關鍵因素——這一說法確實在歷史上站得住腳，卻也帶來另一道難題：既然出奇不意才是重點，那究竟要如何預測那些根本無法預測之事？[7]

美國與中國之間的衝突是否在所難免？各界對此意見分歧，但就算不討論這一題，各種各樣的「未來戰爭」同樣引人關注。首先就是網路戰，攻擊方會蓄意攪亂對手的電腦網路。目前最常採取這類攻勢的就是俄羅斯：二〇〇七年針對愛沙尼亞，二〇〇八年針對喬治亞，再來就是二〇二二至二〇二三年針對烏克蘭。網路攻擊對象可以是軍用網路也可以是民用網路，足以發揮破壞日常生活及軍事通訊的效果。美國政府極度重視網路戰威脅：歐巴馬總統便於二〇〇九年宣布數位基礎設施為「國家級的戰略資產」。一年後，美國戰略司令部設立了新的分支「美國網戰司令部」，令其負責開發電腦網路防禦及攻擊。美國後來便利用電腦蠕蟲「震網」（Stuxnet）來破壞伊朗的核設施。[8] 網路戰的影響顯然相對間接，因為不仰賴直接造成死傷。但我們仍然可以預期，網路在未來一世紀將會成為所有大國不可或缺的戰爭利器。太空戰的威脅也是同理。一九七〇年代，人們普遍同意太空應當成為禁武區，但這項共識正逐漸受到考驗。已有越來越多國家將衛星送入軌道，發展出能夠摧毀或致盲敵方衛星的技術，從中國這十年來的反衛星演習便可見一斑。由於衛星通訊具有重大軍事意義，如何防禦敵方的太空戰也越來越受重視。二〇一七年，美國創立美國太空司令部和美國太空軍，兩者職責類似於網戰司令部，負責開發反衛星能力及衛星防禦措施。部裡還設有「地球同步軌道太空狀態感知計畫」（Geosynchronous Space Situational Awareness Program），這個名稱應該會驚艷到科幻小說鼻祖威爾斯（H. G. Wells）或《星際爭霸戰》（*Star Trek*）的劇組吧。[9]

戰爭形態勢必會在未來一世紀發生變化，但戰爭會由誰發動？動機為何？答案皆尚不可預測。本世紀迄今發生的戰爭已證實因果關係確實存在。人類曾經在二〇〇〇年前後相信，戰爭注定會走向消亡。然而從那時候開始不斷湧現的戰爭衝突，以及即將在未來幾十年興起的生態危機、資源壓力及宗教衝突，都讓這一樂觀想像不攻自破。人類發動戰爭的傳統悠久，令人難以相信當前或未來的國際秩序中能夠催生出沒有戰爭的世界。就在筆者撰寫本書的當下，各大國都在積極因應俄羅斯侵略烏克蘭可能升高的衝突局勢。陸地上的敵手全副武裝，西方國家發動的代理人戰爭方興未艾，核武衝突升級的威脅頻傳——目睹這些景象的我們，又如何能相信戰爭終將成為過去？戰爭畢竟擁有長久的歷史，未來也將存續下去。

附錄一

愛因斯坦致佛洛伊德的信*

親愛的佛洛伊德教授：

有沒有方法能讓人類免於戰爭威脅？眾所皆知，隨著現代科學進步，這項議題已成為攸關文明存亡之事。儘管持續有人躍躍欲試想找出解方，但每一次嘗試卻都以失敗告終，令人深感惋惜。

我也開始覺得，那些有義務藉由專業實務來解決這一問題的人，竟然也都覺得自己其實無能為力。如今這些人只能盼望請教那些沉浸於科學追求或能跳脫原有視角看待世界的人。至於我本人，我平常思考的內容並不能洞悉人類意志與情感中的黑暗面。因此在這道大哉問上，我能做的無非只有設法釐清問題，同時剔除那些較為表面的解答，讓您能運用您對人類本能的淵博知識，

* 編註：兩篇附錄皆翻譯、整理自聯合國教科文組織官方網站，信函皆為公版。

以您的智慧之光照亮這個問題……

……我是個不帶民族主義成見的人，要回應這個問題的表層（例如行政方面），我個人還能想到一個簡單方法：國際社會應該達成共識，建立專職解決各國衝突的立法和司法機構。每個國家都應承諾遵守該立法機構頒布的命令，於發生爭端時訴請該機構裁決，並於判決後毫無保留地接受，同時落實經法院裁定為執法所需的一切措施。可是推論至此，我立刻就遇上了難題。法院畢竟仍是由人類所設立的機構，要是掌握的權力不足以執行裁決，那裁決就更容易受到法律之外的壓力干擾而偏離正軌。這是我們一定得正視的事實：法律和權威難免得相輔相成，只要社會具備足以約束人們尊重其司法理想的實權，司法裁決就更能接近社會訴求的正義理想，意即以社會的名義和利益作出判決。可是在目前，我們還遠遠未能發展出任何凌駕於國家之上的組織機構，有資格做出不容爭議的權威裁決，並強制民眾絕對服從。就這樣，我推導出了第一個基本公理：要守護國際安全，就表示每個國家都應在一定程度上無條件放棄自身的行動自由，也就是放棄主權。問題無疑在於，當前並無任何途徑能夠實現這種安全目標。

儘管人類乍看之下是秉持誠意解決問題，但過去十年來所費的一切功夫都未能成事。至此我們已不必再懷疑：確實有某種強大的心理因素正在礙事，包括一些我們不難察覺的因素。好比每個國家的統治階級都渴望權力，不願讓國家主權受到任何限制。這種對政治權力的欲念，往往又會助長其他群體，例如那些唯金錢利益是圖的群體。我首先想到的，就是那種規模雖小卻心意堅決的群體，各國都可見到他們的身影，而這類群體成員總是漠視社會的需求與規範。在他們眼中，戰爭、武器的製造和銷售，都不過是謀取私利與壯大個人權威的契機。

意識到這樣明顯的事實，卻只是踏出了理解世局的第一步。緊隨其後的還有另一個問題：就憑這一小撮人，怎麼有能耐扭曲大多數人的心智來滿足自己的野心？讓多數人甘為戰爭而受苦受難？（我所謂的大多數人並不排除以戰爭為業的各級軍人，他們相信自己是在為保衛自家種族的最高利益而戰，也認定進攻往往是最好的防守。）這個問題似乎有個明顯答案：有一小群人，也就是當前的統治階級，正掌控著學校與媒體，通常也控制了教會。他們因而能夠動員和左右群眾的情緒，並以群眾的情緒作為利器。

可惜這個解答還是未能提供全面的解方，於是另一個問題應運而生：這些手段為何能如此有效激發人性狂熱，甚至讓人不惜犧牲生命？只有一個可能的解答：因為人心深處本就蘊藏著仇恨與毀滅的執念。這種執念原本潛藏，只有在特殊情況下才會爆發。如今要激發這類情緒已是相對容易，此後便能催化出集體的精神狂亂。這也許正是我們眼前重重謎團的癥結所在，而這個謎團只有深諳人類本能的專家才能解答。

於是我們來到最後一道疑問：我們有沒有可能掌控人類的精神演化過程，讓人類不再受制於仇恨和破壞心理？我現在心裡想到的，絕對不僅限於那些所謂的未開化群眾。經驗證明，反而是所謂的「知識分子」最容易屈服於這類破壞力強大的集體思想與情緒，因為知識分子不會直接觸及赤裸裸的現實人生，而只能觸及書頁上最簡化造作的文字。

總而言之，我此處所談的只有國與國之間的戰爭，意即所謂的國際衝突。但我很清楚，侵略本能也會以其他形式在其他情境下浮現。我能想到的例子就是對少數族裔的迫害，或者是內戰，早期內戰多半出自於宗教狂熱，現今則為社會因素所致。不過我還是決定要聚焦於人與人之間最典型、最殘酷、最揮霍浪費的衝突形式，因為唯有以此為鑑，我們才有機會找出預防各種武裝衝突的方法。

您誠摯的

亞伯特・愛因斯坦

德國波茨坦的卡普特（Caputh）

一九三二年七月三十日

附錄二
佛洛伊德的回信

親愛的愛因斯坦教授：

您從權威與正義的關係開始著手，這確實是我們討論的正確起點。但是，我想用一個更有力、更能說明問題的詞彙來代替「權威」一詞，那就是「暴力」。現今所謂的正義與暴力明顯是互相衝突的矛盾，但我們卻很容易能證明，正義其實是從暴力演變而來……

人際間的利益衝突，原則上是用暴力手段來解決的，動物界亦然，人類無法自詡為例外。但除了利益衝突，人類也容易意見不合，甚至能觸及抽象思維的巔峰，這一分歧似乎就只能另尋手段來解決。但這種思維上的洗練畢竟是晚近才有的發展。

起初在小型社群中，所有權的歸屬及哪一方的意志優先，都是由蠻力來決定。很快人們就開始懂得肉搏，隨後再發展出各種輔助手段。誰的武器更精良、更能嫻熟運用武器，誰就是贏家。

隨著武器出現，更先進的智慧也開始取代蠻力，但衝突的目標不變：藉由傷害與削弱對方的力量來約束對方，迫使對方服從或撤回原本的主張。最有效的方法就是永遠癱瘓對手，換句話說就是把對方暴力殺害。

這個方法有兩個好處，一是敵人再也無法與自己作對，二是有殺雞儆猴之效。殺敵還能滿足一種本能渴望，這點我們稍後再談。然而，人類也會因為其他考量而抑制這種殺戮意志。好比若敵人意志已毀，性命得以保全，那或許對方還有為己奴役的用處。在這種情境下，發洩暴力的方式並非屠殺，而是征服。於是寬恕的習俗應運而生。只不過勝利的一方也多少喪失了自己的人身安全，因為他從此必須提防受害者內心可能懷藏的復仇欲望。

從暴力到法律

……我們知道，這種狀態在演化過程中發生了改變，人類開闢出一條從暴力走向法律的道路。但這條路又是如何闢成？我想這是源自於一個真理：單一強者的優勢不敵眾多弱者的聯盟，這就是「團結力量大」的道理。聯盟可以戰勝蠻力，不同群體聯合起來的力量，足以對抗孤軍奮戰的巨人。

所以我們不妨將「正義」（即法律）定義為一個共同體的權威。這種正義也會在遇上阻撓時出手攻擊，與暴力並無二致。兩者採取完全相同的手段，追求完全相同的目標，唯獨有個差別：正義是共同體施加的暴力，而非個人的暴力。

然而，社會若要從純粹的暴力過渡到法治體系，首先得具備特定的心理條件。群體中得要有過半數的人有心維持穩固長久的團結關係——如果眾人團結的唯一理由只是為了打倒某個囂張跋扈之人，達成目的後便鳥獸散，那合作並無太大意義。因為還是會有另一個人仰仗優勢權力企圖重拾暴力統治，讓這個循環重演下去。

所以說，人民組成的聯盟必須要能長久維持，具備嚴密的組織。聯盟理當明定規章制度來應對潛在的反抗風險，理當設立機制來保障人民恪守規章與法律，也保障由法律授權的暴力行為能妥善執行。這種對利益共同體的認同，會讓團體成員培養出一種手足般的互助情感，這正是其真正的力量所在。

……只要社群是由權力均等的個體組成，情況就算相對單純。這樣一個團體可以藉法律來規定每個人得放棄多少程度的個人自由，並且針對個人動用武力施暴的權利約法三章，以保障團體安危。

但前述條件仍僅停留在理論，實際情況總是更為複雜，因為團體自形成之初，裡頭男女老幼的權力就不可能對等，而且不用多久，戰爭和征服就會導致成王敗寇——勝者為主，敗者為奴。

共同的法律規範會開始受到權力不平等的影響，變成由統治者制定法律，法律也為統治者服務，被支配階級只能享有較少權力。

從此，國家內部便存在兩個不穩定因子（雖有動搖法律之虞，但也讓法律持續演變）：第一，統治階級會嘗試逾越法律的限制。第二，被統治者會不斷鬥爭為自己爭取更多權利，並於法典中納入每一次抗爭的成果，進而逐漸淘汰法律上的不公平限制，推動將所有人一視同仁的法律體系。

當社會內部的權力平衡發生正面變化時，第二種趨勢就會特別占上風，這是歷史上特定情境的常見結果。這時人們可能會逐漸調整法律來因應局勢變化，或者更常見的情況是，統治階級不願接受形勢已然有變，結果導致人民起義或內戰爆發。法律會因此被擱置，武力再次成為仲裁手段，直到人們再度制訂新的法律制度。不過，還有另一個因素也會導致憲法變革，而且手段完全和平，那就是社群民眾的文化演進。只不過這個因素屬於不同層次的議題，只能留待未來討論。

至高無上的權威

由此可見，就算是在群體內部，當涉及利益衝突時，人類還是會無可避免地動用暴力。但如果生活在同一片天空下的人具有共同需求與習慣，便有利於迅速解決衝突，和平解決爭端的機會也會穩步提高。然而，我們只要粗略看一下世界歷史，就會發現無論是在各個社群或一群人之間，在城市、國家、種族、部落或王國等不同單位之間，總是存在無止境的衝突，而且這些衝突幾乎都是經由戰爭來解決。這類戰爭不是以掠奪就是以征服告終，結局是戰敗者覆滅。

我們無法為這些擴權戰爭給出一個放諸四海皆準的評價。有些戰爭讓人民陷入無盡苦海（如蒙古人與土耳其人之間的戰爭），但也有一些戰爭能促進社會從暴力轉型為法治，因為它們打造出更大型的政治單位，並且在政治體內禁絕暴力手段，所有爭端都會由新政權負責裁決。羅馬的征討便造福了地中海地區，帶來羅馬治世。法蘭西諸國王的擴權欲念最終也孕育出和平、團結又欣欣向榮的新國度。此話矛盾歸矛盾，但我們不得不承認，戰爭或許能逐步打下我們心目中不受阻撓的和平，因為戰爭會造就龐大的政治實體，其中強大的中央政權會禁止疆域之內的所有戰事。儘管在實務上這項目的很少實現，因為勝利果實通常是曇花一現，新組成的統一勢力會再度瓦解，畢竟由暴力強行結合的各個部分往往無法產生真正的凝聚力。迄今為止，因征服而誕生的政治體系即便規模龐大，卻也仍有其疆界，而各體系彼此的爭端也只能透過武力來解決。種種軍事行動只會為全人類帶來一個結果：人不會再頻繁經歷小型戰爭，而是得應對大型戰爭——雖然較不頻繁，破壞力卻遠遠更大。

同樣結論也適用於當今世界，您自己也推理出來了，只不過走了一條較短的途徑。要真正終結戰爭的途徑只有一條：眾人達成共識，成立一個對利益衝突擁有最終裁量權的中央管理機構。這需要兩個條件：一是成立最高司法法院，二是賦予它足夠的實權。若達不到第二個條件，第一個條件就是徒勞。很明顯，國際聯盟便扮演最高法院的角色，這屬於第一個條件，卻未能達到第二個條件，因為國聯手邊並無可調動的武力——這個新成立的組織只能指望成員國提供軍力，可是眼下看起來希望渺茫。

儘管如此，我們卻不應該看輕國際聯盟在歷史上的地位，畢竟人類罕有如此嘗試，此等規模的政治實驗更是前所未見。國聯是一種爭取權威（換言之，就是有強制作用的影響力）的嘗試——過去權威一向只建立在力量之上，而當今國聯則是意圖靠著喚起人心的理想主義來建立權威。

誠如我們所見，社群凝聚力來自兩個因素：暴力衝動，以及群體內成員之間的情感紐帶（專業術語為「身分認同感」）。要讓群體凝聚在一起，就至少得有一個因素發揮作用。身分認同若要站得住腳，顯然就得真正反映出全體成員內心深處的團結共識。我們有必要評估此種情感的有效性。而歷史也告訴我們，情感確實偶爾能夠發揮作用，泛希臘意識就是一例。希臘人自認為比野蠻的鄰人更加優越，這點從近鄰同盟（Amphictyonies）、神諭制度和運動競技都可見一斑。認同感足以讓希臘人在彼此交戰時採取更人道的方式，只是仍未能遏阻內鬥，甚至無法阻止某些城邦為打擊政敵而與來自波斯的外族敵人聯手。文藝復興時期，基督教世界的團結號召也是一樣，這個口號即便有巨大權威，竟然也未能有效阻止大小基督教國家向蘇丹求援。到了我們這個時代，要尋找這種權威不容質疑的團結觀念依舊是徒勞。不爭的事實是，當今被各國奉為最高原則的民族主義思想，恰恰與世界團結的理念背道而馳。有些人認為，布爾什維克思想有望終結戰爭，但從眼下情勢來看這個目標實在很遙遠，也許只有經過一陣殘酷的內戰才可能實現。時局如此，凡是想用理想取代蠻力者似乎都注定白費功夫。事實就是，正義是建立在蠻力之上，就連在當今也需暴力來維護。若忽視這點，那我們的思考方向就錯了。

生命驅力與死亡本能

現在可以來回應您的另一項論述了。您很訝異人類竟然總是如此容易一頭熱地栽入戰爭，還猜想人心是否蘊藏著仇恨與毀滅的本能，懷疑這種本能是否容易受到戰爭刺激的驅使。我完全同意您的說法。我相信這種本能確實存在，最近也一直在努力研究它是如何在人類行為中表現。

在此脈絡下，請容我略為說明我們對人類本能所掌握的些許認知——這是我們精神分析學家在黑暗中無數次試探與摸索之後，逐步建構出的成果。我們假定人類本能可分為兩種：第一種具有保存與統合的功能，我們稱之為「愛欲」（erotic，依柏拉圖於《會飲篇》中對愛神〔Eros〕的詮釋），或也可稱為「性本能」（涵蓋「性」於通俗語境中的各種延伸意涵）。第二則是毀滅與殺戮的欲念，我們將之稱為攻擊或破壞的本能。如您所見，愛與恨是眾所周知的對立面，而我們將兩者轉化成理論上的概念，或許能將兩者看作是吸引與排斥的另一種展現——這種永恆對立屬於您的專業領域。但我們不能草率地跳到善與惡的二分法，因為每一種本能都與其對立面同樣不可或缺，所有生命現象都源自於本能活動，無論兩者是合作或對立。

任何一種本能似乎都能發揮作用，但它們很少獨立運作。其中一種本能總是會與一定劑量的對立面混合（或說彼此「摻雜」），而這股對立的力量會改變其原本的目的，甚至在某些情況下，反而成為了達成原本目標的首要條件。所以說，自我保護的本能當然含有愛欲的本質，但為達到目的，這種本能卻得要採取攻勢。同理，當愛的本能指向特定對象時，若要成功占有對方，便得摻雜貪婪求取的本能。我們難以從表現形式上區分這兩種本能，所以長久以來才難以辨識。

若是再稍稍與我繼續探究下去，便會發現人類事務還有另一項複雜之處。單一一種本能，只有在特殊情況下才能驅動特定的行為……也就是說，行為是多個成分相似的動機共同作用而成。

當國家受號召人類參與戰爭時，響應號召的人有千百種動機。這些動機有高有低，有人公開宣誓，有人含糊其詞，而侵略與毀滅的欲念肯定參與其中。從歷史上或人類日常生活中數不盡的殘酷暴行，便可見這股欲念有多麼普及，力量又有多麼強大。當我們訴諸理想主義和愛欲本能來刺激破壞衝動時，自然而然更容易把它釋放出來。回想一下歷史書頁上記載的暴行，就能察覺到理想的動機往往只是用來掩飾破壞的渴望。有時候，雖然理想的動機看似主導著意識的前臺，但其能量卻是來自藏匿在無意識中的破壞本能，就好比宗教裁判所的殘酷行徑。兩種詮釋都成立。

……我想再稍微著墨一下這股破壞本能，因為我們很少給予它應得的注意，儘管它是如此重要。只要稍加思索就能明白：這股本能會作用於每一個生命體，設法毀滅生命，並將生命還原到原始的惰性物質狀態。我們不妨稱之為「死亡本能」（death instinct）。反過來說，愛欲本能（erotic instinct）則會驅使生物努力活下去。當死亡本能藉助身體的特定器官將作用於外界時，就會變成一股毀滅衝動。換句話說，生物體會藉由摧毀外來物體來捍衛自身的存在。

然而，死亡本能有時候卻是作用於生物體之內。我們曾嘗試追溯一些病理現象的起源，最後發現這是破壞本能向內轉化的結果。我甚至推導出某種「異端邪說」，也就是人類良心的起源，其實正是來自於這種「轉向內部」的攻擊衝動。若這種內在傾向變得過於劇烈，就顯然非同小可，因為這就是病態狀態。若能將破壞衝動引導到外部世界，反而有些積極效益。這麼說來，我們眼下正努力對抗的種種卑劣與有害的傾向，在生物學上其實自有正當依據。我們只得承認，這些傾向更貼近自然本性，反抗它們反而是在違反自然。至於我們為何會對此心生抗拒？原因仍有待解釋……

回到我們討論的主題，前述觀察的結論就是，我們不可能抑制人類的侵略傾向。有人認為，地球上總有幾處幸福快樂的角落，大自然在那裡慷慨孕育著人類所需的一切，讓一些種族生生不息地繁衍，他們生活安逸，不知侵略或壓抑為何物。我難以相信此事為真，但願我能更詳細瞭解這些幸福的民族。

從我們為本能建構的這套「神話理論」出發，或許能輕易推導出一項間接消滅戰爭的公式。若說戰爭傾向是源自於破壞本能，那麼我們總能找到「愛欲」的本能，也就是破壞的反作用力。凡是能為人與人建立情感連結的事物，都應當能作為戰爭的解方。

情感連結又可分為兩種。第一種是類似於對所愛之物的關係，包含與性無關之愛。精神分析學家在這個脈絡下提及「愛」是無須顧忌的，就如同宗教也說：「愛鄰如己」，使用的是同一套語言。只不過虔誠的訓誡說來容易，做來卻很難！另一種情感連結則是以身分認同為橋梁。凡是能彰顯人與人重大共通處的因素，都能激發這種共同體與身分認同的感覺，而整座人類社會的精神大廈正有大半是以此作為地基。您嚴詞批評人類濫用權威，但我從您的批評中發現了另一個有望間接壓制戰爭衝動的方法。人類被分為領導者和被領導者，這不過再次彰顯出人類天性中無可救藥的不平等一面。被領導者占據絕大多數，他們仰賴上層領袖來為他們做決定，而這些人通常會無異議服從。我們能在此脈絡下歸納出一個重點：人應當比以往更積極召集一群不懼威脅、熱衷於追求真理的獨立思考者，由他們組成優秀階級，負責帶領那些有賴他們引路的大眾。不消說，政客的統治和教會的思想自由禁令幾乎無助於這種新典範的誕生。

在理想狀態下，社群中的每個人都應當以理性來約束本能。唯有如此，人與人的團結才能徹底落實與長久維持，即便有可能導致彼此情感連結的斷裂。但這當然只是烏托邦式的幻想。或許還有其他方法可以間接預防戰爭，但看起來都沒有立竿見影之效。這令我聯想到一幅可怕景象：磨坊磨得太慢，結果麵粉尚未製成，人就先餓死了。

……但我們，包括您和我與其他許多人，為什麼會如此嚴正反戰，無法坦然接受這不過是生命中又一次可憎的煩擾？畢竟戰爭看起來是一件再自然不過的事，不僅從生物學角度來看合情合理，實際上也難以避免。我相信這麼說應該不會嚇到您，但為了更嚴謹地鑽研問題，最好還是戴上一副假裝冷漠的面具。

這個問題的答案可能如下：因為每個人都有權主宰自己的人生，而戰爭會摧毀充滿前景的人生，會將人推入喪失人性的淵藪，迫使人違背自己的意願謀殺同胞。戰爭會毀壞物質生活與人類勞動的成果，壞處之多難以一一盡數。更不用說在現今的戰爭形態，往昔理想中的英雄行為已蕩然無存。當代武器更加精良，戰爭幾乎已意味著其中一方會遭徹底殲滅，甚至雙方都是。

戰爭之殘酷是如此真實，如此顯而易見。於是我們不禁納悶，為什麼世人沒有達成共識，全面禁止戰爭？當然，我剛才提出的論點都還有商榷空間。或許有人會問，人類社群是否反過來也有權主宰社群成員的個人生命？除此之外，我們也不該譴責所有形式的戰爭。畢竟只要國家與帝國存在，而且都冷酷地準備消滅對手，那麼受害的國家也必須備戰。但我這邊不打算執著於這些問題，這些都不屬於您邀請我參與的辯論範疇。

接下來我想繼續討論我們都厭戰的根本原因。依我所見，答案是我們除了憎恨戰爭之外，別無選擇。我們是和平主義者，畢竟那是我們的本性所致，所以很容易找到論點來支持反戰立場。

可是這一點也需要進一步說明。我是這樣想的：人類的文化發展（我知道有些人偏好稱之為「文明」）自遠古時期起就一直在進行。我們所有最美好的事物，還有諸多的人類苦難，都要歸因於此。文化發展的起源及原因尚不明確，其後果也難以確定，但有些特徵卻不難察覺。

伴隨文化變遷而來的心理變化是很驚人的，無可反駁。我們逐漸拒斥本能，本能反應的強度也逐漸退減。以往曾令我們祖先歡愉的感官體驗，如今已變得平淡無奇，甚至令我們難以忍受。若說我們的倫理與美學理想產生了變化，其根本原因仍可追溯至有機生命本身的演變。

從心理層面來看，我認為有兩項文化現象的轉變最為重要。第一是智力的增強，這有利於控制我們的本能生活。第二是侵略衝動的向內轉化，以及伴隨侵略內化的所有好處和風險。有鑑於文化發展賦予我們的心理傾向，戰爭根本在此格格不入，所以我們必然會憎恨戰爭，完全無法忍受戰爭。

對我們這種和平主義者來說，反戰不光是理智和情感上的抗拒，還是出於身心構造上的無法容忍，是最極端的過敏反應。戰爭還是美學上的恥辱，看起來就像戰爭暴行一樣，同樣令人心生厭惡。

我們還要等待多久，才能等到全人類都成為和平主義者的那天？很難說，但也許我們能盼望剛才提到的那兩個因素——人類的文化傾向，以及人類對未來戰爭其來有自的恐懼——能於不久的將來終結戰爭。但願這不會是空想。我們大概無法猜到這個目標會由何種途徑實現。但在那之前，我們或許能安心相信，凡是有利於文化發展的力量，也必然會往反戰的方向前進……

您誠摯的

西格蒙德・佛洛伊德

編輯說明：以下注釋內容，為方便讀者閱讀，將會採用橫排文字的方式排版，有意參照的讀者建議從本書最後一頁開始回頭讀起。

Civil War." *Huntington Library Quarterly* 65 (2002).

Vasquez, John, ed. *What Do We Know About War?* Lanham, MD: Rowman & Littlefield, 2000.

Vasquez, John, and Marie Henehan. *Territory, War, and Peace*. New York: Routledge, 2011.

Walter, Barbara. "Explaining the Intractability of Territorial Conflict." *International Studies Review* 5, no 4 (2003).

Waltz, Kenneth. "The Origins of War in Neorealist Theory." In *The Origin and Prevention of Major Wars*, edited by Robert Rotberg and Theodore Rabb. Cambridge: Cambridge University Press, 1989.

——. "Realist Thought and Neorealist Theory." *Journal of International Affairs* 44, no. 1 (1990).

Waterfield, Robin. *Taken at the Flood: The Roman Conquest of Greece*. Oxford: Oxford University Press, 2014.

Webster, David. "Not So Peaceful Civilization: A Review of Maya War." *Journal of World Prehistory* 14, no. 1 (2000).

Weezel, Stijn van. "Local Warming and Violent Conflict in Africa." *World Development* 126 (2020).

Wilson, Edward. *On Human Nature*. Cambridge, MA: Harvard University Press, 1978.

Winter, David. *Roots of War: Wanting Power, Seeing Threat, Justifying Force*. Oxford: Oxford University Press, 2018.

Wrangham, Richard, and Luke Glowacki. "Intergroup Aggression in Chimpanzees and War in Nomadic Hunter-Gatherers." *Human Nature* 23 (2012).

Wrangham, Richard, and Dale Petersen. *Demonic Males: Apes and the Origins of Human Violence*. London: Bloomsbury, 1996.

Wright, Quincy. *A Study of War*. Chicago: University of Chicago Press, 1964.

Zefferman, Matthew, and Sarah Mathew. "An Evolutionary Theory of Large-Scale Human Warfare: Group-Structural Cultural Selection." *Evolutionary Anthropology* 24, no. 2 (2015).

Zhang, David, et al. "Climate Change and War Frequency in Eastern China over the Last Millennium." *Human Ecology* 35, no. 4 (2007).

Zulfiqar, Adnan. "Jurisdiction over *Jihād*: Islamic Law and the Duty to Fight." *West Virginia Law Review* 120, no. 2 (2017).

Schulting, Rick, and Linda Fibiger, eds. *Sticks, Stones, and Broken Bones: Neolithic Violence in European Perspective*. Oxford: Oxford University Press, 2012.

Segrest, Scott. "ISIS's Will to Apocalypse." *Politics, Religion and Ideology* 17, no. 4 (2016).

Sizgorich, Thomas. *Violence and Belief in Late Antiquity: Militant Devotion in Christianity and Islam*. Philadelphia: University of Pennsylvania Press, 2009.

Smith, David. *The Most Dangerous Animal: Human Nature and the Origins of War*. New York: St. Martin's Press, 2007.

Smith, Iain. *The Origins of the South African War*. London: Longman, 1996.

Snow, Dean. *The Iroquois*. Oxford: Blackwell, 1996.

Spykman, Nicholas. "Frontiers, Security, and International Organization." *Geographical Review* 32, no. 3 (1942).

Strachey, Alix. *The Unconscious Motives of War: A Psycho-Analytical Contribution*. London: George Allen & Unwin, 1957.

Suhler, Charles, and David Friedel. "Life and Death in a Maya War Zone." *Archaeology* 51, no. 3 (1998).

Swenson, Edward. "Dramas of the Dialectic: Sacrifice and Power in Ancient Polities." In *Violence and Civilization: Studies of Social Violence in History and Prehistory*, edited by Roderick Campbell. Oxford: Oxbow Books, 2014.

Symonds, Matthew. *Protecting the Roman Empire: Fortlets, Frontiers, and the Quest for Post-Conquest Security*. Cambridge: Cambridge University Press, 2018.

Taliaferro, Jeffrey. "Security Seeking Under Anarchy: Defensive Realism Revisited." *International Security* 25, no. 3 (2000–2001).

Taylor, Kathleen. *Cruelty: Human Evil and the Human Brain*. Oxford: Oxford University Press, 2009.

Toft, Monica. "Territory and War." *Journal of Peace Research* 51, no. 2 (2014).

Tol, Richard, and Sebastian Wagner. "Climate Change and Violent Conflict in Europe over the Past Millennium." *Climatic Change* 99 (2010).

Turner, Christy, and Jaqueline Turner. *Man Corn: Cannibalism and Violence in the Prehistoric American Southwest*. Salt Lake City: University of Utah Press, 1999.

Tyerman, Christopher. *God's War: A New History of the Crusades*. London: Allen Lane, 2006.

Vaes, Jeroen, Jacques-Philippe Leyens, Maria Paladino, and Mariana Miranda. "'We Are Human, They Are Not': Driving Forces Behind Outgroup Dehumanization and the Humanization of the Ingroup." *European Review of Social Psychology* 23, no. 1 (2012).

Vallance, Edward. "Preaching to the Converted: Religious Justifications for the English

Pitman, George. *Why War? An Inquiry into the Genetic and Social Sources of Human Warfare*. Indianapolis, IN: Dog Ear Publishing, 2015.

Prior, Charles, and Glenn Burgess, eds. *England's Wars of Religion Revisited*. Farnham, UK: Ashgate, 2011.

Prum, Michael. "Perception of War in Darwinist Perspective." *Revue Lisa* 20 (2022).

Raaflaub, Kurt, and Nathan Rosenstein, eds. *War and Society in the Ancient and Medieval Worlds*. Cambridge, MA: Harvard University Press, 1999.

Ratzel, Friedrich. *Der Lebensraum*. Tübingen: Laupp'schen Buchhandlung, 1901.

Rauch, Carsten. "Challenging the Power Consensus: GDP, CINC, and Power Transition Theory." *Security Studies* 26, no. 4 (2017).

Redfern, Rebecca. "Iron Age 'Predatory Landscapes': A Bioarchaeological and Funerary Exploration of Captivity and Enslavement." *Cambridge Archaeological Journal* 30, no. 4 (2020).

Redmond, Elsa. *Tribal and Chiefly Warfare in South America*. Ann Arbor: University of Michigan Museum of Anthropology, 1994.

Robarchek, Clayton. "Primitive Warfare and the Ratomorphic Image of Mankind." *American Anthropologist* 91, no. 4 (1989).

Roscoe, Paul. "The Anthropology of War and Violence." In *Ethnology, Ethnogeography and Cultural Anthropology: Encyclopedia of Life Support Systems*, edited by Paolo Barbaro. Oxford: EOLSS Publishers, 2017.

——. "Margaret Mead, Reo Fortune, and Mountain Arapesh Warfare." *American Anthropologist* 105, no. 3 (2003).

Rosen, Stephen. *War and Human Nature*. Princeton, NJ: Princeton University Press, 2005.

Roth, Jonathan. *Roman Warfare*. Cambridge: Cambridge University Press, 2009.

Ryan, Mick. *War Transformed: The Future of Twenty-First Century Great Power Competition and Conflict*. Annapolis, MD: Naval Institute Press, 2022.

Sakaguchi, Kendra, Anil Varughese, and Graeme Auld. "Climate Wars? A Systematic Review of Empirical Analyses on the Links Between Climate Change and Violent Conflict." *International Studies Review* 19 (2017).

Sarantis, Alexander. "Waging War in Late Antiquity." *Late Antique Archaeology* 8, no. 1 (2010–11).

Schofield, Victoria. *Kashmir in Conflict: India, Pakistan, and the Unending War*. London: Bloomsbury, 2020.

Schubiger, Livia, and Matthew Zelina. "Ideology in Armed Groups." *PS: Political Science and Politics* 50, no. 4 (2017).

Hegemony Are Leading to Perpetual World Peace." *International Security* 44, no. 1 (2019).

Nolan, Cathal. *The Allure of Battle: A History of How Wars Have Been Won or Lost*. New York: Oxford University Press, 2017.

Nolan, Patrick. "Toward an Ecological-Evolutionary Theory of the Incidence of Warfare in Preindustrial Societies." *Sociological Theory* 21, no. 1 (2003).

Nordås, Ragnhild, and Nils Gleditsch. "Climate Change and Conflict." *Political Geography* 26 (2007).

Nye, Joseph. *The Future of Power*. New York: Public Affairs, 2011.

Obregón, Marco. "Mexica War: New Perspectives." In *The Oxford Handbook of the Aztecs*, edited by Deborah Nichols and Enrique Rodríguez-Alegría. Oxford: Oxford University Press, 2016.

Osgood, Richard, Sarah Monks, and Judith Toms. *Bronze Age Warfare*. Stroud, UK: History Press, 2010.

Otterbein, Keith. "The Earliest Evidence of Warfare?" *Current Anthropology* 52, no. 3 (2011).

——. "A History of Research on Warfare in Anthropology." *American Anthropologist* 101, no. 4 (2000).

——. *How War Began*. College Station: Texas A&M University Press, 2004.

Padilla, Art, Robert Hogan, and Robert Kaiser. "The Toxic Triangle: Destructive Leaders, Susceptible Followers, and Conducive Environments." *Leadership Quarterly* 18, no. 3 (2007).

Pagel, Mark. "Lethal Violence Deep in the Human Lineage." *Nature* 538 (2016).

Parkinson, William, and Paul Duffy. "Fortifications and Enclosures in European Prehistory: A Cross-Cultural Perspective." *Journal of Archaeological Research* 15, no. 2 (2007).

Pauley, Reid. "Would U.S. Leaders Push the Button." *Security Studies* 43, no. 2 (2018).

Pearson, Mike, and I. Thorpe, eds. *Warfare, Violence and Slavery in Prehistory*. Oxford: BAR Publishing, 2016.

Pennock, Caroline. "Mass Murder or Religious Homicide? Rethinking Human Sacrifice and Interpersonal Violence in Aztec Society." *Historische Sozialforschung* 37, no. 3 (2012).

Peters, Susan. "Coercive Western Energy Security Strategies—'Resource Wars' as a New Threat to Global Security." *Geopolitics* 5, no. 1 (2004).

Pinker, Steven. *The Better Angels of Our Nature: The Decline of Violence in History and Its Causes*. London: Allen Lane, 2011.

London: Bloomsbury, 2022.

Liff, Adam. "Cyberwar: Another 'Absolute Weapon'? The Proliferation of Cyberwarfare Capabilities and Interstate War." *Journal of Strategic Studies* 35, no. 3 (2012).

Lincoln, Bruce. *Death, War, and Sacrifice: Studies in Ideology and Practice*. Chicago: University of Chicago Press, 1991.

Liu, Zongyi. "Boundary Standoff and China-India Relations." *Chinese Quarterly of International Strategic Studies* 6, no. 2 (2020).

Lopez, Anthony. "The Evolutionary Psychology of War: Offense and Defense in the Adapted Mind." *Evolutionary Psychology* 15, no. 4 (2017).

Lorenz, Konrad. *On Aggression*. London: Methuen, 1966.

Lujala, Päivi. "Deadly Combat over Natural Resources: Gems, Petroleum, Drugs, and the Severity of Armed Civil Conflict." *Journal of Conflict Resolution* 53, no. 1 (2009).

Maalouf, Amin. *The Crusades Through Arab Eyes*. London: Al Saqi Books, 1984.

MacMillan, Margaret. *War: How Conflict Shaped Us*. London: Profile Books, 2020.

Majolo, Bonaventura. "Warfare in Evolutionary Perspective." *Evolutionary Anthropology* 28 (2019).

Malešević, Siniša. *The Rise of Organised Brutality: A Historical Sociology of Violence*. Cambridge: Cambridge University Press, 2017.

Mankelwicz, John, and Robert Kane. "Hitler as a Narcissistic Leader." *Journal of Psychohistory* 67, no. 1 (2022).

Martin, Debra. "Violence and Masculinity in Small-Scale Societies." *Current Anthropology* 62, no. S23 (2021).

Martin, Debra, Ryan Harrod, and Ventura Pérez, eds. *The Bioarchaeology of Violence*. Gainesville: University Press of Florida, 2012.

Mattern, Susan. *Rome and the Enemy: Imperial Strategy in the Principate*. Berkeley: University of California Press, 1999.

Mead, Margaret. "Warfare Is Only an Invention—Not a Biological Necessity." *Asia* 40 (1940).

Mearsheimer, John. *The Tragedy of Great Power Politics*. New York: Norton, 2002.

Miller, Benjamin. "Polarity, Nuclear Weapons, and Major War." *Security Studies* 3, no. 4 (1994).

——. *States, Nations, and the Great Powers: The Sources of Regional War and Peace*. Cambridge: Cambridge University Press, 2007.

Miller, Manjari. *Why Nations Rise: Narratives and the Path to Great Power*. Oxford: Oxford University Press, 2021.

Mousseau, Michael. "The End of War: How a Robust Marketplace and Liberal

Kelly, Raymond. *Warless Societies and the Origin of War*. Ann Arbor: University of Michigan Press, 2000.

Kennedy, Paul. *The Rise and Fall of the Great Powers: Economic Change and Military Conflict from 1500–2000*. London: Unwin Hyman, 1988.

Keysen, Carl. "Is War Obsolete?" *International Security* 14, no. 4 (1990).

Kim, Nam, and Marc Kissel. *Emergent Warfare in Our Evolutionary Past*. New York: Routledge, 2018.

Klare, Michael. *Resource Wars: The New Landscape of Global Conflict*. New York: Henry Holt, 2001.

Klein, Herbert. *The Atlantic Slave Trade*. Cambridge: Cambridge University Press, 2012.

Knauft, Bruce. "Violence and Sociality in Human Evolution." *Current Anthropology* 32, no. 4 (1991).

Kortüm, Hans-Henning, and Jürgen Heinze, eds. *Aggression in Humans and Other Primates: Biology, Psychology, Sociology*. Berlin: De Gruyter, 2013.

Kurtz, Angela. "God, Not Caesar: Revisiting National Socialism as 'Political Religion,'" *History of European Ideas* 35, no. 2 (2009).

Lal, Deepak. *War or Peace: The Struggle for World Power*. Oxford: Oxford University Press, 2018.

Lamb, Hubert. *Climate History and the Modern World*. London: Methuen, 1982.

Lambakis, Steve. "Space as a Warfighting Domain: Reshaping Policy to Execute 21st Century Spacepower." *Comparative Strategy* 41, no. 4 (2022).

Lambert, Patricia. "The Archaeology of War: A North American Perspective." *Journal of Archaeological Research* 10, no. 3 (2002).

Layne, Christopher. "The Unipolar Illusion: Why New Great Powers Will Emerge." *International Security* 17, no. 4 (1993).

Le Billon, Philippe. *Wars of Plunder: Conflicts and Profits and the Politics of Resources*. London: Hurst & Co., 2012.

Leblanc, Steven. *Constant Battles: Why We Fight*. New York: St. Martin's Press, 2003.

Lee, A. D. *Warfare in the Roman World*. Cambridge: Cambridge University Press, 2020.

Lehmann, Laurent, and Marcus Feldman. "War and the Evolution of Belligerence and Bravery." *Proceedings of the Royal Society B: Biological Sciences* 275 (2008).

Lepsius, M. Rainer. "The Model of Charismatic Leadership and Its Applicability to the Rule of Adolf Hitler." *Totalitarian Movements and Political Religions* 7, no. 2 (2006).

Levy, Jack, and William Thompson. *The Causes of War*. Malden, MA: Wiley-Blackwell, 2010.

Liebermann, Benjamin, and Elizabeth Gordon. *Climate Change in Human History*.

Gueniffey, Patrice. *Bonaparte*. Cambridge, MA: Harvard University Press, 2015.

Gusterson, Hugh, and Catherine Bestemann. "Cultures of Militarism." *Current Anthropology* 60, no. S19 (2019).

Halsall, Guy. *Warfare and Society in the Barbarian West, 450–900*. London: Routledge, 2003.

Haslam, Alex, Stephen Reicher, and Rakshi Rath. "Making a Virtue of Evil: A Five-Step Social Identity Model of the Development of Collective Hate." *Social and Personality Psychology Compass* 2, no. 3 (2008).

Hauge, Wenche, and Tanja Ellingsen. "Beyond Environmental Scarcity: Causal Pathways to Conflict." *Journal of Peace Research* 35, no. 3 (1998).

Heckel, Waldemar. *In the Path of Conquest: Resistance to Alexander the Great*. Oxford: Oxford University Press, 2020.

Heuser, Beatrice. *War: A Genealogy of Western Ideas and Practices*. Oxford: Oxford University Press, 2022.

Hillenbrand, Carole. *Crusades: Islamic Perspectives*. Edinburgh: Edinburgh University Press, 1999.

Hinsley, F. H. *Power and the Pursuit of Peace: Theory and Practice in the History of Relations Between States*. Cambridge: Cambridge University Press, 1963.

Holt, Mack. "Putting Religion Back into the Wars of Religion." *French Historical Studies* 18, no. 2 (1993).

Homer-Dixon, Thomas. *Environment, Scarcity and Violence*. Princeton, NJ: Princeton University Press, 1999.

Horn, Christian. "Trouble in Paradise? Violent Conflict in Funnel-Beaker Societies." *Oxford Journal of Archaeology* 40, no. 1 (2021).

Horne, Alistair. *Hubris: The Tragedy of War in the Twentieth Century*. London: Weidenfeld & Nicolson, 2015.

Husemann, Dirk. *Als der Mensch den Krieg erfand*. Ostfildern: Jan Thorbecke Verlag, 2005.

Ingrao, Christian. *The Promise of the East: Nazi Hopes and Genocide, 1939–1943*. Cambridge: Polity Press, 2019.

Isaac, Barry. "Aztec Warfare: Goals and Battlefield Comportment." *Ethnology* 22, no. 2 (1983).

Jagchid, Sechin, and Van Symons. *Peace, War and Trade Along the Great Wall*. Bloomington: Indiana University Press, 1989.

Kaldor, Mary, Terry Karl, and Yahia Said, eds. *Oil Wars* London: Pluto Press, 2007.

Keeley, Lawrence. *War Before Civilization*. New York: Oxford University Press, 1996.

Elton, Hugh. *The Frontiers of the Roman Empire*. Bloomington: Indiana University Press, 1996.

Ember, Carol, and Melvin Ember. "Resource Unpredictability, Mistrust and War: A Cross-Cultural Study." *Journal of Conflict Resolution* 36 (1992).

Erskine, Andrew. *Roman Imperialism*. Edinburgh: Edinburgh University Press, 2010.

Esdaile, Charles. *Napoleon's Wars: An International History, 1803–15*. London: Allen Lane, 2007.

Evera, Stephen Van. *Causes of War: Power and the Roots of Conflict*. Ithaca, NY: Cornell University Press, 1999.

Fornari, Franco. *The Psychoanalysis of War*. New York: Doubleday, 1974.

Freedman, Lawrence. *The Future of War: A History*. London: Allen Lane, 2017.

——. "The Rise and Fall of Great Power War." *International Affairs* 95, no. 1 (2019).

Fry, Douglas. *Beyond War: The Human Potential for Peace*. Oxford: Oxford University Press, 2007.

——, ed. *War, Peace, and Human Nature: The Convergence of Evolutionary and Cultural Views*. Oxford: Oxford University Press, 2015.

Fuentes, Agustin. "Searching for the 'Roots' of Masculinity in Primates and the Human Evolutionary Past." *Current Anthropology* 62, no. S23 (2021).

Gat, Azar. *The Causes of War & the Spread of Peace*. Oxford: Oxford University Press, 2017.

——. "Is War in Our Nature?" *Human Nature* 30 (2019).

——. "Proving Communal Warfare Among Hunter-Gatherers: The Quasi-Rousseauan Error." *Evolutionary Anthropology* 24, no. 1 (2015).

Gentile, Emilio. *Politics and Religion*. Princeton, NJ: Princeton University Press, 2006.

Gibbons, Rebecca, and Matthew Kroenig. "Reconceptualizing Nuclear Risks: Bringing Deliberate Nuclear Use Back In." *Comparative Strategy* 35, no. 5 (2016).

Gilpin, Robert. "The Theory of Hegemonic War." *Journal of Interdisciplinary History* 18, no. 4 (1988).

Glover, Edward. *War, Sadism, and Pacifism: Further Essays on Group Psychology and War*. London: George Allen & Unwin, 1947.

Goldsworthy, Adrian. *Roman Warfare*. London: Cassell, 2000.

Grayling, Anthony. *War: An Enquiry*. New Haven, CT: Yale University Press, 2017.

Grenier, John. *The First Way of War: American War Making on the Frontier*. Cambridge: Cambridge University Press, 2005.

Groebel, Jo, and Robert Hinde, eds. *Aggression and War: Their Biological and Social Basis*. Cambridge: Cambridge University Press, 1989.

Éditions de l'Aube, 1999.

Clendinnen, Inga. *Aztecs: An Interpretation*. Cambridge: Cambridge University Press, 1991.

Coker, Christopher. *Why War?* London: Hurst & Co., 2021.

Confino, Alon. *A World Without Jews: The Nazi Imagination from Persecution to Genocide*. New Haven, CT: Yale University Press, 2014.

Cook, David. "Islamism and Jihadism: The Transformation of Classical Notions of *Jihad* into an Ideology of Terrorism." *Totalitarian Movements and Political Religions* 10, no. 2 (2009).

Cote, Stephen. "A War for Oil in the Chaco, 1932–1935." *Environmental History* 18, no. 4 (2013).

Crook, Paul. *Darwinism, War, and History*. Cambridge: Cambridge University Press, 2009.

Cunliffe, Barry. *By Steppe, Desert and Ocean: The Birth of Eurasia*. Oxford: Oxford University Press, 2016.

Dahl, Robert. "The Concept of Power." *Behavioral Science* 2, no. 3 (1957).

Davies, Sarah. *Rome, Global Dreams, and the International Origins of the Empire*. Leiden: Brill, 2019.

Davis, Natalie. "The Rites of Violence: Religious Riot in Sixteenth-Century France." *Past & Present* 59 (1973).

Dawson, Doyne. "The Origins of War: Biological and Anthropological Theories." *History and Theory* 35, no. 1 (1996).

Donegan, Barbara. "Did Ministers Matter? War and Religion in England, 1642–1649." *Journal of British Studies* 33, no. 2 (1994).

Durbin, Edward, and John Bowlby. *Personal Aggressiveness and War*. London: Kegan Paul, Trench, Trubner & Co., 1939.

Durham, William. "Resource Competition and Human Aggression: Part I: A Review of Primitive War." *Quarterly Review of Biology* 51 (1976).

Dwyer, Philip. *Citizen Emperor: Napoleon in Power, 1799–1815*. London: Bloomsbury, 2013.

Dwyer, Philip, and Mark Micale, eds. *The Darker Angels of Our Nature: Refuting the Pinker Theory of History and Violence*. London: Bloomsbury, 2021.

Earle, Timothy. *How Chiefs Come to Power: The Political Economy in Prehistory*. Stanford, CA: Stanford University Press, 1997.

Eibl-Eibesfeldt, Irenäus. *The Biology of Peace and War: Men, Animals, and Aggression*. New York: Viking, 1979.

Biography of Research." *Rethinking Marxism* 30, no. 3 (2018).
Boggs, Carl, and Tom Pollard. *The Hollywood War Machine: U.S. Militarism and Popular Culture*. Boulder, CO: Paradigm, 2007.
Böhm, Robert, Hannes Rusch, and Jonathan Baron. "The Psychology of Intergroup Conflict: A Review of the Theories and Measures." *Journal of Economic Behaviour and Organization* 178 (2020).
Bouthoul, Gaston. *Les Guerres: Éléments de polémologie*. Paris: Payot, 1951.
Bowden, Hugh. *Alexander the Great: A Very Short Introduction*. Oxford: Oxford University Press, 2014.
Bowles, Samuel. "Did Warfare Among Ancestral Hunter-Gatherers Affect the Evolution of Human Social Behaviours?" *Science* 324 (2009).
Bradley, Keith, and Paul Cartledge, eds. *The Cambridge World History of Slavery: Volume 1*. Cambridge: Cambridge University Press, 2011.
Brake, Wayne. *Religious War and Religious Peace in Early Modern Europe*. Cambridge: Cambridge University Press, 2017.
Breeze, David. *The Frontiers of Imperial Rome*. Barnsley, UK: Pen & Sword, 2021.
Brumfiel, Elizabeth. "Aztec Religion and Warfare: Past and Present Perspectives." *Latin American Research Review* 25, no. 2 (1990).
Brunt, Peter. "A Marxist View of Roman History." *Journal of Roman Studies* 72 (1982).
Brzezinski, Zbigniew. *The Grand Chessboard: American Strategy and Its Geostrategic Imperatives*. New York: Basic Books, 2016.
Buc, Philippe. *Holy War, Martyrdom, and Terror*. Philadelphia: University of Pennsylvania Press, 2015.
Bull, Hedley. *The Anarchical Society: A Study of Order in World Politics*. Basingstoke, UK: Palgrave Macmillan, 2002.
Burke, Marshall, Solomon Hsiang, and Edward Miguel. "Climate and Conflict." *Annual Review of Economics* 7 (2015).
Caplan, Arthur, ed. *The Sociobiology Debate: Readings on the Ethical and Scientific Issues Concerning Sociobiology*. New York: Harper & Row, 1978.
Carneiro, Robert. "A Theory of the Origins of the State." *Science* 169 (1970).
Chacon, Richard, and Rubén Mendoza, eds. *North American Indigenous Warfare and Ritual Violence*. Tucson: University of Arizona Press, 2013.
Chan, Steve. *Rumbles of Thunder: Power Shifts and the Danger of Sino-American War*. New York: Columbia University Press, 2023.
Christensen, Jonas. "Warfare in the European Neolithic." *Acta Archaeologica* 75 (2004).
Clastres, Pierre. *Archéologie de la violence: La guerre dans les sociétés primitives*. Paris:

參考書目

Allen, Mark, and Terry Jones, eds. *Violence and Warfare Among Hunter-Gatherers*. London: Routledge, 2014.

Anson, Edward. *Alexander the Great: Themes and Issues*. London: Bloomsbury, 2013.

Anthony, David. *The Horse, the Wheel, and Language: How Bronze-Age Riders from the Eurasian Steppes Shaped the Modern World*. Princeton, NJ: Princeton University Press, 2007.

Arkush, Elizabeth, and Mark Allen, eds. *The Archaeology of Warfare: Prehistories of Raiding and Conquest*. Gainesville: University Press of Florida, 2006.

Ashraf, Masood. *ISIS: Ideology, Symbolics and Counter Narratives*. New York: Routledge, 2019.

Babik, Milan. "The Christian Historical Consciousness: Understanding War in Twentieth-Century Europe." *Totalitarian Movements and Political Religions* 5, no. 1 (2004).

Bacevich, Andrew. *The New American Militarism: How Americans Are Seduced by War*. Oxford: Oxford University Press, 2013.

Bar, Shmuel. "Religion in War in the 21st Century." *Comparative Strategy* 39, no. 5 (2020).

Barfield, Thomas. *The Perilous Frontier: Nomadic Empires and China 221 BC to AD 1757*. Oxford: Blackwell, 1989.

Barnett, Michael, and Raymond Duvall. "Power in International Politics." *International Organization* 59, no. 1 (2005).

Barreiros, Daniel. "Warfare, Ethics, Ethology: Evolutionary Fundamentals for Conflict and Co-operation in the Lineage of Man." *Journal of Big History* 2, no. 2 (2018).

Bayliss, Andrew. *The Spartans*. Oxford: Oxford University Press, 2020.

Beckley, Michael. "The Power of Nations: Measuring What Matters." *International Security* 43, no. 2 (2018–19).

Benenson, Joyce, and Henry Markovits. *Warriors and Worriers: The Survival of the Sexes*. Oxford: Oxford University Press, 2014.

Bichler, Shimshon, and Jonathan Nitzan. "Arms and Oil in the Middle East: A

(Cambridge: Cambridge University Press, 2009), 1–2, 259–61.

65 Taliaferro, 'Security Seeking Under Anarchy', 129.

66 Waltz, 'The Origins of War', 51.

67 Jeffrey Taliaferro and Francis Gavin, 'Critical Dialogue', *Perspectives on Politics* 19, no. 1 (2021): 227–28, 231.

68 Reid Pauley, 'Would U.S. Leaders Push the Button?', *Security Studies* 43, no. 2 (2018): 151–55, 184–85.

結論

1 Kenneth Waltz, 'The Origins of War in Neorealist Theory', in *The Origin and Prevention of Major Wars*, ed. Robert Rotberg and Theodore Rabb (Cambridge: Cambridge University Press, 1989), 41.

2 Michael Mousseau, 'The End of War: How a Robust Marketplace and Liberal Hegemony Are Leading to Perpetual World Peace', *International Security* 44, no. 1 (2019): 160– 62.

3 Douglas Fry, *Beyond War: The Human Potential for Peace* (Oxford: Oxford University Press, 2007), 213–14.

4 Azar Gat, *The Causes of War & the Spread of Peace* (Oxford: Oxford University Press, 2017), 249.

5 Lawrence Freedman, *The Future of War: A History* (London: Allen Lane, 2017), 15–26.

6 Hårard Hegre et al., 'Predicting Armed Conflict, 2010–2050', *International Studies Quarterly* 57, no. 2 (2013): 250.

7 Mick Ryan, *War Transformed: The Future of Twenty- First Century Great Power Competition and Conflict* (Annapolis, MD: Naval Institute Press, 2022), 3.

8 Adam Liff, 'Cyberwar: Another "Absolute Weapon"? The Proliferation of Cyberwarfare Capabilities and Interstate War', *Journal of Strategic Studies* 35, no. 3 (2012): 401–8; Gregory Koblentz and Brian Mazanec, 'Viral Warfare: The Security Implications of Cyber and Biological Weapons', *Comparative Strategy* 32, no. 5 (2015): 418–20; and Freedman, *The Future of War*, 230–36.

9 Steve Lambakis, 'Space as a Warfighting Domain: Reshaping Policy to Execute 21st Century Spacepower', *Comparative Strategy* 41, no. 4 (2022): 331–47

Territorial Disputes (Princeton, NJ: Princeton University Press, 2008), 309–14.

50 Kevin Greene et al., 'Understanding the Timing of Chinese Border Incursions into India', *Humanities and Social Sciences Communications* 8, no. 1 (2021): 2–6.

51 Liu, 'Boundary Standoff', 238–43.

52 Ramesh Thakur, Shatabhisha Shetty, and Waheguru Pal Singh Sidur, 'China-India-Pakistan Nuclear Trilemma and the Imperative of Risk Reduction Measures', *Journal for Peace and Nuclear Disarmament* 5, no. 2 (2022): 215– 23; and Rebecca Gibbons and Matthew Kroenig, 'Reconceptualizing Nuclear Risks: Bringing Deliberate Nuclear Use Back In', *Comparative Strategy* 35, no. 5 (2016): 411–14.

53 David Baldwin, 'Security Studies and the End of the Cold War', *World Politics* 48, no. 1 (1995): 119–20.

54 David Ekbladh, 'Present at the Creation: Edward Mead Earle and the Depression-Era Origins of Security Studies', *International Security* 36, no. 3 (2011/12): 108, 115–23, 127–34; and Gray, 'Nicholas John Spykman', 873.

55 Baldwin, 'Security Studies', 119–22.

56 Hedley Bull, *The Anarchical Society: A Study of Order in World Politics*, 3rd edn (Basingstoke, UK: Palgrave Macmillan, 2002), 181.

57 F. H. Hinsley, *Power and the Pursuit of Peace: Theory and Practice in the History of Relations Between States* (Cambridge: Cambridge University Press, 1963), 5–6.

58 Kenneth Waltz, 'The Origins of War in Neorealist Theory', in *The Origin and Prevention of Major Wars*, ed. Robert Rotberg and Theodore Rabb (Cambridge: Cambridge University Press, 1990), 43–44.

59 Kenneth Waltz, 'Realist Thought and Neorealist Theory', *Journal of International Affairs* 44, no. 1 (1990): 30–31.

60 Taliaferro, 'Security Seeking Under Anarchy', 136–40; and Benjamin Frankel, 'Restating the Realist Case: An Introduction', *Security Studies* 5, no. 3 (1996): xii–xv

61 Eric Hamilton and Brian Rathbun, 'Scarce Differences: Toward a Material and Systemic Foundation for Offensive and Defensive Realism', *Security Studies* 22, no. 3 (2013): 443–46.

62 See, for example, Evan Montgomery, 'Breaking Out of the Security Dilemma: Realism, Reassurance and the Problem of Uncertainty', *International Security* 31, no. 2 (2006): 159–62.

63 Sebastian Rosato, 'The Inscrutable Intentions of Great Powers', *International Security* 39, no. 3 (2014–15): 49, 60–64, 87; and Miller, 'Polarity, Nuclear Weapons', 600–604.

64 Barry Buzan and Lena Hansen, *The Evolution of International Security Studies*

37 Breeze, 'The Value of Studying the Roman Frontiers', 6–8; and Mann, 'Review: Power, Force, and the Frontiers', 180–82.

38 Breeze, *The Frontiers of Imperial Rome*, 170–2; and Elton, *Frontiers of the Roman Empire*, 64–72, 111–12

39 A. D. Lee, *Warfare in the Roman World* (Cambridge: Cambridge University Press, 2020), 10–13.

40 範例參見Jakub Grygiel, *Return of the Barbarians: Confronting Non-State Actors from Ancient Rome to the Present* (Cambridge: Cambridge University Press, 2018), chap. 6.

41 John Grenier, *The First Way of War: American War Making on the Frontier* (Cambridge: Cambridge University Press, 2005), 21ff.

42 David Carter and H. E. Goemans, 'The Making of the Territorial Order: New Borders and the Emergence of Interstate Conflict', *International Organization* 65 (2011): 279–80.

43 Carter and Goemans, 'The Making of the Territorial Order', 294–301; and Paul Diehl and Gary Goertz, 'Interstate Conflict over Exchanges of Homeland Territory, 1816– 1980', *Political Geography Quarterly* 10, no. 4 (1991): 343–49. Diehl和Goertz則套用不同的定義，發現在一百六十起領地交換案例中，有四十九起引發戰爭。

44 Malcolm Shaw, 'Peoples, Territorialism, and Boundaries', *European Journal of International Law* 8, no. 23 (1997): 492–96, 499–500; and Mark Zacher, 'The Territorial Integrity Norm: International Boundaries and the Use of Force', *International Organizations* 55, no. 2 (2001): 222–23, 234–35.

45 Sumit Ganguly et al., 'India, Pakistan, and the Kashmir Dispute: Unpacking the Dynamics of a South Asian Frozen Conflict', *Asia Europe Journal* 17, no. 1 (2019): 131–38.

46 Victoria Schofield, *Kashmir in Conflict: India, Pakistan, and the Unending War* (London: Bloomsbury, 2020), 261–68; and Myra Macdonald, *White as the Shroud: Pakistan and War on the Frontiers of Kashmir* (Uttar Pradesh, India: Harper Collins, 2021), vii–ix.

47 Reed Chervin, '"Cartographic Aggression": Media Politics, Propaganda, and the Sino-Indian Border Dispute', *Journal of Cold War Studies* 22, no. 3 (2020): 205, 230–32; and Liu Zongyi, 'Boundary Standoff and China-India Relations', *Chinese Quarterly of International Strategic Studies* 6, no. 2 (2020): 227–28.

48 Klaus Pringsheim, 'China, India and Their Himalayan Border (1961–1963)', *Asian Survey* 3, no. 10 (1963): 486–88.

49 M. Taylor Fravel, *Strong Borders, Secure Nation: Cooperation and Conflict in China's*

21 Barry Cunliffe, *By Steppe, Desert and Ocean: The Birth of Eurasia* (Oxford: Oxford University Press, 2016), 247–48, 268–71; and Robin Yates, 'Early China', in *War and Society in the Ancient and Medieval Worlds*, ed. Kurt Raaflaub and Nathan Rosenstein (Cambridge, MA: Harvard University Press, 1999), 27–31.

22 Jagchid and Symons, *Peace, War, and Trade*, 32–35, 77.

23 Arthur Waldron, *The Great Wall of China: From History to Myth* (Cambridge: Cambridge University Press, 1990), 87–90, 102–7.

24 Jagchid and Symons, *Peace, War, and Trade*, 173–5; and Waldron, *The Great Wall*, 186.

25 Jagchid and Symons, *Peace, War, and Trade*, 177–83.

26 J. C. Mann, 'Review: Power, Force and the Frontiers of the Empire', *Journal of Roman Studies* 69 (1979): 175–76.

27 David Breeze, 'The Value of Studying the Roman Frontiers', *Theoretical Roman Archaeology Journal* 1, no. 1 (2018): 5– 6; and Michael Fulford, 'Territorial Expansion and the Roman Empire', *World Archaeology* 23, no. 3 (1992): 294–96.

28 Conor Whately, 'Strategy, Diplomacy and Frontiers: A Bibliographic Essay', *Late Antique Archaeology* 8, no. 1 (2010–11): 240–46. 感謝菲力普・帕克（Philip Parker）為我提供邊境長度的數字。經常為人引用的五千或七千公里顯然是低估。

29 Hugh Elton, *Frontiers of the Roman Empire* (Bloomington: Indiana University Press, 1996), 62–64.

30 Matthew Symonds, *Protecting the Roman Empire: Fortlets, Frontiers, and the Quest for Post- Conquest Security* (Cambridge: Cambridge University Press, 2018), 2–5.

31 Rose Mary Sheldon, 'Insurgency in Germany: The Slaughter of Varus in the Teutoburger Wald', *Small Wars and Insurgencies* 31, no. 5 (2020): 1010–23.

32 Tacitus, *The Agricola and the Germania*, trans. H. Mattingley (London: Penguin Books, 1970), 80–81.

33 Jorit Wintjes, '"On the Side of a Righteous Vengeance": Counterinsurgency Operations in Roman Britain', *Small Wars and Insurgencies* 31, no. 5 (2020): 1109–19.

34 David Breeze, *The Frontiers of Imperial Rome* (Barnsley, UK: Pen & Sword, 2021), 180–87.

35 A. D. Lee, 'Abduction and Assassination: The Clandestine Face of Roman Diplomacy in Late Antiquity', *International History Review* 31, no. 1 (2009): 3–10.

36 Alexander Sarantis, 'Waging War in Late Antiquity', *Late Antique Archaeology* 8, no. 1 (2010–11): 2–10, 14–18.

Studies Review 5, no. 4 (2003): 137, 149–50; and Robert Mandel, 'The Roots of Modern Interstate Border Disputes', *Journal of Conflict Resolution* 24, no. 3 (1980): 427–30, 437–41.

11 David Dye, 'The Transformation of Mississippi Warfare: Four Case Studies from the Mid-South', in *The Archaeology of Warfare: Prehistories of Raiding and Conquest*, ed. Elizabeth Arkush and Mark Allen (Gainesville: University of Florida Press, 2006), 102–3; and Elsa Redmond and Charles Spencer, 'From Raiding to Conquest: Warfare Strategies and Early State Development in Oaxaca, Mexico', in *The Archaeology of Warfare: Prehistories of Raiding and Conquest*, ed. Elizabeth Arkush and Mark Allen (Gainesville: University of Florida Press, 2006), 342.

12 Timothy Earle, *How Chiefs Come to Power: The Political Economy of Prehistory* (Stanford, CA: Stanford University Press, 1997), 10.

13 Douglas Bamforth, 'Indigenous People, Indigenous Violence: Precontact Warfare on the North American Great Plains', *Man* 29 (1994): 102–5.

14 William Parkinson and Paul Duffy, 'Fortifications and Enclosures in European Prehistory: A Cross- Cultural Perspective', *Journal of Archaeological Research* 15, no. 2 (2007): 98–115; and Jonas Christensen, 'Warfare in the European Neolithic', *Acta Archaeologica* 75 (2004): 148–53.

15 Inés Sastre, 'Community, Identity, and Conflict: Iron Age Warfare in the Iberian North-West', *Current Anthropology* 49, no. 6 (2008): 1022–8.

16 Aribidesi Usman, 'On the Frontiers of Empire: Understanding the Enclosure Walls in Northern Yoruba, Nigeria', *Journal of Anthropological Archaeology* 23, no. 1 (2004): 120–30.

17 Bradley Parker, 'At the Edge of Empire: Conceptualizing Assyria's Anatolian Frontier ca. 700 BC', *Journal of Anthropological Archaeology* 21 (2002): 373–83.

18 Thomas Barfield, *The Perilous Frontier: Nomadic Empires and China 221 BC to AD 1757* (Oxford: Blackwell, 1989), 2–7, 16–18; and Nicola di Cosmo, 'Ancient Inner Asia Nomads: Their Economic Base and Its Significance in Chinese History', *Journal of Asian Studies* 53, no. 4 (1994): 1092–93, 1100.

19 Sechin Jagchid and Van Jay Symons, *Peace, War, and Trade Along the Great Wall* (Bloomington: Indiana University Press, 1999), 24.

20 Mark Lewis, 'Warring States Political History', in *The Cambridge History of Ancient China: From the Origins to 221 BC*, ed. Michael Loewe and Edward Shaughnessy (Cambridge: Cambridge University Press, 1999), 629–30; and Yuri Pines, 'The Earliest "Great Wall"? The Long Wall of Qi Revisited', *Journal of the American Oriental Society* 138, no. 4 (2018): 743–53

International Affairs 32, no. 4 (2019): 456–57; and Steve Chan, *Rumbles of Thunder: Power Shifts and the Dangers of Sino-American War* (New York: Columbia University Press, 2023), 3, 29–30.

66 Beckley, 'The Power of Nations', 43–44; Christopher Layne, 'The US–Chinese Power Shift and the End of the Pax Americana', *International Affairs* 94, no. 1 (2018): 95–102; Brooks and Wohlforth, 'The Rise and Fall of the Great Powers', 8–11; and Joseph Nye, *The Future of Power* (New York: Public Affairs, 2011), 202–4.

67 Lawrence Freedman, 'The Rise and Fall of Great Power War', *International Affairs* 95, no. 1 (2019): 115–17.

第八章　安全

1 Thomas Hobbes, *Leviathan, or The Matter, Forme, & Power of a Common-Wealth Ecclesiasticall and Civil* (1651; repr. London: Penguin, 1985), 187–88.

2 Hobbes, *Leviathan*, 186, 190, 224–25.

3 John Mearsheimer, *The Tragedy of Great Power Politics* (New York: Norton, 2002), 36.

4 Stephen Van Evera, *Causes of War: Power and the Roots of Conflict* (Ithaca, NY: Cornell University Press, 1999), 11, 76–77; Benjamin Miller, 'Polarity, Nuclear Weapons, and Major War', *Security Studies* 3, no. 4 (1994): 602–4; and Jeffrey Taliaferro, 'Security Seeking Under Anarchy: Defensive Realism Revisited', *International Security* 25, no. 3 (2000–2001): 136–42.

5 Colin Gray, 'Nicholas John Spykman, the Balance-of-Power, and World Order', *Journal of Strategic Studies* 38, no. 6 (2015): 879–80.

6 Monika Toft, 'Territory and War', *Journal of Peace Research* 51, no. 2 (2014): 185–86; Monika Toft and Dominic Johnson, 'Grounds for War: The Evolution of Territorial Confl ict', *International Security* 38, no. 3 (2013–14): 12; and Paul Hensel, 'Territory: Theory and Evidence on Geography and Conflict', in *What Do We Know About War?*, ed. John Vasquez (Lanham, MD: Rowman & Littlefi eld, 2000), 57–64.

7 John Vasquez and Marie Henehan, *Territory, War, and Peace* (New York: Routledge, 2011), 6–7, 11–14.

8 Lord George Curzon, *Frontiers: The Romanes Lecture* (London: Dodo Press, 2008), 4. 摘自原文。

9 Nicholas Spykman, 'Frontiers, Security, and International Organization', *Geographical Review* 32, no. 3 (1942): 437–38.

10 Barbara Walter, 'Explaining the Intractability of Armed Conflict', *International*

51 Hermand, *Der alte Traum*, 316; and Ralf Reuth, *Hitler's Tyranny* (London: Haus Publishing, 2022), 164.

52 Hugh Trevor-Roper, ed., *Hitler's Table Talk 1941–44* (London: Weidenfeld & Nicolson, 1973), 383, entry for March 31, 1942. 此為希特勒所說內容的速記，為轉述而非直接引用。

53 Gavriel Rosenfeld, 'Who Was "Hitler" Before Hitler? Historical Analogies and the Struggle to Understand Nazism', *Central European History* 51 (2018): 251–55.

54 Despina Stratigakos, *Hitler's Northern Utopia: Building the New Order in Occupied Norway* (Princeton, NJ: Princeton University Press, 2020), 194–96, 209.

55 Art Padilla, Robert Hogan, and Robert Kaiser, 'The Toxic Triangle: Destructive Leaders, Susceptible Followers, and Conducive Environments', *Leadership Quarterly* 18, no. 3 (2007): 177–81.

56 Richard Breitman, 'Hitler and Genghis Khan', *Journal of Contemporary History* 25, no. 2–3 (1990): 348; and Hermand, *Der alte Traum*, 340.

57 Carl von Clausewitz, *On War* (1832; repr. Oxford: Oxford University Press, 2007), 28.

58 Clausewitz, *On War*, 29.

59 Robert Gilpin, 'The Theory of Hegemonic War', *Journal of Interdisciplinary History* 18, no. 4 (1988): 602–13.

60 Carsten Rauch, 'Challenging the Power Consensus: GDP, CINC, and Power Transition Theory', *Security Studies* 26, no. 4 (2017): 646–52; Michael Beckley, 'The Power of Nations: Measuring What Matters', International Security 43, no. 2 (2018–19): 7–11. 另參見J. David Singer, Stuart Bremer, and John Stuckey, 'Capability Distribution, Uncertainty, and Major Power War, 1820–1965', in *Peace, War, and Numbers*, ed. Bruce Russett (Beverly Hills, CA: Sage, 1972), 19–29.

61 Gilpin, 'The Theory of Hegemonic War', 591–96; and Alexander Debs and Nuno Monteiro, 'Known Unknowns: Power Shifts, Uncertainty and War', *International Organization* 68, no. 1 (2014): 1–2.

62 Stephen Brooks and William Wohlforth, 'The Rise and Fall of the Great Powers in the Twenty-First Century: China's Rise and the Fate of America's Global Position', *International Security* 40, no. 3 (2015): 28–30.

63 Rauch, 'Challenging the Power Consensus', 649–54.

64 Christopher Layne, 'The Unipolar Illusion: Why New Great Powers Will Rise', *International Security* 17, no. 4 (1993): 6–7, 32–37.

65 Peter Gries and Yiming Jing, 'Are the US and China Fated to Fight? How Narratives of "Power Transition" Shape Great Power War or Peace', *Cambridge Review of*

33 Bruno Colson, ed., *Napoleon on War* (Oxford: Oxford University Press, 2015), 40.

34 Dwyer, 'Napoleon Bonaparte', 385–89; and Esdaile, *Napoleon's Wars*, 51–55.

35 Alexander Mikaberidze, *The Napoleonic Wars: A Global History* (Oxford: Oxford University Press, 2020), 193–94.

36 Alan Forrest, 'Propaganda and Legitimation of Power in Napoleonic France', *French History* 18, no. 4 (2004): 435–37

37 Maximilien Novak, 'Napoléon et l'Empire de l'opinion: acteurs et enjeux du contrôle de l'opinion publique sous le Premier Empire', *French Cultural Studies* 32, no. 2 (2021): 70–73.

38 Philp Dwyer, *Citizen Emperor: Napoleon in Power 1799–1815* (London: Bloomsbury, 2013), 212– 15; and Forrest, 'Propaganda and Legitimation of Power', 438–39.

39 Dwyer, *Citizen Emperor*, 345–48.

40 Alan Forrest, 'Napoleon's Vision of Empire and the Decision to Invade Russia', in *Russia and the Napoleonic Wars*, ed. Janet Hartley, Paul Keenan, and Dominic Lieven (Basingstoke, UK: Palgrave Macmillan, 2015), 44–47; and Dwyer, *Citizen Emperor*, 355–61.

41 有關法國於德意志戰場失利的情形，參見Michael Leggiere, 'From Berlin to Leipzig: Napoleon's Gamble in North Germany', *Journal of Military History* 67, no. 1 (2003): 47–65.

42 *The Table Talk and Opinions of Napoleon Bonaparte*, 78–79.

43 有關希特勒的自戀型人格，參見John Mankelwicz and Robert Kane, 'Hitler as a Narcissistic Leader', *Journal of Psychohistory* 50, no. 2 (2022): 137–44.

44 M. Rainer Lepsius, 'The Model of Charismatic Leadership and Its Applicability to the Rule of Adolf Hitler', *Totalitarian Movements and Political Religions* 7, no. 2 (2006): 175–79.

45 Jost Hermand, *Der alte Traum vom neuen Reich: völkische Utopien und Nationalsozialismus* (Weinheim: Beltz Athenäum, 1995), 359.

46 Richard Bessel, *Nazism and War* (London: Weidenfeld & Nicolson, 2004), 32–33; and Hermand, *Der alte Traum*, 315–16.

47 Lepsius, 'The Model of Charismatic Leadership', 185.

48 François Genoud, ed., *The Testament of Adolf Hitler: The Hitler-Bormann Documents* (London: Cassell, 1960), 101–2.

49 Volker Ullrich, *Hitler: Downfall 1939–45* (London: The Bodley Head, 2020), 615; and Mankelwicz and Kane, 'Hitler as a Narcissistic Leader', 149.

50 Angela Kurtz, 'God, Not Caesar: Revisiting National Socialism as "Political Religion"', *History of European Ideas* 35, no. 2 (2009): 246–49.

18 Waldemar Heckel, *In the Path of Conquest: Resistance to Alexander the Great* (Oxford: Oxford University Press, 2020), 9–14; and Edward Anson, *Alexander the Great: Themes and Issues* (London: Bloomsbury, 2013), 46–50.

19 Edmund Bloedow, 'Why Did Philip and Alexander Launch a War Against the Persian Empire?', L'Antiquité Classique 72 (2003): 262–73; and Ian Worthington, *By the Spear: Philip II, Alexander the Great, and the Rise and Fall of the Macedonian Empire* (Oxford: Oxford University Press, 2014), 141.

20 細節參見Waldemar Heckel, *The Conquests of Alexander the Great* (Cambridge: Cambridge University Press, 2008), 67–74; and Hugh Bowden, *Alexander the Great: A Very Short Introduction* (Oxford: Oxford University Press, 2014), 32–37.

21 Arrian, *The Anabasis*, trans. Martin Hammond (Oxford: Oxford University Press, 2013), 223; and Anson, *Alexander the Great*, 83–85.

22 Heckel, *The Conquests of Alexander the Great*, 54– 55; and Worthington, *By the Spear*, 159.

23 Bowden, *Alexander the Great*, 62– 65; Anson, *Alexander the Great*, 105–9; and Worthington, *By the Spear*, 182–83.

24 Anson, *Alexander the Great*, 121; F. S. Naiden, *Soldier, Priest, and God: A Life of Alexander the Great* (New York: Oxford University Press, 2019).

25 Heckel, *The Conquests of Alexander the Great*, 112–33; and Heckel, *In the Path of Conquest*, 253–69.

26 Naiden, *Soldier, Priest, and God*, 201.

27 Andrew Collins, 'The Persian Royal Tent and the Ceremonial of Alexander the Great', *Classical Quarterly* 67, no. 1 (2017): 71–76; and Heckel, *The Conquests of Alexander the Great*, 100–108.

28 有關其早年生平，參見Charles Esdaile, *Napoleon's Wars: An International History, 1803–15* (London: Allen Lane, 2007), 18–21, 28–32.

29 有關一七九〇年代拿破崙所處的戰爭背景，參見Gunther Rothenberg, 'The Origins, Causes and Extension of the Wars of the French Revolution and Napoleon', *Journal of Interdisciplinary History* 18, no. 4 (1988): 785–89.

30 Philip Dwyer, 'Napoleon Bonaparte as Hero and Saviour: Image, Rhetoric and Behaviour in the Construction of a Legend', *French History* 18, no. 4 (2004): 381–82.

31 Patrice Gueniffey, *Bonaparte* (Cambridge, MA: Harvard University Press, 2015), 803.

32 *The Table Talk and Opinions of Napoleon Bonaparte* (London: Sampson Lowe & Marston, 1870), 15–16.

1979), 473, book XV. 內容可能是於札馬戰役後半個世紀經彙整文獻及口頭證據寫成。

2 Polybius, *The Rise of the Roman Empire*, 44, introduction to book I.

3 Robert Dahl, 'The Concept of Power', *Behavioral Science* 2, no. 3 (1957): 201.

4 Dahl, 'The Concept of Power', 203. 針對道爾定義的批判觀點，參見David Winter, *Roots of War: Wanting Power, Seeing Threat, Justifying Force* (Oxford: Oxford University Press, 2018), 94–95.

5 Michael Barnett and Raymond Duvall, 'Power in International Politics', *International Organization* 59, no. 1 (2005): 46–51.

6 Robert Carneiro, 'A Theory of the Origins of the State', *Science* 169 (1970): 734–37.

7 Timothy Earle, *How Chiefs Come to Power: The Political Economy in Prehistory* (Stanford, CA: Stanford University Press, 1997), 6–10, 105–9.

8 Guy Halsall, *Warfare and Society in the Barbarian West, 450–900* (London: Routledge, 2003), 27–30.

9 Susan Mattern, *Rome and the Enemy: Imperial Strategy in the Principate* (Berkeley: University of California Press, 1999), 168; and Sarah Davies, *Rome, Global Dreams, and the International Origins of Empire* (Leiden: Brill, 2019), 2–3.

10 Andrew Erskine, *Roman Imperialism* (Edinburgh: Edinburgh University Press, 2010), 5–6, 27–29, 40–43.

11 Mattern, *Rome and the Enemy*, 165–66.

12 David Potter, 'The Roman Army and Navy', in *The Cambridge Companion to the Roman Republic*, ed. Harriet Flower (Cambridge: Cambridge University Press, 2014), 68–71.

13 J. C. Mann, 'Power, Force and the Frontiers of the Empire', *Journal of Roman Studies* 69 (1979): 176–78; Mattern, Rome and the Enemy, 162–63, 168; and Erskine, *Roman Imperialism*, 40–43.

14 Davies, *Rome, Global Dreams*, 3, 11.

15 Yuri Pines, 'Limits of All-Under-Heaven: Ideology and Praxis of "Great Unity" in Early Chinese Empire', in *The Limits of Universal Rule: Eurasian Empires Compared*, ed. Yuri Pines, Michal Biran, and Jörg Rüpke (Cambridge: Cambridge University Press, 2021), 82–83, 93–94.

16 Michal Biran, 'The Mongol Imperial Space: From Universalism to Glocalization', in *The Limits of Universal Rule: Eurasian Empires Compared*, ed. Yuri Pines, Michal Biran, and Jörg Rüpke (Cambridge: Cambridge University Press, 2021), 222–28.

17 延伸用法的範例參見Alistair Horne, *Hubris: The Tragedy of War in the Twentieth Century* (London: Weidenfeld & Nicolson, 2015), 1, 283–85.

66 Carl Boggs and Tom Pollard, *The Hollywood War Machine: U.S. Militarism and Popular Culture* (Boulder, CO: Paradigm, 2007), 6–9, 19–21.
67 Jon Abbink, 'Religion and Violence in the Horn of Africa: Trajectories of Mimetic Rivalry and Escalation Between "Political Islam" and the State', *Politics, Religion and Ideology* 21, no. 2 (2020): 195–96, 200; and Masood Ashraf, *ISIS: Ideology, Symbolics and Counter Narratives* (New York: Routledge, 2019), 62–67.
68 Hillenbrand, Crusades, 600–602; Anna Krŭglova, '"I Will Tell You a Story About Jihad": ISIS's Propaganda and Narrative Advertising', *Studies in Conflict and Terrorism* 44, no. 2 (2021): 122–3; and Ashraf, ISIS, p. 73.
69 Zulfiqar, 'Jurisdiction over *Jihād*', 429–30; and David Cook, 'Islamism and Jihadism: The Transformation of Classical Notions of Jihad into an Ideology of Terrorism', *Totalitarian Movements and Political Religions* 10, no. 2 (2009): 180–82.
70 Abdulbasit Kassim, 'Defining and Understanding the Religious Philosophy of *Jihadi-Salafism* and the Ideology of Boko Haram', *Politics, Religion and Ideology*, 16, no. 2–3 (2015): 175–83; and Mona Sheikh, 'Sacred Pillars of Violence: Findings from a Study of the Pakistani Taliban', *Politics, Religion and Ideology* 13, no. 4 (2012): 442–45.
71 Kassim, 'Defining and Understanding', 186–88; Sheikh, 'Sacred Pillars of Violence', 439–40; and Abbink, 'Religion and Violence', 201–3.
72 Thomas Hegghammer, 'The Rise of Muslim Foreign Fighters: Islam and the Globalization of Jihad', *International Security* 35, no. 3 (2010/2011): 72–73, 80–84.
73 範例参見Shmuel Bar, 'Religion in War in the 21st Century', *Comparative Strategy* 39, no. 5 (2020): 455–62.
74 Kassim, 'Defi ning and Understanding', 173–75, 187–88.
75 Scott Segrest, 'ISIS's Will to Apocalypse', *Politics, Religion and Ideology* 17, no. 4 (2016): 352–60; and Omar Anchassi, 'The Logic of the Conquest Society: ISIS, Apocalyptic Violence and the "Reinstatement" of Slave Concubinage', in *Violence in Islamic Thought from European Imperialism to the Post-Colonial Era*, ed. Mustafa Baig and Robert Gleave (Edinburgh: Edinburgh University Press, 2021), 228–37.
76 Cook, 'Islamism and Jihadism', 185.
77 Ashraf, *ISIS*, 73; and Sheikh, 'Sacred Pillars of Violence', 447–50.
78 Bar, 'Religion in War', 443–46.
79 David Leeming, *Myth: A Biography of Belief* (Oxford: Oxford University Press, 2002), 8, 12.

第七章　權力

1 Polybius, *The Rise of the Roman Empire*, trans. Ian Scott-Kilvert (London: Penguin,

48 Herbert Burhenn, 'Understanding Aztec Cannibalism', *Archiv* für *Religionspsychologie* 26 (2004): 2–3; and Clendinnen, *Aztecs*, 90–91.

49 Caroline Pennock, 'Mass Murder or Religious Homicide? Rethinking Human Sacrifice and Interpersonal Violence in Aztec Society', *Historische Sozialforschung* 37, no. 3 (2012): 280–82, 286.

50 Guilhem Olivier, 'Humans and Gods in the Mexica Universe', in *The Oxford Handbook of the Aztecs*, ed. Deborah Nichols and Enrique Rodríguez-Alegría (Oxford: Oxford University Press, 2016), 571–76; and Guilhem Olivier, '"Why Give Birth to Enemies?": The Warrior Aspects of the Aztec Goddess Tlazolteotl-Ixcuina', *Anthropology and Aesthetics* 65, no. 6 (2014/2015): 56–60.

51 Clendinnen, *Aztecs*, 97.

52 Clendinnen, *Aztecs*, 2, 111–14.

53 Nicholas Saunders, 'Predators of Culture: Jaguar Symbolism and Mesoamerican Elites', *World Archaeology* 26, no. 1 (1994): 104–9.

54 Clendinnen, *Aztecs*, 91–97.

55 Marco Obregón, 'Mexica War: New Perspectives', in *The Oxford Handbook of the Aztecs*, ed. Deborah Nichols and Enrique Rodríguez-Alegría (Oxford: Oxford University Press, 2016), 454–55.

56 James Maffie, *Aztec Philosophy: Understanding a World in Motion* (Colorado Springs: University Press of Colorado, 2013), 523–26.

57 探討「宗教政治」理論最完整者，參見Emilio Gentile, *Politics and Religion* (Princeton, NJ: Princeton University Press, 2006), 尤其可詳閱第四章.

58 Werner Maser, ed., *Hitler's Letters and Notes* (London: Bantam Press, 1973), 227, 307, notes for speeches 1919–1920.

59 有關陰謀論之概念，請見Richard Evans, *The Hitler Conspiracies: The Third Reich and the Paranoid Imagination* (London: Allen Lane, 2020), 29–45.

60 Alon Confino, *A World Without Jews: The Nazi Imagination from Persecution to Genocide* (New Haven, CT: Yale University Press, 2014), 7.

61 Gentile, *Politics and Religion*, 69.

62 Melvin Rader, *No Compromise: Conflict Between Two Worlds* (New York: Macmillan, 1939), 1.

63 Gentile, *Politics and Religion*, 88–89.

64 Keith Feiling, *The Life of Neville Chamberlain* (London: Macmillan, 1946), 416.

65 Milan Babik, 'The Christian Historical Consciousness: Understanding War in Twentieth-Century Europe', *Totalitarian Movements and Political Religions* 5, no. 1 (2004): 59–60, 80–82.

Journal 21, no. 2 (1978): 205–6, 210–19.

32 Brake, *Religious War*, 117–18.

33 Puc, *Holy War*, 210.

34 Prior and Burgess, *England's Wars of Religion*, 19–20.

35 Edward Vallance, 'Preaching to the Converted: Religious Justifications for the English Civil War', *Huntington Library Quarterly* 65 (2002): 396–98; and Charles Prior, 'Religion, Political Thought and the English Civil War', *History Compass* 11, no. 1 (2013): 28–31.

36 Jordan Downs, 'The Curse of Meroz and the English Civil War', *Historical Journal* 57, no. 2 (2014): 343–52; Puc, *Holy War*, 11.

37 Glen Burgess, 'Was the English Civil War a War of Religion? The Evidence of Political Propaganda', *Huntington Library Quarterly* 61, no. 2 (2000): 173–74.

38 Vallance, 'Preaching to the Converted', 415–16; and David Cressy, *England on Edge: Crisis and Revolution 1640–1642* (Oxford: Oxford University Press, 2006), 169–74.

39 Vallance, 'Preaching to the Converted', 407.

40 Barbara Donegan, 'Did Ministers Matter? War and Religion in England, 1642–1649', *Journal of British Studies* 33, no. 2 (1994): 121–30.

41 Downs, 'The Curse of Meroz', 355–58.

42 Puc, *Holy War*, 255.

43 Colin Renfrew, '"The Unanswered Question": Investigating Early Conceptualisations of Death', in *Death Rituals, Social Order and the Archaeology of Immortality in the Ancient World*, ed. Colin Renfrew, Michael Boyd, and Iain Morley (Cambridge: Cambridge University Press, 2016), 1– 8.

44 Robin Yates, 'Early China', in *War and Society in the Ancient and Medieval Worlds*, ed. Kurt Raaflaub and Nathan Rosenstein (Cambridge, MA: Harvard University Press, 1999), 8–9, 14, 19–20.

45 Bruce Lincoln, *Death, War, and Sacrifi ce: Studies in Ideology and Practice* (Chicago: University of Chicago Press, 1991), 10–13; and Bruce Lincoln, 'The Indo-European Cattle-Raiding Myth', *History of Religions* 16, no. 1 (1976): 43–44, 62–64.

46 Edward Swenson, 'Dramas of the Dialectic: Sacrifi ce and Power in Ancient Polities', in *Violence and Civilization: Studies of Social Violence in History and Prehistory*, ed. Roderick Campbell (Oxford: Oxbow Books, 2014), 42–44; and Jeffrey Quilter, 'Moche Politics, Religion and Warfare', *Journal of World Prehistory* 16, no. 2 (2002): 163–69.

47 目前對此關係最有力的分析為Inga Clendinnen, *Aztecs: An Interpretation* (Cambridge: Cambridge University Press, 1991).

13 Sizgorich, *Violence and Belief in Late Antiquity*, 38.

14 Jonathan Phillips, *Holy Warriors: A Modern History of the Crusades* (London: The Bodley Head, 2009), 3–5.

15 Jay Rubinstein, *Nebuchadnezzar's Dream: The Crusades, Apocalyptic Prophecy and the End of History* (Oxford: Oxford University Press, 2019), 33–34, 45.

16 Christopher Maier, 'Crisis, Liturgy, and the Crusade in the Twelfth and Thirteenth Centuries', *Journal of Ecclesiastical History* 48, no. 4 (1997): 628–30.

17 Amin Maalouf, *The Crusades Through Arab Eyes* (London: Al Saqi Books, 1984), 49–50; Buc, *Holy War*, 99–101; and Phillips, *Holy Warriors*, 25–27.

18 Rubinstein, *Nebuchadnezzar's Dream*, 9–11.

19 Adnan Zulfiqar, 'Jurisdiction over *Jihād*: Islamic Law and the Duty to Fight', *West Virginia Law Review* 120, no. 2 (2017): 428, 436; and S. M. Farid Mirbagheri, *War and Peace in Islam: A Critique of Islamic/ist Political Discourses* (New York: Palgrave Macmillan, 2012), 129–34.

20 Carole Hillenbrand, *Crusades: Islamic Perspectives* (Edinburgh: Edinburgh University Press, 1999), 90; and Fatemah Albadar, 'Islamic Law and the Right to Armed Jihad', *Indonesian Journal of International and Comparative Law* 5, no. 4 (2018): 582–89.

21 Carole Hillenbrand, *Islam and the Crusades: Collected Essays* (Edinburgh: Edinburgh University Press, 2022), 269–74; and Zulfiqar, 'Jurisdiction over *Jihād*', 440–42.

22 Hillenbrand, *Crusades*, 101–4; and Maalouf, *The Crusades Through Arab Eyes*, 3–4.

23 Hillenbrand, *Islam and the Crusades*, 44–47

24 Hillenbrand, *Crusades*, 20–23, 141–48, 164; and Maalouf, *The Crusades Through Arab Eyes*, 180–81, 198–200.

25 Richard Bonney, *From Qur'an to Bin Laden* (Basingstoke, UK: Palgrave Macmillan, 2004), 114.

26 Wayne Brake, *Religious War and Religious Peace in Early Modern Europe* (Cambridge: Cambridge University Press, 2017), 2–5.

27 Natalie Davis, 'The Rites of Violence: Religious Riot in Sixteenth-Century France', *Past & Present* 59 (1973): 56–68; and Judith Pollman, 'Countering the Reformation in France and the Netherlands: Clerical Leadership and Catholic Violence 1560–1585', *Past & Present* 190 (2006): 85–87

28 參見Mack Holt, 'Putting Religion Back into the Wars of Religion', *French Historical Studies* 18, no. 2 (1993): 534–35.

29 Holt, 'Putting Religion Back', 539–41.

30 Puc, *Holy War*, 8, 34.

31 Philip Benedict, 'The Saint Bartholomew's Massacres in the Provinces', *Historical*

53 Andrew Bacevich, *The New American Militarism: How Americans Are Seduced by War* (Oxford: Oxford University Press, 2013), 181–82.

54 Klare, *Resource Wars*, 11, 33–34

55 Okey Ibeanu and Robin Luckham, 'Nigeria: Political Violence, Governance and Corporate Responsibility in a Petro-State', in *Oil Wars*, ed. Mary Kaldor, Terry Karl, and Yahia Said (London: Pluto Press, 2007), 41.

56 Ibeanu and Luckham, 'Nigeria', 58–59, 63–68.

57 Ben Raffield, 'The Slave Markets of the Viking World: Comparative Perspectives on an "Invisible Archaeology"', *Slavery & Abolition* 40, no. 4 (2019): 682–92.

第六章　信仰

1 Ghazi bin Muhammad, Ibrahim Kalin, and Mohammad Hadin Karrali, eds., *War and Peace in Islam: The Uses and Abuses of Jihad* (Amman, Jordan: Royal Islamic Strategic Studies Centre, 2013), 13.

2 沙特爾的富爾舍（Fulcher of Chartres，譯註：此人為參與第一次東征的教士）的版本（至少還有另外四個版本），取自Oliver Thatcher and Edgar McNeal, eds., *A Source Book for Medieval History* (New York: Scribners, 1905), 517

3 Bin Muhammad, Kalin, and Karrali, *War and Peace in Islam*, 18–20.

4 On this attitude, see Stefan Costalli and Andrea Ruggeri, 'Emotions, Ideologies, and Violent Political Mobilization', *PS: Political Science and Politics* 50, no. 4 (2017): 923–26.

5 Charles Prior and Glenn Burgess, eds., *England's War of Religion Revisited* (Farnham, UK: Ashgate, 2011), 15–16.

6 欲瞭解蘇丹詳情，請見Monica Toft, 'Getting Religion? The Puzzling Case of Islam and Civil War', *International Security* 31, no. 4 (2007): 117–28.

7 Elizabeth Brumfiel, 'Aztec Religion and Warfare: Past and Present Perspectives', *Latin American Research Review* 25, no. 2 (1990): 255–58.

8 參見Philippe Buc, *Holy War, Martyrdom and Terror* (Philadelphia: University of Pennsylvania Press, 2015), 10–11，作者對此立場有很精彩的辯證。

9 例子可參見Michael Horowitz, 'Long Time Going: Religion and the Duration of Crusading', *International Security* 34, no. 2 (2009): 162–65, 180–89.

10 Christopher Tyerman, *God's War: A New History of the Crusades* (London: Allen Lane, 2006), 33–34.

11 Thomas Sizgorich, *Violence and Belief in Late Antiquity: Militant Devotion in Christianity and Islam* (Philadelphia: University of Pennsylvania Press, 2009), 3, 9.

12 Sizgorich, *Violence and Belief in Late Antiquity*, 112–25.

38 Iain Smith, *The Origins of the South African War, 1899–1902* (London: Longman, 1996), 394, 408.

39 Stephen Cote, 'A War for Oil in the Chaco, 1932–1935', *Environmental History* 18, no. 4 (2013): 750–51.

40 Iain Smith, 'A Century of Controversy Over Origins', in *The South African War Reappraised*, ed. Donal Lowry (Manchester, UK: Manchester University Press, 2000), 25.

41 John Darwin, *The Empire Project: The Rise and Fall of the British World System 1830–1970* (Cambridge: Cambridge University Press, 2009), 239–42.

42 Mira Kohl, 'Between Louisiana and Latin America: Oil Imperialism and Bolivia's 1937 Nationalization', *Diplomatic History* 44, no. 2 (2020): 214–15.

43 Robert Niebuhr, 'The Road to the Chaco War: Bolivia's Modernization in the 1920s', *War & Society* 37, no. 2 (2018): 94–103; and Stephen Cote, *Oil and Nation: A History of Bolivia's Petroleum Sector* (Morgantown: West Virginia University Press, 2016), 62–68.

44 Kohl, 'Between Louisiana and Latin America', 210–11, 225–27; and Cote, 'A War for Oil', 743–50.

45 Michael Klare, *Resource Wars: The New Landscape of Global Conflict* (New York: Henry Holt, 2001), 13, 213.

46 John Maxwell and Rafael Reuveny, 'Resource Scarcity and Conflict in Developing Countries', *Journal of Peace Research* 37, no. 3 (2000): 301–2.

47 Humphrey Jasper, 'Resource Wars: Searching for a New Definition', *International Affairs* 88, no. 5 (2012): 1065–66, 1069–70; and Philippe Le Billon, 'The Political Ecology of War: Natural Resources and Armed Conflicts', *Political Geography* 20 (2001): 564–65, 569–70.

48 更全面的分析，請見Philippe Le Billon, Wars of Plunder: Conflicts and Profits and the Politics of Resources (London: Hurst & Co., 2012), 13–37; and Klare, *Resource Wars*, chap. 8.

49 Päiri Lujala, 'Deadly Combat over Natural Resources: Gems, Petroleum, Drugs, and the Severity of Armed Civil Conflict', *Journal of Conflict Resolution* 53, no. 1 (2009): 51, 68.

50 Klare, *Resource Wars*, 196–97.

51 Kirsten Schulze, 'The Conflict in Aceh: Struggle over Oil?', in *Oil Wars*, ed. Mary Kaldor, Terry Karl, and Yahia Said (London: Pluto Press, 2007), 183–219.

52 Susanne Peters, 'Coercive Western Energy Security Strategies – "Resource Wars" as a New Threat to Global Security', *Geopolitics* 5, no. 1 (2004): 192–95.

24 Robin Waterfield, *Taken at the Flood: The Roman Conquest of Greece* (Oxford: Oxford University Press, 2014), 17, 26–31, 199–205

25 Peter Wilson, *Iron and Blood: A Military History of the German-Speaking Peoples Since 1500* (London: Allen Lane, 2022), 18.

26 Roger Crowley, *Constantinople: The Last Great Siege, 1453* (London: Faber & Faber, 2005).

27 James Hevia, *English Lessons: The Pedagogy of Imperialism in Nineteenth-Century China* (Durham, NC: Duke University Press, 2003), 199–212.

28 See, for example, the discussion in Gwyn Campbell, 'Introduction: Slavery and Other Forms of Unfree Labour in the Indian Ocean World', *Slavery & Abolition* 24, no. 2 (2003): x–xviii; and Hans Hägerdal, 'Introduction: Enslavement and Slave Trade in Asia', *Slavery & Abolition* 43, no. 3 (2022): 446–49.

29 Herbert Klein, *The Atlantic Slave Trade* (Cambridge: Cambridge University Press, 2012), xviii; Hägerdal, 'Introduction', 449–52.

30 Timothy Taylor, 'The Arrogation of Slavery: Pre-history, Archaeology, and the Pre-Theoretical Commitments Concerning People as Property', in *The Archaeology of Slavery in Mediaeval Northern Europe: An Invisible Commodity?*, ed. Felix Biermann and Marek Jankowiak (Berlin: Springer Verlag, 2021), 10–11.

31 Daniel Snell, 'Slavery in the Ancient Near East', in *The Cambridge World History of Slavery: Volume 1*, ed. Keith Bradley and Paul Cartledge (Cambridge: Cambridge University Press, 2011), 4–16.

32 David Braund, 'The Slave Supply in Classical Greece', in *The Cambridge World History of Slavery: Volume 1*, ed. Keith Bradley and Paul Cartledge (Cambridge: Cambridge University Press, 2011), 112–20.

33 Walter Scheidel, 'The Roman Slave Supply', in *The Cambridge World History of Slavery: Volume 1*, ed. Keith Bradley and Paul Cartledge (Cambridge: Cambridge University Press, 2011), 287–96.

34 Rebecca Redfern, 'Iron Age "Predatory Landscapes": A Bioarchaeological and Funerary Exploration of Captivity and Enslavement', *Cambridge Archaeological Journal* 30, no. 4 (2020): 533–35.

35 Klein, *The Atlantic Slave Trade*, 53–73.

36 Hans Hägerdal, 'Warfare, Bestowal, Purchase: Dutch Acquisition of Slaves in the World of Eastern Indonesia, 1650–1800', *Slavery & Abolition* 43, no. 3 (2022): 553–65.

37 Andrew Thornton, 'Violent Capture of People for Exchange on the Karen-Tai Border in the 1830s', *Slavery & Abolition* 24, no. 2 (2003): 70–76.

Perspectives', *Latin American Research Review* 25, no. 2 (1990): 255–58.

11 Torr, *Marxism and War*, 9.

12 *Marxism-Leninism on War and Army* (Moscow: Progress Publishers, 1972), 51–52.

13 Shimshon Bichler and Jonathan Nitzan, 'Arms and Oil in the Middle East: A Biography of Research', *Rethinking Marxism* 30, no. 3 (2018): 420–23, 437; and Shimshon Bichler and Jonathan Nitzan, 'Dominant Capital and the New Wars', *Journal of World-Systems* 10, no. 2 (2004): 258–60, 301–9.

14 Peter Taaffe, *Marxism in Today's World* (London: Committee for a Workers' International, 2006), 16.

15 *Marxism-Leninism on War*, 140–42.

16 David Anthony, *The Horse, the Wheel and Language: How Bronze-Age Riders from the Eurasian Steppes Shaped the Modern World* (Princeton, NJ: Princeton University Press, 2007), 222–23, 239; and Bruce Lincoln, 'The Indo-European Cattle-Raiding Myth', *History of Religions* 16, no. 1 (1976): 43–44, 62–64.

17 Jonas Christensen, 'Warfare in the European Neolithic', *Acta Archaeologica* 75 (2004): 131–32, 152–53; and Andreas Hårde, 'The Emergence of Warfare in the Early Bronze Age: The Nitra Group in Slovakia and Moravia, 2200–1800 bc', in *Warfare, Violence, and Slavery in Prehistory*, ed. Mike Pearson and I. Thorpe (Oxford: BAR Publishing, 2016), 88–91, 101–3.

18 Richard Osgood, Sarah Monks, and Judith Toms, *Bronze Age Warfare* (Stroud: History Press, 2010), 10–14, 42–45, 78–83, 89–91, 95–99.

19 Anne Underhill, 'Warfare and the Development of States in China', in *The Archaeology of Warfare: Prehistories of Raiding and Conquest*, ed. Elizabeth Arkush and Mark Allen (Gainesville: University of Florida Press, 2006), 267–68.

20 Elsa Redmond and Charles Spencer, 'From Raiding to Conquest: Warfare Strategies and Early State Development in Oaxaca, Mexico', in *The Archaeology of Warfare: Prehistories of Raiding and Conquest*, ed. Elizabeth Arkush and Mark Allen (Gainesville: University of Florida Press, 2006), 338–40, 351–57.

21 David Webster, 'Not So Peaceful Civilization: A Review of Maya War', *Journal of World Prehistory* 14, no. 1 (2000): 81–92.

22 Elsa Redmond, *Tribal and Chiefly Warfare in South America* (Ann Arbor: University of Michigan Museum of Anthropology, 1994), 25–30, 32–37, 39–47.

23 Brian Ferguson, 'Materialist, Cultural and Biological Theories on Why Yanomami Make War', *Anthropological Theory* 1, no. 1 (2001): 100–103; and Daniel Steel, 'Trade Goods and Jívaro Warfare: The Shuar 1850–1957, and the Achuar, 1940–1978', *Ethnohistory* 41, no. 4 (1999): 754–56.

53 Stija van Weezel, 'Local Warming and Violent Conflict in Africa', *World Review* 126 (2020): 1–5.

54 Joshua Eastin, 'Hell and High Water: Precipitation Shocks and Conflict Violence in the Philippines', *Political Geography* 63 (2018): 116–27.

55 Marshall Burke, Solomon Hsiang, and Edward Miguel, 'Climate and Conflict', *Annual Review of Economics* 7 (2015): 609–10.

56 Cullen Hendrix and Idean Salehyan, 'Climate Change, Rainfall, and Social Conflict in Africa', *Journal of Peace Research* 49, no. 1 (2012): 45–46.

57 Sechin Jagchid and Van Symons, *Peace, War, and Trade Along the Great Wall* (Bloomington: Indiana University Press, 1989), 13–16, 52–57.

第五章　資源

1 正如希特勒的眾多言論，這句話也是經轉述而來。而此例的由來，是希特勒的最高司令部首長威廉．凱特爾將軍（Wilhelm Keitel，後晉升元帥）於一九四一年六月二十日將希特勒此主張轉達給武裝國防軍經濟辦事處（Armed Forces Defense Economy Office）主任格奧爾格．湯瑪斯（Georg Thomas）將軍。參見Steven Fritz, *The First Soldier: Hitler as Military Leader* (New Haven, CT: Yale University Press, 2018), 152.

2 Michael Bloch, *Ribbentrop* (London: Bantam Press, 1992), 317.

3 Gerhard Weinberg, ed., *Hitler's Second Book* (New York: Enigma Books, 2003), 158.

4 Carol and Melvin Ember, 'Resource Unpredictability, Mistrust and War: A Cross-Cultural Study', *Journal of Conflict Resolution* 36 (1992): 246–51.

5 Josef Stalin, *Problems of Leninism* (Moscow: Foreign Languages Publishing House, 1947), 456, 462, 'Report to the Seventeenth Congress of the CPSU, January 26, 1934'.

6 Dona Torr, *Marxism, Nationality and War; Part One* (London: Lawrence & Wishart, 1941), 111.

7 Ercole Ercoli [Palmiro Togliatti], *The Fight Against War and Fascism: Report No. 5, Seventh World Congress of the Communist International* (London: Modern Books, 1935), 3, 6, 26– 32.

8 Ellen Wilkinson and Edward Conze, *Why War? A Handbook for Those Who Will Take Part in the Second World War* (London: National Council of Labour Colleges, 1934), 44, 54.

9 Dona Torr, *Marxism and War* (London: Marx Memorial Library, 1942), 3.

10 Peter Brunt, 'A Marxist View of Roman History', *Journal of Roman Studies* 72 (1982): 155–63; and Elizabeth Brumfiel, 'Aztec Religion and Warfare: Past and Present

the Last Millennium', *Climatic Change* 76, no. 3 (2006): 464–69; and Ying Bai and James Kai-sing Kung, 'Climate Shocks and Sino-Nomadic Conflict', *Review of Economics and Statistics* 93, no. 3 (2011): 9970–72, 9978.

42 David Zhang et al., 'Climate Change and War Frequency in Eastern China over the Last Millennium', *Human Ecology* 35, no. 4 (2007): 403–7; and Weiwen Yin, 'Climate Shocks, Political Institutions, and Nomadic Invasions in Early Modern East Asia', *Journal of Conflict Resolution* 64, no. 6 (2020): 1049–60.

43 Terry Jones et al., 'Environmental Imperatives Reconsidered: Demographic Crisis in Western North America During the Medieval Climate Anomaly', *American Journal of Physical Anthropology* 40, no. 2 (1999): 137–50.

44 Richard Tol and Sebastian Wagner, 'Climate Change and Violent Conflict in Europe over the Past Millennium', *Climatic Change* 99 (2010): 65–77; Jenkins, *Climate, Catastrophe, and Faith*, 7–11; and Brian Fagan, *The Little Ice Age: How Climate Made History 1300–1850* (New York: Basic Books, 2019), 80–83.

45 Lamb, *Climate History*, 274–77.

46 Kendra Sakaguchi, Anil Varughese, and Graeme Auld, 'Climate Wars? A Systematic Review of Empirical Analyses on the Links Between Climate Change and Violent Conflict', *International Studies Review* 19 (2017): 638–41.

47 祕書長向安全理事會的發言：Climate and Security, September 23, 2021. https://www.un.org/sg/en/content/sg/statement/ 2021-09-23/ secretary-general%E2%80%99s-remarks-the-security-council-high-level-open-debate-the-maintenance-of-international-peace-and-security-climate-and-security.

48 Nils Gleditsch and Ragnhild Nordås, 'Conflicting Messages? The IPCC on Conflict and Human Security', *Political Geography* 43 (2014): 82–86.

49 Marianne Young and Rik Leemans, 'Group Report: Future Scenarios of Human-Environment Systems', in *Sustainability or Collapse? An Integral History and Future of People on Earth*, ed. Robert Costanza and Lisa Graumlich (Cambridge, MA: MIT Press for the IGBP, 2006), 454; and Gleditsch and Nordås, 'Conflicting Messages?', 629.

50 Sakaguchi, Varughese, and Auld, 'Climate Wars?', 624.

51 Carol Ember, Ian Skoggard, Teferi Abate Adem, and A. J. Faas, 'Rain and Raids Revisited: Disaggregating Ethnic Group Livestock Raiding in the Ethiopian-Kenyan Border Region', *Civil Wars* 16, no. 3 (2014): 330–32, 308–13.

52 Jean-François Maystadt, Margherita Calderone, and Liangzhi You, 'Local Warming and Violent Conflict in North and South Sudan', *Journal of Economic Geography* 15, no. 3 (2015): 650–58.

Oxford University Press, 2009), 14; and Trevor Barnes and Christian Abrahamson, 'Tangled Complicities and Moral Struggles: The Haushofers, Father and Son, and the Spaces of Nazi Geopolitics', *Journal of Historical Geography* 47 (2015): 67.

29 參見Christian Ingrao, *The Promise of the East: Nazi Hopes and Genocide 1939–1943* (Cambridge: Polity Press, 2019), 序言及第一、第四章。提及六億德國人口之處，見頁數101。

30 Patrick Bernhard, 'Borrowing from Mussolini: Nazi Germany's Colonial Aspirations in the Shadow of Italian Expansionism', *Journal of Imperial and Commonwealth History* 41 (2013): 617–18; and Ray Moseley, *Mussolini's Shadow: The Double Life of Count Galeazzo Ciano* (New Haven, CT: Yale University Press, 1999), 52.

31 Ben Kiernan, *Blood and Soil: A World History of Genocide and Extermination from Sparta to Darfur* (New Haven, CT: Yale University Press, 2007), 463–67, 477–79.

32 Colleen Devlin and Cullen Hendrix, 'Trends and Triggers Redux: Climate Change, Rainfall, and Interstate Conflict', *Political Geography* 43 (2014): 27–28; Thomas Homer-Dixon, *Environment, Scarcity and Violence* (Princeton, NJ: Princeton University Press, 1999), 139–41.

33 例子可參見Thomas Bernauer and Tobias Siegfried, 'Climate Change and International Water Conflict in Central Asia', *Journal of Peace Research* 499, no. 1 (2012): 227–37.

34 Thomas Bernauer and Tobias Böhmelt, 'International Conflict and Cooperation over Freshwater Resources', *Nature Sustainability* 3 (2020): 350–55.

35 Stefan Döhring, 'Come Rain, Come Wells: How Access to Groundwater Affects Communal Violence', *Political Geography* 76 (2020): 1–4, 12.

36 Wenche Hauge and Tanja Ellingsen, 'Beyond Environmental Scarcity: Causal Pathways to Conflict', *Journal of Peace Research* 35, no. 3 (1998): 301–10; and Vally Koubi et al., 'Do Natural Resources Matter for Interstate and Intrastate Armed Conflict?', *Journal of Peace Research* 51, no. 2 (2014): 229–32; and Henrik Urdal, 'People Versus Malthus: Population Pressure, Environmental Degradation, and Armed Confl ict Revisited', *Journal of Peace Research* 42, no. 4 (2005): 425–30.

37 Lieberman and Gordon, *Climate Change in Human History*, 11–20, 28–45.

38 參見Hubert Lamb, *Climate History and the Modern World* (London: Methuen, 1982), 67–92，瞭解如何重建過去氣候。

39 Anthony, *The Horse, the Wheel, and Language*, 227–29, 389–97.

40 Qiang Chen, 'Climate Shocks, Dynastic Cycles, and Nomadic Conquests: Evidence from Historic China', *Oxford Economic Papers* 67, no. 2 (2015): 185–88.

41 David Zhang et al., 'Climatic Change, Wars, and Dynastic Cycles in China over

15 S. Jones, H. Walsh-Haney, and R. Quinn, '*Kana Tamata* or Feasts of Men: An Interdisciplinary Approach for Identifying Cannibalism in Prehistoric Fiji', *International Journal of Osteoarchaeology* 25, no. 2 (2015): 127–28.
16 Lawrence Barham and Peter Mitchell, *The First Africans: African Archaeology from the Earliest Toolmakers to Recent Foragers* (Cambridge: Cambridge University Press, 2008), 218, 249–50.
17 Bruno Boulestin et al., 'Mass Cannibalism in the Linear Pottery Culture at Herxheim (Palatinate, Germany)', *Antiquity* 83 (2009): 969–79.
18 Isabel Cáceres, Marina Lozano, and Palmira Saladié, 'Evidence for Bronze Age Cannibalism in El Mirador Cave', *American Journal of Physical Anthropology* 133, no. 3 (2007): 899–913.
19 Paolo Villa, 'Cannibalism in Prehistoric Europe', *Evolutionary Anthropology* 1, no. 3 (1992): 93–98.
20 Billman, Lambert, and Leonard, 'Cannibalism, Warfare and Drought', 145–46, 166–69.
21 Christy Turner and Jacqueline Turner, *Man Corn: Cannibalism and Violence in the Prehistoric American Southwest* (Salt Lake City: University of Utah Press, 1999), 2–4.
22 Ernest Burch, 'Traditional Native Warfare in Western Alaska', in *North American Indigenous Warfare and Ritual Violence*, ed. Richard Chacon and Rubén Mendoza (Tucson: University of Arizona Press, 2013), 12–22; and Charles Bishop and Victor Lytwyn, '"Barbarism and Ardor of War from the Tenderest Years": Cree–Inuit Violence in the Hudson Bay Region', in *North American Indigenous Warfare and Ritual Violence*, ed. Richard Chacon and Rubén Mendoza (Tucson: University of Arizona Press, 2013), 32–37.
23 Bishop and Lytwyn, '"Barbarism and Ardor of War"', 40–45; Dean Snow, 'Iroquois–Huron Warfare', in *North American Indigenous Warfare and Ritual Violence*, ed. Richard Chacon and Rubén Mendoza (Tucson: University of Arizona Press, 2013), 151–59; and Dean Snow, *The Iroquois* (Oxford: Blackwell, 1996), 94–96, 110–17.
24 William Durham, 'Resource Competition and Human Aggression: Part I: A Review of Primitive War', *Quarterly Review of Biology* 51 (1976): 403–5.
25 Rada Dyson-Hudson and Eric Smith, 'Human Territoriality: An Ecological Reassessment', *American Anthropologist* 80, no. 1 (1978): 36.
26 Cashdan, 'Territoriality Among Human Foragers', 49–50.
27 Gerhard Weinberg, ed., *Hitler's Second Book: The Unpublished Sequel to Mein Kampf* (New York: Enigma Books, 2003), 16–18.
28 Gerry Kearns, *Geopolitics and Empire: The Legacy of Halford Mackinder* (Oxford:

and Faith: How Changes in Climate Drive Religious Upheaval (Oxford: Oxford University Press, 2021), 6.

6 David Yesner et al., 'Maritime Hunter- Gatherers: Ecology and Prehistory', *Current Anthropology* 21 (1980): 727–32.

7 For this conclusion, see Gregory Dow, Leanna Mitchell, and Clyde Reed, 'The Economics of Early Warfare over Land', *Journal of Development Economics* 127 (2017): 303–4. On territorial defence, see Elizabeth Cashdan, 'Territoriality Among Human Foragers: Ecological Models and an Application to Four Bushmen Groups', *Current Anthropology* 24 (1983): 47–50.

8 Patrick Nolan, 'Toward an Ecological- Evolutionary Theory of the Incidence of Warfare in Preindustrial Societies', *Sociological Theory* 21, no. 1 (2003): 23–26.

9 Melvin Ember, 'Statistical Evidence for an Ecological Explanation of Warfare', *American Anthropologist* 84, no. 3 (1982): 646–47.

10 M. Mirazón Lahr et al., 'Inter- group Violence Among Early Holocene Hunter-Gatherers of West Turkana, Kenya', *Nature* 529 (2016): 394–98. 有學者強烈駁斥大屠殺的推測，參見Christopher Stojanowski et al., 'Contesting the Massacre at Nataruk', *Nature* 539 (2016): E8–E9, 另可參見Lahr對這類批評的回應 (E10–E11).

11 David Anthony, *The Horse, the Wheel, and Language: How Bronze-Age Riders from the Eurasian Steppes Shaped the Modern World* (Princeton, NJ: Princeton University Press, 2007), 221–22, 227–29; and G. D. Medden et al., 'Violence at Verteba Cave, Ukraine: New Insights into the Late Neolithic Intergroup Violence', *International Journal of Osteoarchaeology* 28 (2018): 44–53.

12 Douglas Bamforth, 'Indigenous People, Indigenous Violence: Precontact Warfare on the North American Great Plains', *Man* 29 (1994): 104–12; and Patricia Lambert, 'The Archaeology of War: A North American Perspective', *Journal of Archaeological Research* 10, no. 3 (2002): 224–26.

13 Brian Billman, Patricia Lambert, and Banks Leonard, 'Cannibalism, Warfare, and Drought in the Mesa Verde Region During the Twelfth Century ad', *American Anthropologist* 65, no. 1 (2000): 145–56; and Polly Schaafsma, 'Documenting Conflict in the Prehistoric Pueblo', in *North American Indigenous Warfare and Ritual Violence*, ed. Richard Chacon and Rubén Mendoza (Tucson: University of Arizona Press, 2013), 116–17, 123.

14 Mark Allen, 'Transformation in Maori Warfare: Toa, Pa and Pu', in *The Archaeology of Warfare: Prehistories of Raiding and Conquest*, ed. Elizabeth Arkush and Mark Allen (Gainesville: University Press of Florida, 2006), 187–200.

59 George Bey and Tomas Gallareto Negrón, 'Reexamining the Role of Conflict in the Development of Puuc Maya Society', in *Seeking Conflict in Mesoamerica: Operational, Cognitive, and Experiential Approaches*, ed. Meaghan Peuramaki-Brown and Shawn Morton (Denver: University Press of Colorado, 2019), 131–33.

60 Webster, 'Not So Peaceful Civilization', 78–81; and Jason Barrett and Andrew Scherer, 'Stones, Bones and Crowded Plazas: Evidence for Terminal Classic Maya Warfare at Colha, Belize', *Ancient Mesoamerica* 16, no. 1 (2005): 112.

61 Bey and Negrón, 'Reexamining the Role of Conflict', 127–28.

62 Webster, 'Not So Peaceful Civilization', 92–96; and Charles Suhler and David Friedel, 'Life and Death in a Maya War Zone', *Archaeology* 51, no. 3 (1998): 33. 請注意，儘管這些象形文字據信與戰爭事件有關，但其解讀方式現今仍有諸多爭議。例子可參見：Gerardo Aldana, 'Agency and the "Star War" Glyph: A Historical Reassessment of Classic Maya Astrology and Warfare', *Ancient Mesoamerica* 16, no. 2 (2005): 305–20.

63 Christopher Hernandez and Joel Palka, 'Maya Warfare, Symbols and Ritual Landscape', in *Seeking Conflict in Mesoamerica: Operational, Cognitive, and Experiential Approaches*, ed. Meaghan Peuramaki-Brown and Shawn Morton (Denver: University Press of Colorado, 2019), 32–36.

64 Suhler and Friedel, 'Life and Death in a Maya War Zone', 33–34.

65 Barrett and Scherer, 'Stones, Bones and Crowded Plazas', 104–12.

66 Mead, 'Warfare Is Only an Invention', 405.

第四章　生態學

1 CNA Corporation, *National Security and the Threat of Climate Change* (Alexandria, VA: CNA, 2007).

2 Ragnhild Nordås and Nils Gleditsch, 'Climate Change and Conflict', *Political Geography* 26 (2007): 627–30; and Jon Barnett and W. Neil Adger, 'Climate Change, Human Security and Violent Conflict', *Political Geography* 26 (2007): 639–42.

3 引言取自Philip Appleman, ed., *An Essay on the Principle of Population: Thomas Robert Malthus* (New York: Norton, 1976), 28–31.

4 Friedrich Ratzel, *Der Lebensraum* (Tübingen: Laupp'schen Buchhandlung, 1901), 51–52. 另參見Mark Bassin, 'Imperialism and the Nation State in Friedrich Ratzel's Political Geography', *Progress in Human Geography* 11 (1987): 475–77.

5 Benjamin Lieberman and Elizabeth Gordon, *Climate Change in Human History* (London: Bloomsbury, 2022), 149–50; and Philip Jenkins, *Climate, Catastrophe,*

Neolithic', 139–41.

43 Redmond, *Tribal and Chiefly Warfare*, 32–33; Anne Underhill, 'Warfare and the Development of States in China', in *The Archaeology of Warfare: Prehistories of Raiding and Conquest*, ed. Elizabeth Arkush and Mark Allen (Gainesville: University of Florida Press, 2006), 270–71; Mark Allen, 'Transformations in Maori Warfare', in *The Archaeology of Warfare: Prehistories of Raiding and Conquest*, ed. Elizabeth Arkush and Mark Allen (Gainesville: University of Florida Press, 2006), 188–90; and David Webster, 'Not So Peaceful Civilization: A Review of Maya War', *Journal of World Prehistory* 14, no. 1 (2000): 66.

44 Christian Horn, 'Trouble in Paradise? Violent Conflict in Funnel-Beaker Societies', *Oxford Journal of Archaeology* 40, no. 1 (2021): 43–48.

45 Lorkiewicz, ''Skeletal Trauma and Violence', 54.

46 Timothy Earle, *How Chiefs Come to Power: The Political Economy in Prehistory* (Stanford, CA: Stanford University Press, 1997), 122–27.

47 Paul Taçon and Christopher Chippendale, 'Australia's Ancient Warriors: Changing Depiction of Fighting in the Rock Art of Arnhem Land, N. T.', *Cambridge Archaeological Journal* 4, no. 2 (1994): 214–24.

48 Redmond, *Tribal and Chiefly Warfare*, 118–19.

49 Clayton Robarchek, 'Primitive Warfare and the Ratomorphic Image of Mankind', *American Anthropologist* 91, no. 4 (1989): 908–9.

50 Redmond, *Tribal and Chiefly Warfare*, 27–31, 74–75.

51 Martin, 'Violence and Masculinity', S173–S174.

52 Rebecca Redfern, 'Iron Age "Predatory Landscapes": A Bioarchaeological and Funerary Explanation of Captivity and Enslavement in Britain', *Cambridge Archaeological Journal* 30, no. 4 (2020): 532–39.

53 Adrian Goldsworthy, *Roman Warfare* (London: Cassell, 2000), 32–33.

54 Jonathan Roth, *Roman Warfare* (Cambridge: Cambridge University Press, 2009), 8–13; and Goldsworthy, *Roman Warfare*, 33–34.

55 Wolfgang Spickermann, 'The Roman Empire', in *The Limits of Universal Rule: Eurasian Empires Compared*, ed. Yuri Pines, Michal Biran, and Jörg Rüpke (Cambridge: Cambridge University Press, 2021), 113–16.

56 A. D. Lee, *Warfare in the Roman World* (Cambridge: Cambridge University Press, 2020), 31–33.

57 Lee, *Warfare in the Roman World*, 37–42.

58 Kazuo Aoyama, 'Classic Maya Warfare and Weapons: Spear, Dart and Arrow Points of Aguateca and Copan', *Ancient Mesoamerica* 16, no. 2 (2005): 291.

31 Mark Golitko and Lawrence Keeley, 'Beating Ploughshares Back into Swords: Warfare in the *Linearbandkeramik*', *Antiquity* 81 (2007): 336–39; Christensen, 'Warfare in the European Neolithic', 150–51; Osgood, Monks, and Toms, *Bronze Age Warfare*, 67.

32 David Anthony, *The Horse, the Wheel, and Language: How Bronze-Age Riders of the Eurasian Steppes Shaped the Modern World* (Princeton, NJ: Princeton University Press, 2007), 390–95; and Robin Yates, 'Early China', in *War and Society in the Ancient and Medieval Worlds*, ed. Kurt Raafl aub and Nathan Rosenstein (Cambridge, MA: Harvard University Press, 1999), 9–10.

33 Thomas Emerson, 'Cahokia and the Evidence for late Pre-Columbian War in the North American Mid-Continent', in *North American Indigenous Warfare and Ritual Violence*, ed. Richard Chacon and Rubén Mendoza (Tucson: University of Arizona Press, 2013), 130–37.

34 David Dye, 'The Transformation of Mississippian Warfare: Four Case Studies from the Mid-South', in *The Archaeology of Warfare: Prehistories of Raiding and Conquest*, ed. Elizabeth Arkush and Mark Allen (Gainesville: University of Florida Press, 2006), 102–11.

35 Golitko and Keeley, 'Beating Ploughshares Back into Swords', 333–35; Bruno Boulestin et al., 'Mass Cannibalism in the Linear Pottery Culture at Herxheim (Palatinate, Germany)', *Antiquity* 83 (2009): 969–75; and Dirk Husemann, *Als der Mensch den Krieg Erfand* (Ostfi ldern, Germany: Jan Thorbecke Verlag, 2005), 36–38, 43–45.

36 Redmond, *Tribal and Chiefly Warfare*, 69.

37 Dye, 'The Transformation of Mississippian Warfare', 105, 119–21.

38 Lambert, 'The Archaeology of War', 214–15.

39 Teresa Fernández-Crespo et al., 'Make a Desert and Call It Peace: Massacre at the Iberian Iron Age Village of La Hoya', *Antiquity* 94, no. 377 (2020): 1245–51.

40 Monks, 'Confl ict and Competition', 23– 24; Wiesław Lorkiewicz, 'Skeletal Trauma and Violence Among the Early Farmers of the North European Plain', in *Sticks, Stones, and Broken Bones: Neolithic Violence in European Perspective*, ed. Rick Schulting and Linda Fibiger (Oxford: Oxford University Press, 2012), 73–74.

41 Fanny Chenal, Bertrand Perrin, Hélène Barrand-Emam, and Bruno Boulestin, 'A Farewell to Arms: A Deposit of Human Limbs and Bodies at Bergheim, France, c.4,000 bc', *Antiquity* 89, no. 348 (2015): 1315–24.

42 John Blitz, 'Adoption of the Bow in Prehistoric North America', *North American Archaeologist* 9, no. 2 (1988): 126–36; and Christensen, 'Warfare in the European

18 Philip Walker, 'A Bioarchaeological Perspective on the History of Violence', *Annual Review of Anthropology* 30 (2001): 584–86; and Nam Kim and Marc Kissel, *Emergent Warfare in Our Evolutionary Past* (New York: Routledge, 2018), 21–23.

19 Werner Soloch et al., 'New Insights on the Wooden Weapons from the Paleolithic Site at Schöningen', *Journal of Human Evolution* 89 (2015): 214–23.

20 E. Carbonell et al., 'Reply to Otterbein', *Current Anthropology* 52, no. 3 (2011): 441; and Kim and Kissel, *Emergent Warfare*, 98.

21 Virginia Estabrook, 'Violence and Warfare in the European Mesolithic and Paleolithic', in *Violence and Warfare Among Hunter-Gatherers*, ed. Mark Allen and Terry Jones (London: Routledge, 2014), 53–59, 66; and Alain Bayneix, 'Neolithic Violence in France', in *Sticks, Stones, & Broken Bones: Neolithic Violence in European Perspective*, ed. Rick Schulting and Linda Fibiger (Oxford: Oxford University Press, 2012), 208–9.

22 Redmond, *Tribal and Chiefly Warfare*, 3–12.

23 Colin Pardoe, 'Conflict and Territoriality in Aboriginal Australia', in *Violence and Warfare Among Hunter-Gatherers*, ed. Mark Allen and Terry Jones (London: Routledge, 2014), 121–28; and Mark Allen, 'Hunter-Gatherer Violence and Warfare in Australia', in *Violence and Warfare Among Hunter-Gatherers*, ed. Mark Allen and Terry Jones (London: Routledge, 2014), 101–6.

24 Patrick Nolan, 'Toward an Ecological-Evolutionary Theory of the Incidence of Warfare in Preindustrial Societies', *Sociological Theory* 21, no. 1 (2003): 23.

25 Pierre Clastres, *Archéologie de la violence: La guerre dans les sociétés primitives* (Paris: Éditions de l'Aube, 1999), 78, 82–83.

26 Bonnie Glencross and Başak Boz, 'Representing Violence in Anatolia and the Near East During the Transition to Agriculture', in *The Routledge Handbook of the Bioarchaeology of Human Conflict*, ed. Christopher Knüsel and Martin Smith (London: Routledge, 2014), 90–104.

27 Parkinson and Duff y, 'Fortifications and Enclosures', 105– 15.

28 Sarah Monks, 'Conflict and Competition in Spanish Prehistory: The Role of Warfare in Societal Development from the Late Fourth to the Third Millennium BC', *Journal of Mediterranean Archaeology* 10, no. 1 (1997): 14–18; and Richard Osgood, Sarah Monks, and Judith Toms, *Bronze Age Warfare* (Stroud, UK: History Press, 2010), 37–39.

29 Jonas Christensen, 'Warfare in the European Neolithic', *Acta Archaeologica* 75 (2004): 146–48.

30 Price, Europe Before Rome, 318– 19.

and Martin Smith (New York: Routledge, 2014), 67–69, 84–86; and T. Douglas Price, *Europe Before Rome: A Site-by-Site Tour of the Stone, Bronze and Iron Ages* (Oxford: Oxford University Press, 2013), 35–36.

5 Samuel Bowles, 'Did Warfare Among Ancestral Hunter-Gatherers Affect the Evolution of Human Social Behaviours?', *Science* 324 (2009): 1296.

6 William Parkinson and Paul Duffy, 'Fortifications and Enclosures in European Prehistory: A Cross-Cultural Perspective', *Journal of Archaeological Research* 15, no. 2 (2007): 105–13.

7 Kristian Kristiansen, 'The Tale of the Sword – Swords and Swordfighters in Bronze Age Europe', *Oxford Journal of Archaeology* 21, no. 4 (2002): 319–26.

8 Raymond Kelly, *Warless Societies and the Origin of War* (Ann Arbor: University of Michigan Press, 2000), 6–7, 37.

9 Debra Martin, 'Violence and Masculinity in Small- Scale Societies', *Current Anthropology* 62, no. S23 (2021): S175–S178.

10 Paul Roscoe, 'Margaret Mead, Reo Fortune, and Mountain Arapesh Warfare', *American Anthropologist* 105, no. 3 (2003): 581.

11 Polly Schaarfsma, 'Documenting Conflict in the Prehistoric Pueblo', in *North American Indigenous Warfare and Ritual Violence*, ed. Richard Chacon and Rubén Mendoza (Tucson: University of Arizona Press, 2013), 114–15; and Keith Otterbein, 'A History of Research on Warfare in Anthropology', *American Anthropologist* 101, no. 4 (2000): 796.

12 Richard Overy, *The Morbid Age: Britain Between the Wars* (London: Allen Lane, 2009), 201–2.

13 Otterbein, 'A History of Research on Warfare in Anthropology', 796–7; and Keith Otterbein, *How War Began* (College Station: Texas A&M University Press, 2004), 34–38.

14 Otterbein, 'A History of Research on Warfare in Anthropology', 797–801.

15 Leonard Hobhouse, Morris Ginsberg, and Gerald Wheeler, *The Material Culture and Social Institutions of the Simpler Peoples* (London: Chapman & Hall, 1915), 228–33.

16 Roscoe, 'Margaret Mead, Reo Fortune, and Mountain Arapesh Warfare', 581–82.

17 Martin, 'Violence and Masculinity', S176– S77; Patricia Lambert, "The Archaeology of War: A North American Perspective', *Journal of Archaeological Research* 10, no. 3 (2002): 220–21; and Ventura Pérez, 'The Politicization of the Dead: Violence as Performance, Politics as Usual', in *The Bioarchaeology of Violence*, ed. Debra Martin, Ryan Harrod, and Ventura Pérez (Gainesville: University Press of Florida, 2012), 19–22.

45 Nils-Christian Bormann, Lars-Erik Cederman, and Manuel Vogt, 'Language, Religion, and Ethnic Civil War', *Journal of Conflict Resolution* 61, no. 4 (2017): 744–46.
46 Stuart Kaufman, *Modern Hatreds: The Symbolic Politics of Ethnic War* (Ithaca, NY: Cornell University Press, 2001), 1–12.
47 有關羅馬人洗劫城市及屠殺、奴役民眾之情形，參閱Robin Waterfield, *Taken at the Flood: The Roman Conquest of Greece* (Oxford: Oxford University Press, 2014), 73–74, 202.
48 Brewer, 'The Psychology of Prejudice', 435–38; Haslam, Reicher, and Rath, 'Making a Virtue of Evil', 1336–37; and Albert Bandura, 'Moral Disengagement in the Perpetration of Inhumanities', *Personality and Social Psychology Review* 3, no. 3 (1999): 193–96.
49 Azar Gat, 'Proving Communal Warfare Among Hunter-Gatherers: The Quasi-Rousseauan Error', *Evolutionary Anthropology* 24, no. 1 (2015): 116–19.
50 Victor Nell, 'Cruelty's Rewards: The Gratifications of Perpetrators and Spectators', *Behavioral and Brain Sciences* 29, no. 3 (2006): 225–26.
51 Valerie Andrushko, Al Schwitalla, and Philip Walker, 'Trophy-Taking and Dismemberment as Warfare Strategies in Prehistoric Central California', *American Journal of Physical Anthropology* 141, no. 1 (2010): 85–88.
52 Elsa Redmond, *Tribal and Chiefly Warfare in South America* (Ann Arbor: University of Michigan Museum of Anthropology, 1994), 3–7, 25–27.
53 James Weingartner, 'Trophies of War: U.S. Troops and the Mutilation of Japanese War Dead', *Pacific Historical Review* 61 (1992): 56–62.
54 David Cesarani, *Eichmann: His Life and Crimes* (London: Heinemann, 2004), 219.
55 Gilbert Murray to M. I. David, October 28, 1936, file 364, Murray Papers, Bodleian Library, Oxford.

第三章　人類學

1 Margaret Mead, 'Warfare Is Only an Invention – Not a Biological Necessity', *Asia*, 40 (1940): 405.
2 Elsa Redmond, *Tribal and Chiefly Warfare in South America* (Ann Arbor: Michigan Museum of Anthropology, 1994), 57.
3 Thomas Beyer and Erik Trinkman, 'Patterns of Trauma Among the Neanderthals', *Journal of Archaeological Science* 22, no. 6 (1995): 845–49.
4 Virginia Estabrook and David Frayer, 'Trauma in the Krapina Neanderthals', in *The Routledge Handbook of the Bioarchaeology of Human Conflict*, ed. Christopher Knüsel

Theory Since 1918, Essay 1. https://www.researchgate.net/profile/Howard_Worgan/publication/294088554_Carl_Schmitt's_FriendEnemy_Distinction/links/56bded6108ae44da37f8831e; and Andreas Koenen, *Der Fall Carl Schmitt: sein Aufstieg zum 'Kronjuristen des Dritten Reiches'* (Darmstadt: Wissenschaftliche Buchgesellschaft, 1995), 608–9.

37 Marilyn Brewer, 'The Psychology of Prejudice: Ingroup Love and Outgroup Hate?', *Journal of Social Issues* 55, no. 3 (1999): 430–35; Jeroen Vaes, Jacques-Philippe Leyens, Maria Paladino, and Mariana Miranda, '"We Are Human, They Are Not": Driving Forces Behind Outgroup Dehumanization and the Humanization of the Ingroup', *European Review of Social Psychology* 23, no. 1 (2012): 66–69; and Alexander Haslam, Stephen Reicher, and Rakshi Rath, 'Making a Virtue of Evil: A Five-Step Social Identity Model of the Development of Collective Hate', *Social and Personality Psychology Compass* 2, no. 3 (2008): 1326–31.

38 Vaes et al., '"We Are Human, They Are Not"', 74–77. 理論論述尤其可參見Robert Böhm, Hannes Rusch, and Jonathan Baron, 'The Psychology of Intergroup Conflict: A Review of the Theories and Measures', *Journal of Economic Behaviour and Organization* 178 (2020): 951–57; 如欲瞭解「他者化」（otherization）的概念，請見Kathleen Taylor, *Cruelty: Human Evil and the Human Brain* (Oxford: Oxford University Press, 2009), 6–13.

39 Edmund Russell, '"Speaking of Annihilation": Mobilizing for War Against Human and Insect Enemies', *Journal of American History* 82 (1996): 1520–21.

40 Peter Schrijvers, *The GI War Against Japan: American Soldiers in Asia and the Pacific During World War II* (New York: New York University Press, 2002), 218.

41 John Dower, *War Without Mercy: Race & Power in the Pacific War* (New York: Pantheon, 1996), 84–92, 240–48.

42 Emanuele Castano and Roger Giner-Sorolla, 'Not Quite Human: Infrahumanization in Response to Collective Responsibility for Intergroup Killing', *Journal of Personality and Social Psychology* 90, no. 5 (2006): 804–5. 有關語言與去人性化的概括調查，參見Nick Haslam, Steve Loughnan, and Pamela Sun, 'Beastly: What Makes Animal Metaphors Offensive?', *Journal of Language and Social Psychology* 30, no. 3 (2011): 312, 318–22.

43 Colin Pardoe, 'Conflict and Territoriality in Aboriginal Australia', in *Violence and Warfare Among Hunter-Gatherers*, ed. Mark Allen and Terry Jones (London: Routledge, 2014), 115–16.

44 Clayton Robarchek, 'Primitive Warfare and the Ratomorphic Image of Mankind', *American Anthropologist* 91, no. 4 (1989): 911–13.

Anthropology 24, no. 2 (2015): 50–51.

24 有關此段落，參見Andrew Bayliss, *The Spartans* (Oxford: Oxford University Press, 2020), 13–14, 26–27, 32, 76–77.

25 Ben Raffield, 'Playing Vikings: Militarism, Hegemonic Masculinities, and Childhood Enculteration in Viking Age Scandinavia', *Current Anthropology* 60, no. 6 (2019): 813–88, 821–23.

26 Ben Raffield, Claire Greenlow, Neil Price, and Mark Collard, 'Ingroup Identification, Identity Fusion, and the Formation of Viking War Bands', *World Archaeology* 48, no. 1 (2016): 36–39.

27 Godfrey Maringira, 'Soldiers, Masculinities, and Violence', *Current Anthropology* 62, no. S23 (2021): S103–S105.

28 Ramon Hinojosa, 'Doing Hegemony: Military, Men, and Constructing a Hegemonic Masculinity', *Journal of Men's Studies* 18, no. 2 (2010): 179–80.

29 Anthony Lopez, 'The Evolutionary Psychology of War: Offense and Defense in the Adapted Mind', Evolutionary Psychology 15, no. 4 (2017): 2–5; and Anthony Lopez, 'Evolutionary Psychology and Warfare', in *The SAGE Handbook of Evolutionary Psychology: Applications of Evolutionary Psychology*, ed. T. K. Shackelford (Thousand Oaks, CA: Sage, 2021), 316–30.

30 Lopez, 'The Evolutionary Psychology of War', 10–27.

31 Joyce Benenson with Henry Markovits, *Warriors and Worriers: The Survival of the Sexes* (Oxford: Oxford University Press, 2014), 24–25, 26–30, 59–62.

32 Wendy Varney, 'Playing with "War Fare"', *Peace Review* 12, no. 3 (2000): 385–90.

33 Andrew Bacevich, *The New American Militarism: How Americans Are Seduced by War* (Oxford: Oxford University Press, 2013), 2–9; Carl Boggs and Tom Pollard, *The Hollywood War Machine: U.S. Militarism and Popular Culture* (Boulder, CO: Paradigm, 2007), 10–16, 21–24; and Hugh Gusterson and Catherine Besteman, 'Cultures of Militarism', *Current Anthropology* 60, no. S19 (2019): S4–S10.

34 例子可參見Elizabeth Cashdan與Stephen Downes編輯的特刊：'Evolutionary Perspectives on Human Aggression', *Human Nature* 23 (2012): 1–4. 對生物學攻擊理論的異議也能用於反駁演化心理學。參見Brian Ferguson, 'Masculinity and War', *Current Anthropology* 62, no. S23 (2021): S112–S115; and Agostin Fuentes, 'Searching for the "Roots" of Masculinity in Primates and the Human Evolutionary Past', *Current Anthropology* 62, no. S23 (2021): S16–S22.

35 Lopez, 'The Evolution of War', 101–2, 117–19.

36 Howard Worgan, 'What Does Schmitt Mean when He Argues That the Friend/Enemy Relation Is the Key Defining Feature of the Political?', *Political*

8 Joseph Schwartz, *Cassandra's Daughter: A History of Psychoanalysis* (London: Allen Lane, 1999), 197–98.

9 Schwartz, Cassandra's Daughter, 197

10 Joseph Aguayo, 'Historicising the Origins of Kleinian Psychoanalysis', *International Journal of Psychoanalysis* 78 (1997): 1175–76.

11 E. Sánchez-Pardo, *Cultures of the Death Drive: Melanie Klein and Modernist Melancholia* (Durham, NC: Duke University Press, 2003), 139–47; D. Harding, *The Impulse to Dominate* (London: George Allen & Unwin, 1941), 96–99; and Roger Money-Kyrle, 'The Development of War: A Psychological Approach', *British Journal of Medical Psychology* 16 (1937): 222–23.

12 Alix Strachey, *The Unconscious Motives of War: A Psycho- Analytical Contribution* (London: George Allen & Unwin, 1957), 204.

13 Marie Bonaparte, *Myths of War* (London: Imago, 1947), 80–81.

14 Franco Fornari, *The Psychoanalysis of War* (New York: Doubleday, 1974), ix.

15 Fornari, *The Psychoanalysis of War*, xvii–xx, 30–32, 50–51, 101.

16 Michelle Scalisi Sugiyama, 'Fitness Losses of Warfare for Women', *Human Nature* 25 (2014): 481. 此為柯尤孔（Koyukon）部落襲擊因紐皮亞特（Inupiat）村莊時發生的情形。

17 R. Givens et al., eds., *Discussions on War and Human Aggression* (The Hague: Mouton, 1976), 89–91.

18 Givens et al., Discussions on War and Human Aggression, 92, 98, 110– 12.

19 Diana Birkett, 'Psychoanalysis and War', *British Journal of Psychotherapy* 8, no. 3 (1992): 300–304.

20 Paul Griffiths, 'Evolutionary Psychology: History and Current Status', in *The Philosophy of Science: An Encyclopedia*, ed. Sahotra Sarkar and Jessica Pfeifer (New York: Taylor & Francis, 2006), 5–8.

21 Anthony Lopez, 'The Evolution of War: Theory and Controversy', *International Theory* 8, no. 1 (2016): 98–99, 109–11.

22 Melissa McDonald, Carlos Navarrete, and Mark Van Vugt, 'Evolution and the Psychology of Intergroup Conflict: The Male Warrior Hypothesis', *Philosophical Transactions of the Royal Society B: Biological Sciences* 367 (2012): 671–74.

23 Jo Groebel and Robert Hinde, 'A Multi-level Approach to the Problems of Aggression and War', in *Aggression and War: Their Biological and Social Bases*, ed. Jo Groebel and Robert Hinde (Cambridge: Cambridge University Press, 1989), 224–26; and Matthew Zefferman and Sarah Mathew, 'An Evolutionary Theory of Large-Scale Human Warfare: Group-Structural Cultural Selection', *Evolutionary*

51 Bruce Knauft, 'Violence and Sociality in Human Evolution', Current Anthropology 32, no. 4 (1991): 391–94; Hannes Ruoch, 'Two Sides of Warfare: An Extended Model of Altruistic Behaviour in Ancestral Human Intergroup Conflict', *Human Nature* 25, no. 1 (2014): 373–74.

52 Alex Mesoudi, 'The Study of Culture and Evolution Across Disciplines', in *The Cambridge Handbook of Evolutionary Perspectives on Human Behaviour*, ed. Lance Workman, Will Reader, and Jerome Barkow (Cambridge: Cambridge University Press, 2020), 68.

53 Maciej Chudek and Joseph Henrich, 'Culture- Gene Coevolution, Norm-Psychology and the Emergence of Human Pro-sociality', *Trends in Cognitive Science* 15, no. 5 (2016): 218–24; and William Durham, 'Resource Competition and Human Aggression. Part I: A Review of Primitive Warfare', *Quarterly Review of Biology* 51 (1976): 385–87.

54 Azar Gat, 'Is War in Our Nature?', Human Nature 30 (2019): 149–50.

55 Danilyn Rutherford, 'Toward an Anthropological Understanding of Masculinities, Maleness, and Violence', *Current Anthropology* 62, no. S23 (2021): S1.

56 Alcock, *The Triumph of Sociobiology*, 130.

57 Hans-Henning Kortüm and Jürgen Heinze, eds., *Aggression in Humans and Other Primates: Biology, Psychology, Sociology* (Berlin: De Gruyter, 2013), 4.

第二章　心理學

1 Edward Glover, *War, Sadism and Pacifism: Further Essays on Group Psychology and War* (London: George Allen & Unwin, 1947), 12–13.

2 Daniel Edward Phillips, 'The Psychology of War', Scientifi c Monthly 3, no. 6 (1916): 569–71.

3 Sigmund Freud, 'Thoughts for the Times on War and Death', in *Collected Works*, vol. 4 (London: Hogarth Press, 1956), 295–96.

4 Angel Garma, 'Within the Realm of the Death Instinct', *International Journal of Psychoanalysis* 52 (1971): 145–46.

5 Alexander Mitscherlich, 'Psychoanalysis and the Aggression of Large Groups', *International Journal of Psychoanalysis* 52 (1971): 164–65; and H. Goldhammer, 'The Psychological Analysis of War', *Sociological Review* 26 (1934): 255.

6 Edward Glover and Morris Ginsberg, 'A Symposium on the Psychology of Peace and War', *British Journal of Medical Psychology* 14 (1934): 275.

7 Edward Glover, *The Dangers of Being Human* (London: George Allen & Unwin, 1936), 92–94; and Glover, War, *Sadism and Pacifism*, 14–21.

Shaw and Wong, *Genetic Seeds of Warfare*, 26–27, 47–49; and Donald Symons, 'Adaptiveness and Adaptation', *Ethology and Sociobiology* 11 (1990): 428–30.

37 Eibl-Eibesfeldt, *The Biology of Peace and War*, 25.

38 Shaw and Wong, *Genetic Seeds of Warfare*, 49–51.

39 Christian Mesquida and Neil Wiener, 'Human Collective Aggression: A Behavioural Ecology Perspective', *Ethology and Sociobiology* 17, no. 4 (1996): 248–49.

40 Bonaventura Majolo, 'Warfare in Evolutionary Perspective', *Evolutionary Anthropology* 28 (2019): 323–26; Toshio Yamagishi and Nobuhiro Mifune, 'Parochial Altruism: Does It Explain Modern Human Group Psychology?', *Current Opinion in Psychology* 7 (2016): 39–40; and Laura Betzig, 'Rethinking Human Ethology: A Response to Some Recent Critiques', *Ethology and Sociobiology* 10, no. 5 (1989): 317–19.

41 Luke Colquhoun, Lance Workman, and Jo Fowler, 'The Problem of Altruism and Future Directions', in *The Cambridge Handbook of Evolutionary Perspectives on Human Behaviour*, ed. Lance Workman, Will Reader, and Jerome Barkow (Cambridge: Cambridge University Press, 2020), 127–30.

42 Bradley A. Thayer, *Darwin and International Relations: On the Evolutionary Origins of War and Ethnic Conflict* (Lexington: University Press of Kentucky, 2009), 113–14; and Jung-Kyoo Choi and Samuel Bowles, 'The Coevolution of Parochial Altruism and War', *Science* 318 (2007): 636–37.

43 Laurent Lehmann and Marcus Feldman, 'War and the Evolution of Belligerence and Bravery', *Proceedings of the Royal Society B: Biological Sciences* 275 (2008): 2877–83.

44 Melissa McDonald, Carlos Navarrete, and Mark Van Vugt, 'Evolution and the Psychology of Intergroup Conflict: The Male Warrior Hypothesis', *Philosophical Transactions of the Royal Society B: Biological Sciences* 367 (2012): 671–74.

45 Sugiyama, 'Fitness Costs of Warfare for Women', 483–91.

46 J. Bengtson and J. O'Gorman, 'Women's Participation in Prehistoric Warfare: A Central Illinois River Valley Case Study', *International Journal of Osteoarchaeology* 27, no. 2 (2017): 230–35; and Brian Ferguson, 'Masculinity and War', *Current Anthropology* 62, no. S23 (2021): S118– S119.

47 John Morgan, *The Life and Adventures of William Buckley* (Firle, UK: Caliban Books, 1979), 49–50. 內文以一八五二年的原版為據。

48 Susan Kelly and R. Dunbar, 'Who Dares, Wins', *Human Nature* 12, no. 2 (2001): 89–100.

49 Wilson, *On Human Nature*, 115.

50 Neel, 'Population Structure', 377.

(London: Weidenfeld & Nicolson, 1990), 12–13. 珍古德成功駁回了這項性別代名詞禁令。

25 Morris-Goodall, *Through a Window*, 83–94.

26 Richard Wrangham and Dale Petersen, *Demonic Males: Apes and the Origins of Human Violence* (London: Bloomsbury, 1996), 20–21; and Richard Wrangham, 'Evolution of Coalitionary Killing', *Yearbook of Physical Anthropology* 42 (1999): 6–11.

27 Richard Wrangham and Luke Glowacki, 'Intergroup Aggression in Chimpanzees and War in Nomadic Hunter-Gatherers', *Human Nature* 23 (2012): 8–10.

28 Sagar Pandit, Gauri Pradhan, Hennadii Balashov, and Carel Van Schaik, 'The Conditions Favoring Between-Community Raiding in Chimpanzees, Bonobos, and Human Foragers', *Human Nature* 27 (2016): 141–45; and Frank Marlowe, 'Hunter-Gatherers and Human Evolution', *Evolutionary Anthropology* 14 (2005): 55–58.

29 Michelle Scalisi Sugiyama, 'Fitness Costs of Warfare for Women', *Human Nature* 25 (2014): 480– 81.

30 James Neel, 'The Population Structure of an Amerindian Tribe, the Yanomama', *Annual Review of Genetics* 12 (1978): 370– 71, 404– 7.

31 José Gómez et al., 'The Phylogenetic Roots of Human Lethal Violence', *Nature* 538 (2016): 233–35; and Mark Pagel, 'Lethal Violence Deep in the Human Lineage', *Nature* 538 (2016): 180–81.

32 Daniel Barreiros, 'Warfare, Ethics, Ethology: Evolutionary Fundamentals for Conflict and Co- operation in the Lineage of Man', *Journal of Big Histo*ry 2, no. 2 (2018): 23–27

33 Agustin Fuentes, 'Searching for the "Roots" of Masculinity in Primates and the Human Evolutionary Past', *Current Anthropology* 62, no. S23 (2021): S15–S18; and Nam Kim and Marc Kissel, *Emergent Warfare in Our Evolutionary Past* (New York: Routledge, 2018), 20–21, 27–39.

34 Allan Siegel and Jeff Victoroff, 'Understanding Human Aggression: New Insights from Neuroscience', *International Journal of Law and Psychiatry* 32, no. 1 (2009): 209–10; Roger Pitt, 'Warfare and Human Brain Evolution', *Journal of Theoretical Biology* 72, no. 3 (1978): 553–54, 558–64; and R. Paul Shaw and Yuwa Wong, *Genetic Seeds of Warfare: Evolution, Nationalism and Patriotism* (Boston: Unwin Hyman, 1989), 57–58.

35 William Hamilton, 'The Genetic Evolution of Social Behaviour: Parts I and II', *Journal of Theoretical Biology* 7 (1964): 1–56.

36 Richard Alexander, *Darwinism and Human Affairs* (London: Pitman, 1980), 36–47;

2009), 7–8, 20–21; and Doyne Dawson, 'The Origins of War: Biological and Anthropological Theories', *History and Theory* 35, no. 1 (1996): 11.

12 UNESCO, *The Race Concept* (Paris: UNESCO, 1952); and Ullica Segerstråle, *Defenders of the Truth: The Battle for Science in the Sociobiology Debate and Beyond* (Oxford: Oxford University Press, 2000), 30–31.

13 Keith, *Essays on Human Evolution*, 149– 52.

14 Solly Zuckerman, *The Social Life of Monkeys and Apes* (London: Kegan Paul, Trench & Co., 1932), 217– 21; and John Bowlby and Edward Durbin, *Personal Aggressiveness and War* (London: Routledge, Kegan Paul, 1939), 8–11, 25–29.

15 Konrad Lorenz, *On Aggression* (London: Methuen, 1966).

16 Lorenz, *On Aggression*, 29, 231– 32.

17 Theodora Kalikow, 'Konrad Lorenz's Ethological Theory: Explanation and Ideology 1938–1943', *Journal of the History of Biology* 16, no. 1 (1983): 54– 56.

18 Lionel Tiger and Robin Fox, 'The Human Biogram', in *The Sociobiology Debate: Readings on the Ethical and Scientific Issue Concerning Sociobiology*, ed. Arthur Caplan (New York: Harper & Row, 1978), 57–61.

19 Niko Tinbergen, 'On War and Peace in Animals and Man', in *The Sociobiology Debate: Readings on the Ethical and Scientific Issue Concerning Sociobiology*, ed. Arthur Caplan (New York: Harper & Row, 1978), 85–93; Jürgen Heinze, 'Aggression in Humans and Other Primates – A Biological Prelude', in *Aggression in Humans and Other Primates: Biology, Psychology, Sociology*, ed. Hans-Henning Kortüm and Jürgen Heinze (Berlin: De Gruyter, 2013), 1–3; and Irenäus Eibl-Eibesfeldt, *The Biology of Peace and War: Men, Animals and Aggression* (New York: Viking, 1979), 9–10.

20 Sociobiology Study Group, 'Sociobiology – Another Biological Determinism', in *The Sociobiology Debate: Readings on the Ethical and Scientific Issue Concerning Sociobiology*, ed. Arthur Caplan (New York: Harper & Row, 1978), 281–86; Johan van der Dennen, 'Studies of Conflict', in *The Sociobiological Imagination*, ed. Mary Maxwell (Albany: State University of New York Press, 1991), 230–31.

21 Edward Wilson, *On Human Nature* (Cambridge, MA: Harvard University Press, 1978), 99–120.

22 Segerstråle, *Defenders of the Truth*, 14–16, 23; and John Alcock, *The Triumph of Sociobiology* (Oxford: Oxford University Press, 2001), 3–4.

23 有關學科分界的爭論，參見Cora Stuhrmann, '"It Felt More Like a Revolution": How Behavioural Ecology Succeeded Ethology, 1970–90', *Berichte zur Wissenschaftsgeschichte* 45, no. 1–2 (2022): 136, 145–55.

24 Jane Morris-Goodall, *Through a Window: Thirty Years with the Chimpanzees of Gombe*

Psychiatry 32 (2009): 202–8.

20 Steven Pinker, *The Better Angels of Our Nature: The Decline of Violence in History and Its Causes* (London: Allen Lane, 2011). 有關該研究的分析評論，參閱Philip Dwyer and Mark Micale, eds., *The Darker Angels of Our Nature: Refuting the Pinker Theory of History and Violence* (London: Bloomsbury, 2021).

21 見兩篇評論文章：Carl Keysen, 'Is War Obsolete?', *International Security* 14, no. 4 (1990): 42–64; and Azar Gat, 'Is War Declining and Why?', *Journal of Peace Research* 50, no. 2 (2013): 149–57. 有關現代衝突發生的頻率，參見Mark Harrison and Nikolaus Wolf, 'The Frequency of Wars', *Economic History Review* 65 (2012): 1055–76，作者得出的結論是：「在這一百三十一年以來，衝突至今一直在穩定增長。」

22 Einstein to Freud, July 30, 1932, in *Why War? 'Open Letters' Between Einstein and Freud*, 7.

第一章　生物學

1 Progress and Prejudice', *Nature* 127, no. 3216 (June 20, 1931): 917.

2 'Seville Statement on Violence, Spain, 1986', *Peace Research* 34, no. 2 (2002): 75–77.

3 Peter Bowler, 'Malthus, Darwin and the Concept of Struggle', *Journal of the History of Ideas* 37, no. 4 (1976): 631–33.

4 Charles Darwin, *The Descent of Man* (1871; repr. London: Gibson Square Books, 2003), 182, 191–92.

5 Christopher Hutton, *Race and the Third Reich* (Cambridge: Polity, 2005), 17–18.

6 Friedrich von Bernhardi, *Germany and the Next War* (London: Edward Arnold, 1912), 18–19; and Richard Weikart, *From Darwin to Hitler: Evolutionary Ethics, Eugenics, and Racism in Germany* (New York: Palgrave-Macmillan, 2004), 168–74.

7 Adolf Hitler, *Mein Kampf*, ed. Donald Watt (London: Weidenfeld & Nicolson, 1969), 262; and Weikart, *From Darwin to Hitler*, 209–15.

8 Michel Prum, 'Perception of War in Darwinist Perspective', *Revue Lisa* 20 (2022): 13.

9 Arthur Keith, *Essays on Human Evolution* (London: Watts & Co., 1946), 130, 134, 144–46.

10 Foreword to Alfred Machin, *Darwin's Theory Applied to Mankind* (London: Longman, 1937), v–vi; Arthur Keith, 'What Is Wrong with the World?', 13–15, Keith Papers, MS 0018/1/ 9–10, Royal College of Surgeons.

11 Paul Crook, *Darwinism, War and History* (Cambridge: Cambridge University Press,

4 (1989): 913–14.

7 Joseph Schneider, 'Primitive Warfare: A Methodological Note', *American Sociological Review* 15 (1950): 732–77; and Paul Roscoe, 'The Anthropology of War and Violence', in *Ethnology, Ethnography and Cultural Anthropology: Encyclopedia of Life Support Systems*, ed. Paul Barbaro (Oxford: EOLSS Publishers, 2017).

8 Bronisław Malinowski, 'Man's Primeval Pacifism and the Modern Militarist Argument', draft paper, 22/1; 'Disarmament', war lecture IX, February 17, 1933, 22/4, Malinowski Papers, London School of Economics.

9 尤其可參見Douglas Fry, ed., *War, Peace and Human Nature: The Convergence of Evolutionary and Cultural Views* (Oxford: Oxford University Press, 2015); 及Douglas Fry, *Beyond War: The Human Potential for Peace* (New York: Oxford University Press, 2007).

10 主要人物有Steven LeBlanc, *Constant Battles: Why We Fight* (New York: St. Martin's Press, 2003); 及Lawrence Keeley, *War Before Civilization* (New York: Oxford University Press, 1996).

11 Keith Otterbein, 'The Earliest Evidence of Warfare?', *Current Anthropology* 52, no. 3 (2011): 439; 以及幾名考古學家的回應 'A Reply to Otterbein', *Current Anthropology* 52, no. 3 (2011): 441

12 Domenec Campillo, Oriol Mercadel, and Rosa-Maria Blanch, 'A Mortal Wound Caused by a Flint Arrowhead in Individual MF–18 of the Neolithic Period Exhumed at Sant Quirze del Valles', *International Journal of Osteoarchaeology* 3 (1993): 145–50.

13 Patricia Lambert, 'The Archaeology of War: A North American Perspective', *Journal of Archaeological Research* 10, no. 3 (2002): 209–30.

14 Mark Golitko and Lawrence Keeley, 'Beating Ploughshares Back into Swords; Warfare in the *Linearbandkeramik*', *Antiquity* 81 (2007): 333–35.

15 Gat, 'Proving Communal Warfare', 116–23; and Mark Allen, 'Hunter-Gatherer Violence and Warfare in Australia', in *Violence and Warfare Among Hunter-Gatherers*, ed. Mark Allen and Terry Jones (New York: Routledge, 2016), 97–107.

16 Barry Isaac, 'Aztec Warfare: Goals and Battlefield Comportment', *Ethnology* 22, no. 2 (1983): 124.

17 David Webster, 'Not So Peaceful Civilization: A Review of Maya War', *Journal of World Prehistory* 14, no. 1 (2000): 96–97.

18 Marc Kissel and Nam Kim, 'The Emergence of Human Warfare: Current Perspectives', *Yearbook of Physical Anthropology* 168, no. S67 (2018): 141–63.

19 John Archer, 'The Nature of Human Aggression', *International Journal of Law and*

註釋

序章　人類為何戰爭？

1　愛因斯坦致佛洛伊德，July 30, 1932, in *Why War? 'Open Letters' Between Einstein and Freud* (London: New Commonwealth, 1934), 5.

2　佛洛伊德致愛因斯坦，September 1932, in *Why War? 'Open Letters' Between Einstein and Freud*, 10, 15.

3　最近期的著作為Christopher Coker, *Why War?* (London: Hurst & Co., 2021). 另參見企鵝出版社特刊Cyril Joad, *Why War?* (London: Penguin, 1939); Edward Conze and Ellen Wilkinson, *Why War? A Handbook for Those Who Will Take Part in the Second World War* (London: National Council of Labour Colleges, 1934); Jacqueline Rose, *Why War? Psychoanalysis, Politics, and the Return to Melanie Klein* (Oxford: Blackwell, 1993); and George Pitman, *Why War? An Inquiry into the Genetic and Social Sources of Human Warfare* (Indianapolis, IN: Dog Ear Publishing, 2015). 主教牧師Inge也以〈人類為何戰爭？〉為題發表演講，內容後收錄於H. J. Stenning, ed., *The Causes of War* (New York: Telegraph Press, 1935). 其他探討戰爭起因的書籍如下：Jack Levy and William Thompson, *Causes of War* (Oxford: Wiley-Blackwell, 2010); Keith Otterbein, *How War Began* (College Station: Texas A&M University Press, 2004); and Geoffrey Blainey, *The Causes of War* (New York: Free Press, 1973). 近期以戰爭整體為主題的最佳分析研究為Beatrice Heuser, War: *A Genealogy of Western Ideas and Practices* (Oxford: Oxford University Press, 2022). 另請見Anthony Grayling, *War: An Enquiry* (New Haven, CT: Yale University Press, 2017). 還有兩項經典研究：Quincy Wright, *A Study of War* (Chicago: University of Chicago Press, 1942); and Azar Gat, *War in Human Civilization* (Oxford: Oxford University Press, 2008).

4　Edward Durbin and John Bowlby, *Personal Aggressiveness and War* (London: Kegan Paul, Trench, Trubner & Co., 1939), vii, 12.

5　Azar Gat, 'Proving Communal Warfare Among Hunter-Gatherers: The Quasi-Rousseauan Error', *Evolutionary Anthropology* 24, no. 1 (2015): 123.

6　欲詳知決定論與非決定論的雙方解釋，參見Clayton Robarchek, 'Primitive Warfare and the Ratomorphic Image of Mankind', *American Anthropologist* 91, no.

Beyond

98

世界的啟迪

人類為何戰爭？

愛因斯坦與佛洛伊德留給21世紀的難題

Why War?

作者	李察・奧弗里（Richard Overy）
譯者	黃好萱
責任編輯	洪仕翰
內頁排版	宸遠彩藝
封面設計	莊謹銘
行銷企畫	張偉豪
總編輯	洪仕翰
出版	衛城出版／左岸文化事業有限公司
發行	遠足文化事業股份有限公司（讀書共和國出版集團）
地址	231 新北市新店區民權路 108-3 號 8 樓
電話	02-22181417
傳真	02-22180727
法律顧問	華洋國際專利商標事務所　蘇文生律師
印刷	呈靖彩藝有限公司
定價	新台幣 550 元
初版 1 刷	2025 年 8 月
ISBN	978-626-7645-57-4（紙本）
	978-626-7645-58-1（EPUB）
	978-626-7645-59-8（PDF）

歡迎團體訂購，另有優惠，請洽 02-22181417，分機 1124

國家圖書館出版品預行編目(CIP)資料

人類為何戰爭？愛因斯坦與佛洛伊德留給21世紀的難題/李察.奧弗里(Richard Overy)作；黃好萱譯一初版一新北市：衛城出版，左岸文化事業有限公司出版：遠足文化事業股份有限公司發行, 2025.08
　面；公分. -- (Beyond ; 98)
譯自：Why war?
ISBN 978-626-7645-57-4 (平裝)

1. 戰爭　2. 衝突　3. 戰爭心理學

542.2　　114007341

ACRO POLIS
衛城出版

Email acropolisbeyond@gmail.com
Facebook www.facebook.com/acrolispublish